하이패스!
비즈니스 중국어 통번역 한중편

시대에듀

머리말

1992년 한중 수교 이후 양국 간 교역 규모는 지속적으로 증가하여 현재 그 규모는 33배가 성장하였고 한국의 대중 수출 비중은 25%를 차지하게 되었다.(2017년 기준) 이렇게 중국의 영향력이 커지는 상황에서 기업 및 사회에서 필요로 하는 인재는 바로, 비즈니스 중국어 구사 능력을 갖추어 현장에서 바로 활용 가능한 실무 능력을 갖춘 인재 이다. 범세계적으로 경쟁이 심한 국제 비즈니스의 험난한 벽을 넘어 성공할 수 있는 지름길 중 하나는 바로 "유창한 중국어 실력"이라 하겠다. 오늘날 일상생활이 다변화되고 복잡해짐에 따라 전 세계적으로 가장 많이 사용되고 있는 언어(약 12.2%)인 중국어의 중요성은 나날이 더욱 커지고 있으며, 이에 따라 비즈니스 현장에서 많은 직장인들이 자신감 있게 중국어로 소통할 수 있는 능력의 필요성을 절실히 느끼고 있다. 외국어로 업무 소통을 한다는 것은 쉬운 일이 아닐 테지만, 외국어에 서툴러 중요한 회의 자리에 참석하지 못한다거나 승진 기회를 잃어버리고, 협상에 실패하는 등의 불행한 일을 겪지 않기 위해선 외국어 업무 능력은 필수이다. 외국어로 세련되게 작성된 비즈니스 이메일 한 통이 여러분의 장래를 결정할 수 있는 시대에 살고 있는 오늘날, 비즈니스 전화 및 이메일, 미팅, 협상, 프레젠테이션 등을 중국어로 잘 이끌어 나갈 수 있도록 여러분을 준비시키기 위해 본서가 출간되었다.

본서는 비즈니스 현장에서 바로 활용 가능한 어휘와 비즈니스 상황별로 가장 빈번하게 사용되는 문장을 중심으로 저술되었으며, 특히 비즈니스 실무에 도움이 되는 중국의 기업 문화, 글로벌 에티켓, 경제 상식 등을 소개하고 공부할 수 있도록 구성하여 실전에 바로 적용할 수 있도록 하였다. 또한 본서에서는 일반적인 비즈니스 표현들 뿐만 아니라 현지 중국에서 이슈가 되는 주제 및 관용적인 표현들까지 제공함으로써 독자들이 보다 실용적인 중국어를 습득할 수 있도록 배려하였다. 특히 외국어의 관용어는 실제 대화를 통해서만 가장 적절하게 습득할 수 있다는 사실을 바탕으로 본서는 다양한 상황에서의 대화 표현들을 수록하였다. 하지만 한 가지 염두에 둘 점은 본서에 수록된 표현만 습득하면 모든 것이 해결될 것이란 생각을 해선 안 된다는 점이다. 왜냐하면 언어적 표현은 시대와 상황에 따라서 항상 변화하기 때문이다. 따라서 이러한 언어 학습엔 독자 개개인의 관심이 항상 따라 주어야 한다.

만약 독자들이 어느 정도 상당한 양의 어휘 구축이 이루어진 상태이고 기본적인 문법적 틀이 마련된 상태에서 본서의 학습을 시작한다면 단시일 내에 비즈니스 중국어 구사 능력을 높은 수준까지 끌어올릴 것으로 확신한다. 비록 본서는 중급 이상의 중국어 실력을 갖춘 독자들에게 적합하도록 구성되었으나 중국어 초보자들도 얼마든지 활용할 수 있는 학습서라 자부한다. 외국어를 배운다는 것은 어학적인 재능보다, 학습하는 데에 투자하는 "시간과 노력"이 여러분이 원하는 수준만큼 외국어 실력을 쌓는 것을 가능하게 한다는 점을 꼭 기억해두기 바란다. 아울러 본서는 현대 직장인과 취업 준비생, 대학생들이 꼭 취득해야 하는 ITT 비즈니스 통번역 시험 준비서로도 손색이 없으므로 본서를 탐독하면 반드시 합격의 길로 들어 설 수 있으리라 믿는다.

사단법인 국제통역번역협회

비즈니스 중국어 통번역이란?

1. 현대 사회에 필요한 진정한 "실용 비즈니스 중국어"

우리는 바야흐로 중국어 상용화 시대를 맞이하고 있습니다. 이 시점에서 우리가 갖추어야 하는 능력은 기초적인 중국어 회화 능력에서 더 나아가 유창한 중국어 회화 능력, 그리고 다양한 분야를 아우르는 중국어 통번역 능력입니다. 오늘날 거의 모든 기술과 정보가 영어로 되어 있어 영어 능력이 가장 중요하게 여겨져 왔지만 중국과 직접 비즈니스를 하는 기업에서 만일 영어 통번역을 거쳐서 중국 기업과 소통한다면 시간과 비용 면에서 상당히 비효율적일 것입니다. 따라서 이제는 보다 전문적이고 다양한 분야의 지식을 통번역할 수 있는 중국어 전문가가 점점 더 요구되고 있습니다.

이에 현재 수많은 기업들은 탁월한 중국어 통번역 능력을 갖춘 인력을 확보하기 위해 노력하고 있으며, 통번역 작업에 소요되는 시간과 돈을 아깝게 생각하지 않습니다. 특히 중국과 무역을 하거나 기술 및 정보 교류를 하는 기업에서는 중국어 능력, 특히 중국어 통번역 능력이 아주 중요합니다. 분초를 다투며 회사의 정책을 결정해야 하는 임원은 각종 정보를 신속하게 읽고 이해할 수 있어야 하는데 만약 회사의 통번역 팀이 매일같이 쏟아지는 회사와 관련된 정보를 신속 정확하게 통번역해서 보고를 해 줄 경우와, 그렇지 못할 경우 회사의 효율성에는 상당한 차이가 있을 것입니다. 다시 말해 통번역을 얼마나 정확하고 신속하게 하느냐에 따라 기업의 경쟁력이 결정되는 시대가 된 것입니다.

중국어 통번역의 중요성
- 대학 입시, 학점 및 졸업 인정 자격, 공무원 시험 등 각종 전문 영역에서 중국어 시험을 시행하고 있음
- 대한민국 법무부는 번역문 인증 공증제도(2013. 10. 1)를 시행하면서 ITT 전문번역자격증을 번역 능력 수단으로 인정

2. "다양한 분야"의 비즈니스 중국어 통번역

기본적인 비즈니스	거래, 주문, 배송, 계약, 협상, 마케팅, 세일즈, 무역, 클레임, 초청, 초대, 사례, 방문
생산	공장 관리, 조립 라인, 품질 관리, 기술 관리, 생산 관리
재정	금융, 투자, 세금, 회계, 청구, 송금, 은행 업무
연구 개발	기술 연구, 제품 연구, 시장 개척, 시장 연구, 제품 개발
오피스	회의, 편지, 메모, 전화, 팩스, E-mail, 컴퓨터, 복사기
인사 관리	구인, 채용, 퇴직, 휴가, 급여, 승진, 사내 교육, 취업 지원, 자기 소개
건물/부동산	건물 관리, 구입 및 임대, 전기 및 가스, 냉난방
출장	기차, 비행기, 대중교통, 유람선, 티켓, 일정, 공항 안내, 차량 렌트, 숙소 예약, 연기 및 취소
문화 및 예술	드라마 및 예능 프로그램 자막, 인터뷰, 공연 및 콘서트 진행, SNS 관리, 동영상 스트리밍
미래 IT 기술	로봇 공학, 드론, 3D프린팅, 자율 주행 자동차, 스마트 빌딩, 스마트 농업, 인공 지능, 증강 현실, 나노기술, 보안, 3차원 엔터테인먼트

통번역 시험 ITT 소개

1. 시험기관 소개

사단법인 국제통역번역협회(IITA, International Interpretation & Translation Association of Korea)는 1999년 국제통번역사절단 협회로 출범하여 그간 매년 통번역사절단 선발대회 및 외국어 경연대회를 통해 다수의 통번역사를 선발하여 한일월드컵, 부산 아시안 게임, 세계 합창 올림픽, 부산 국제 영화제, 부천 애니메이션 페스티벌, 평창 동계 올림픽 유치 활동 등과 같은 각종 국제 행사를 지원하는 등 비영리 단체로서 국가 위상을 높이는데 기여해 왔습니다.

2009년 ITT시험 위원회를 구성하여 공식적으로 외국어 능력 평가시험 시행기관으로 활동하기 시작했으며 문화체육관광부 인가 사단법인 국제통역번역협회로 단체명을 개명하는 한편 UNESCO 자문기관인 국제번역가연맹(FIT) 준회원 기관으로 가입하여 국제적인 번역 활동에 동참하고 있습니다. 2013년 10월 1일 대한민국 법무부가 번역문에 대한 인증을 통한 공증제도를 제정 시행함에 따라 ITT 시험의 전문 번역 1, 2급 자격증 소지자를 공식 자격으로 인정하게 되면서 다시 한 번 IITA는 전문 기관으로서의 전문성과 시험의 공신력을 확보하는 계기가 되었습니다.

IITA는 한국의 통역 번역 표준을 선도하는 것은 물론이고 통번역 교육의 활성화를 통한 국민의 외국어 능력을 극대화하여 글로벌 시장에서 손색이 없는 외국어 인재를 발굴 육성함은 물론 통역사와 번역사의 권익을 보호하는데 앞장서며 공신력 있는 시험을 시행함으로써 통역사와 번역사를 꾸준히 발굴하여 국가 지식기반 산업을 육성하는데 이바지하고 있습니다. 아울러 실용적인 ITT시험을 개발 시행함으로써 실용적인 외국어 평가도구로 자리매김하여 기업의 인력 채용과 승진 등에 필요한 자료로 활용할 수 있도록 함으로써 산업 발전에 기여하고 있습니다.

2. "ITT"란 어떤 시험?

ITT는 Interpretation & Translation Test의 약자로 외국어 듣기, 말하기, 읽기, 쓰기 능력을 종합적으로 평가하는 통역 및 번역 시험입니다. ITT는 실제 생활에서 얼마나 유창하고 적절하게 외국어를 사용할 수 있는지를 측정하는 객관적인 외국어 평가 도구입니다. 국내에서는 2010년에 시작되어 삼성테크윈, 포스코엔지니어링, 현대로템, 대우루컴즈, 대림아이엔에스, SK하이닉스, 대성산업, 한국투자증권, SK건설 등 대기업 계열사에서 ITT 자격증을 공채 시 인정하는 등 약 2,000여 개 기업에서 채용과 승진, 인사 고과 자료로 활용되고 있을 뿐만 아니라 2013년 10월 1일 대한민국 법무부가 번역문 인정 공증제도를 제정 시행함에 따라 전문 통역사와 전문 번역사로 활동하는 공식 자격으로 인정을 받고 있습니다. 평가 언어 및 평가 기준은 아래와 같습니다.

주관사		ITT 시험위원회 (The Committee of ITT, 홈페이지: www.itt.or.kr)
평가 언어	통역	영어, 중국어, 일본어
	번역	영어, 중국어, 일본어, 베트남어
평가 기준	통역	발음 및 억양, 표현의 적합성, 문장 분석 및 변환 능력, 재구성 능력, 연관성 및 일관성, 순발력 및 대응력, 조정력, 의미전달 능력, 유창성, 정확성
	번역	원문 이해력, 문장 구성력, 대응력, 교정력, 의미 전달력, 삭제와 보충력, 배경 지식, 순발력, 호소력, 창조력, 구성력

3 평가 내용

전문 급수	1급	해당 한국어와 외국어를 능수능란하고 유창하게 구사할 수 있습니다. 배경 지식이 포함된 내용을 거의 완벽하게 이해하여 이를 적절한 어휘를 대입하여 다른 언어로 완전하게 표현함으로써 다른 사람이 쉽게 이해할 수 있는 수준입니다.
	2급	해당 한국어와 외국어를 제법 정확하게 이해하고 구사할 수 있습니다. 배경 지식이 포함된 내용을 원만하게 잘 표현함으로써 이를 다른 사람이 읽고 이해하는 데 별 무리가 없는 문장 수준입니다.
비즈니스 급수	1급	비즈니스와 관련된 한국어와 외국어를 능수능란하게 구사할 수 있습니다. 이해한 언어를 다른 언어로 완전하게 표현하여 다른 사람이 쉽고 정확하게 그 지식을 이해할 수 있는 수준입니다.
	2급	비즈니스와 관련된 한국어와 외국어를 무난하게 이해하고 구사할 수 있습니다. 이해한 내용을 다른 사람이 이해하는 데 큰 문제가 없을 정도로 표현한 수준입니다.
	3급	가장 기본적인 비즈니스 관련 지문에 대한 중문 독해력과 기본적인 이메일을 작성할 수 있는 중국어 능력을 평가합니다.

4 시험 구성

아래 각 자격증에 해당하는 1, 2급은 출제 지문이 같으며 획득한 점수에 따라 1급과 2급 자격증을 교부합니다.

구분	시험 구성	문제당 단어수	문제 유형
전문 통역 1, 2급 자격증	50분/7문제	외국어 : 150단어 내외 한국어 : 50단어 내외	외국어지문 3문제 + 한국어지문 3문제 + 윤리 1문제
전문 번역 1, 2급 자격증	180분/4문제	외국어 : 300단어 내외 한국어 : 100단어 내외	영어 외 언어 3개지문 + 윤리 1문제
비즈니스 통역 1, 2급 자격증	40분/10문제	외국어 : 50단어 내외 한국어 : 10단어 내외	외국어지문 3문제 + 한국어지문 7문제
비즈니스 번역 1, 2급 자격증	120분/15문제	외국어 : 50~100단어 내외 한국어 : 20단어 내외	외국어지문 5문제 + 한국어지문 10문제
비즈니스 통역 3급 자격증	40분/20문제	외국어 : 10단어 내외 한국어 : 10단어 내외	외국어지문 10문제 + 한국어지문 10문제
비즈니스 번역 3급 자격증	90분/40문제		외국어지문 20문제 + 한국어지문 20문제

* 90점 이상은 1급, 80점 이상은 2급 * 3급: 70점 이상 합격

* 본 교재는 ITT 시험 중에서도 비즈니스 급수의 통번역 시험 분야를 다루고 있습니다.

* 반드시 시행처 공지사항을 확인하시기 바랍니다.

5 시험 응시 방법 및 절차

- 통역 시험 : 스마트폰 앱을 활용한 녹음 처리 방식(UBT, Ubiquitous Based Test)으로 시행합니다.
- 번역 시험 : 오프라인 시험장에서 PBT(Paper Based Test)방식으로 시행합니다.
  (페이퍼 사전, 전자사전, 스마트 폰 사전(비행기모드, 유심칩 제거 후 사용)을 사용할 수 있습니다.)
- 자격증 유효 기간 : ITT 자격증의 유효 기간은 2년이며 유효 기간이 종료되기 전에 보수 교육을 통해 직업 윤리 교육을 이수해야 유효 기간이 갱신됩니다.
- 절대 평가 방식으로 평가하되 성적 발표 시 원하는 사람에 한해 유선으로 점수를 공개합니다.

통역 시험 절차	1) 통역 스마트폰 앱 접속 응시 후 답안 제출 → 2) 보안 시험 서버 저장 → 3) 평가자 시험 서버 접속 → 4) 시험 평가 및 급수 판정 후 저장 → 5) 합격자 조회 → 6) 합격자 확인
번역 시험 절차	1) 고사장 시험 응시 후 답안 제출 → 2) 평가자 시험 평가 및 급수 판정 → 3) 데이터 베이스 입력 → 4) 합격자 조회 → 5) 합격자 확인

6 시험 활용도

대학교	학업 성취도 평가, 졸업 인정 및 학점 반영 시 활용
일반기업 및 공공기관	취업, 직무평가, 직원 교육 및 어학 능력자 선발 시 활용
번역 공증	전문 번역의 경우 번역 공증을 받을 시 번역능력 수단으로 인정
통번역 회사	통역 및 번역 프리랜서 활동 가능, 통번역 투잡 활동 가능

책의 구성 및 특징

1. 오랜 역사의 통번역 전문 교육기관 "타임스미디어" 연구진 집필

타임스미디어는 1997년에 평생교육원을 설립한 이래로 통번역 교육 및 통번역 시험 시행뿐만 아니라 TESOL 과정, 영어회화 전문강사 양성 과정 설립 등 어학 교육에 있어 깊은 역사를 자랑하는 교육 그룹입니다. 본 교재는 이러한 타임스미디어의 연구진들이 비즈니스 중국어 분야를 오랜 시간에 걸쳐 연구하여 비즈니스 통번역 지문들을 엄선, 집대성한 학습서입니다. 따라서 본 교재는 실무 비즈니스 통번역 실력 함양과 더불어 ITT 비즈니스 통번역 시험 대비까지 할 수 있는 전문 교재입니다.

2. 핵심만 쏙쏙! 21개 비즈니스 필수 주제별 통번역 집중 훈련

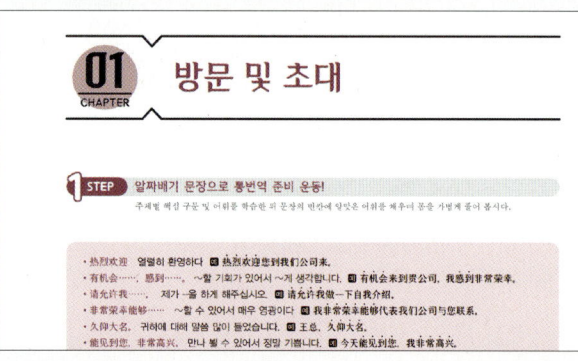

회사 소개, 인력 관리, 문의 및 답변, 홍보 및 광고, 가격 협상 등 중국 비즈니스 업무 현장에서 가장 빈번하게 등장하는 상황들을 총 21개 주제로 압축하여 보다 효율적으로 학습할 수 있도록 구성하였습니다. 각 주제별로 "STEP 1. 알짜배기 통번역 어휘 학습 〉 STEP 2. 통번역 맛보기 〉 STEP 3. 통번역 실전 훈련"의 3단계 흐름을 따라가며 학습을 하도록 유도, 독자들이 체계적인 단계를 밟아가며 실력을 점진적으로 발전시켜 나갈 수 있도록 구성하였습니다.

3. 실전 연습으로 실력 UP! 420여 개의 실용 비즈니스 문장 통번역 훈련

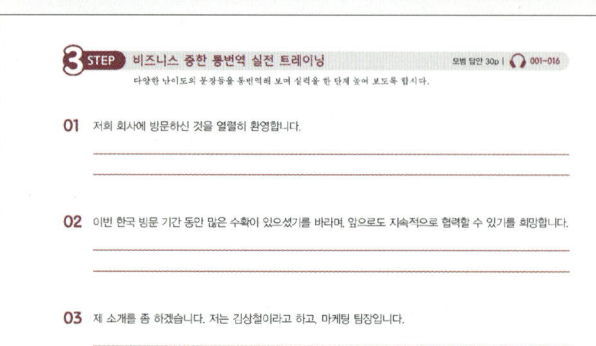

어학 실력을 쌓는 가장 빠른 지름길은 바로 "끊임없는 연습"입니다. 따라서 본 교재는 21개로 분류해 놓은 비즈니스 통번역 주제마다 약 20여 개에 이르는 통번역 문장들을 통해 실력을 쌓을 수 있도록 구성하였습니다. 이 420여 개의 통번역 문장들은 소개, 광고, 오퍼, 클레임, 협상 등 풍부한 형태의 비즈니스 표현들을 아우를 수 있도록 다양한 내용을 담은 주제들로 구성하였습니다.

4. 실무에서 시험까지 한 방에! ITT 시험 예상문제 100제 수록

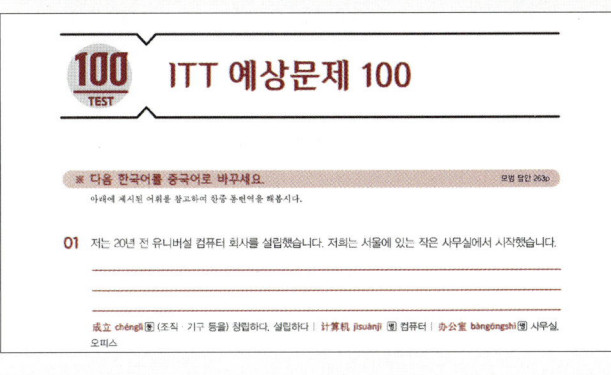

비즈니스 통번역 실무에 필요한 스킬을 집중적으로 갈고 닦은 것에 이어, 통번역 시험(ITT) "비즈니스 급수"에서도 좋은 성적을 올릴 수 있도록 시험 출제 예상문제 100제를 추가로 수록, 이를 풀어보며 시험까지 완벽히 대비할 수 있도록 하였습니다. 소개된 ITT 100제는 다양한 비즈니스 서신을 중심으로 구성되어 있으며, 서신들은 감사 메시지, 컴플레인, 일정 잡기, 업무 협조 요청, 가격 협상, 선적 및 배송, 제품 소개 등 다양한 주제들을 아우릅니다.

5. 한눈에 훑어보는 통번역 핵심 문장 & 어휘 & 무역 서식 제공

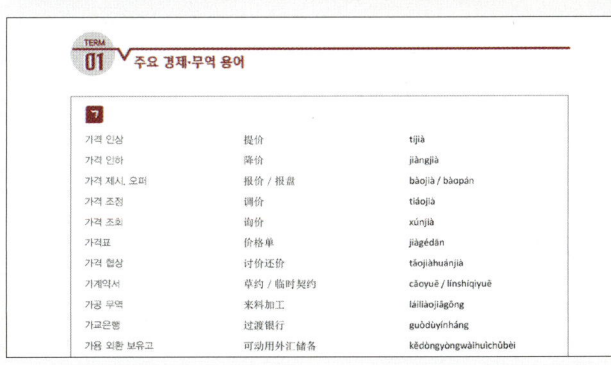

앞서 학습한 비즈니스 통번역 지문 중 가장 활용도가 높은 표현들을 포함하고 있는 문장들만 따로 엄선하여, 한눈에 쉽게 훑어볼 수 있도록 한데 모아 놓은 "통번역 핵심 문장 모음집"을 부록으로 제공합니다. 또한 "주임, 팀장, 비서, 사장" 등과 같은 "직함/부서 표기 용례 모음집"과 "주요 경제 · 무역 용어" 및 "비즈니스 무역 서식"을 함께 제공합니다.

6. 각 지문별 통역 연습에 필요한 🎧 MP3 파일 무료 제공

본 교재에 수록된 지문을 읽고 번역 학습을 진행하는 것과 더불어, MP3를 직접 듣고 이를 통역해보는 연습까지 할 수 있도록 "교재 MP3 파일 무료 다운로드 서비스"를 제공해 드립니다. MP3 다운로드 방법은 ❶ www.sdedu.co.kr을 방문한 뒤, ❷ 홈페이지 상단에 있는 항목 중 "MP3"를 클릭, ❸ 클릭 후 들어간 페이지의 검색창에서 "하이패스 비즈니스 중국어 통번역 [한중편]"을 검색한 뒤 다운로드 받으시면 됩니다.

목 차

PART 1 비즈니스 중국어 통번역 기초 다지기
- Chapter 01 통번역의 정의 · · · · · · 14
- Chapter 02 통번역 테크닉 · · · · · · 16

PART 2 비즈니스 중국어 통번역 주제별 집중 훈련
- Chapter 01 방문 및 초대 · · · · · · 22
- Chapter 02 여행 및 관광 · · · · · · 32
- Chapter 03 축하 및 감사 표현 · · · · · · 42
- Chapter 04 사과 및 위로 표현 · · · · · · 52
- Chapter 05 회사 소개 · · · · · · 62
- Chapter 06 구인 구직 및 인사 관리 · · · · · · 72
- Chapter 07 이력서 및 자기소개서 · · · · · · 82
- Chapter 08 쪽지 및 공지 작성 · · · · · · 92
- Chapter 09 블로깅 · · · · · · 102
- Chapter 10 출장 및 산업 현장 시찰 · · · · · · 112
- Chapter 11 비즈니스 회의 및 접대 · · · · · · 122
- Chapter 12 시장 조사 및 기획 · · · · · · 132
- Chapter 13 제품 소개 및 마케팅 · · · · · · 142
- Chapter 14 협상 및 거래 · · · · · · 152
- Chapter 15 제품 문의 및 업무상 요청 · · · · · · 162
- Chapter 16 가격 문의 및 조정 · · · · · · 172
- Chapter 17 제품 주문 및 배송 · · · · · · 182
- Chapter 18 대금 결제 및 독촉 · · · · · · 192
- Chapter 19 제품 결함 및 서비스 문제 · · · · · · 202
- Chapter 20 재테크 및 경제 트렌드 · · · · · · 212
- Chapter 21 계약서 작성 · · · · · · 222

PART 3 비즈니스 중국어 통번역 시험 ITT 예상문제 100
- ITT 예상문제 100 · · · · · · 238
- ITT 예상문제 100 모범 답안 · · · · · · 263

부록 비즈니스 중국어 통번역 핵심 문장 & 어휘
- 비즈니스 주제별 핵심 문장 · · · · · · 272
- 주요 경제·무역 용어 · · · · · · 293
- 중국 직함·부서 명칭 · · · · · · 304
- 주요 시사 약어 · · · · · · 305
- 비즈니스 무역 서식 · · · · · · 323

수준별 학습 플랜

3개월 학습 플랜 (10주)

■ 한국인인 경우 중국어 학습 기간이 1년 이상이거나 신HSK 4급을 보유한 학습자, 중국인인 경우 한국어 학습 기간이 1년 이상이거나 TOPIK 2 4급을 보유한 학습자를 대상으로 한 플랜입니다.

	Monday	Tuesday	Wednesday	Thursday	Friday
Week 1	Part 2 Chapter 01	Part 2 Chapter 01	Part 2 Chapter 02	Part 2 Chapter 02	Part 2 Chapter 03
Week 2	Part 2 Chapter 03	Part 2 Chapter 04	Part 2 Chapter 04	Part 2 Chapter 05	Part 2 Chapter 05
Week 3	Part 2 Chapter 06	Part 2 Chapter 06	Part 2 Chapter 07	Part 2 Chapter 07	Part 2 Chapter 08
Week 4	Part 2 Chapter 08	Part 2 Chapter 09	Part 2 Chapter 09	Part 2 Chapter 10	Part 2 Chapter 10
Week 5	Part 2 Chapter 11	Part 2 Chapter 11	Part 2 Chapter 12	Part 2 Chapter 12	Part 2 Chapter 13
Week 6	Part 2 Chapter 13	Part 2 Chapter 14	Part 2 Chapter 14	Part 2 Chapter 15	Part 2 Chapter 15
Week 7	Part 2 Chapter 16	Part 2 Chapter 16	Part 2 Chapter 17	Part 2 Chapter 17	Part 2 Chapter 18
Week 8	Part 2 Chapter 18	Part 2 Chapter 19	Part 2 Chapter 19	Part 2 Chapter 20	Part 2 Chapter 20
Week 9	Part 2 Chapter 21	Part 2 Chapter 21	Part 2 Chapter 21	Part 2 복습	Part 2 복습
Week 10	Part 3 ITT 문제 01~20	Part 3 ITT 문제 21~40	Part 3 ITT 문제 41~60	Part 3 ITT 문제 61~80	Part 3 ITT 문제 81~100

1개월 학습 플랜 (5주)

■ 한국인인 경우 중국어 학습 기간이 1~2년이거나 신HSK 5급을 보유한 학습자, 중국인인 경우 한국어 학습 기간이 1~2년이거나 TOPIK 2 5급을 보유한 학습자를 대상으로 한 플랜입니다.

	Monday	Tuesday	Wednesday	Thursday	Friday
Week 1	Part 2 Chapter 01	Part 2 Chapter 02	Part 2 Chapter 03	Part 2 Chapter 04	Part 2 Chapter 05
Week 2	Part 2 Chapter 06	Part 2 Chapter 07	Part 2 Chapter 08	Part 2 Chapter 09	Part 2 Chapter 10
Week 3	Part 2 Chapter 11	Part 2 Chapter 12	Part 2 Chapter 13	Part 2 Chapter 14	Part 2 Chapter 15
Week 4	Part 2 Chapter 16	Part 2 Chapter 17	Part 2 Chapter 18	Part 2 Chapter 19	Part 2 Chapter 20
Week 5	Part 2 Chapter 21	Part 3 ITT 문제 01~25	Part 3 ITT 문제 26~50	Part 3 ITT 문제 51~75	Part 3 ITT 문제 76~100

비즈니스 중국어 통번역
한·중·편

PART 1

비즈니스 중국어 통번역 기초 다지기

Chapter 01. 통번역의 정의
Chapter 02. 통번역 테크닉

 통번역의 정의

1. 통번역이란?

본래 통번역이란, 출발 언어(source language, 또는 기점 언어)를 도착 언어(target language, 또는 목표 언어)로 옮기는 것을 말한다. 한-중 통번역의 예를 들면 한국어를 중국어로 옮기는 것이라 할 수 있다. 하지만, 한국어를 중국어로 '어떻게' 옮기느냐가 중요한데, 그렇게 하기 위해서는 한국어 자체를 잘 이해할 수 있어야 할 뿐만 아니라 중국어 또한 정확하게 구사할 수 있어야 한다. 거꾸로 중-한 통번역의 경우도 마찬가지이다.

여기서 중요한 것은 한 나라의 말과 글은 그 나라의 정서와 문화를 내포하고 있어서 곧이곧대로 옮길 경우 무슨 말을 하는지 알 수 없는 경우가 많다는 것이다. 따라서 말하고자 하는 바를 잘 정리하여 그 내용을 옮길 때는 신중하게 해야 한다. 모든 언어가 표층 구조(surface)와 심층 구조(meaning)로 되어 있다는 것을 감안하여 표층 구조, 즉 문법 구조를 통하여 말하고자 하는 의미를 이해하고, 이해한 의미를 재구성하여 도착 언어로 표현하는 것이 가장 바람직한 통번역 방법이라 할 수 있다. 다시 말하자면 통번역은 출발 언어의 메시지를 양방향으로 제대로 해석한 뒤 그 의미를 도착 언어로 재구성하는 작업이라 볼 수 있다.

통번역의 완성도를 평가하는 가장 큰 기준은 무엇인가? 통번역의 완성도를 평가하는 가장 큰 기준은 바로 등가성 매칭(equivalence-matching)과 가독성(readability)이다. 여기서 말하는 등가성 매칭이란 '출발 언어와 도착 언어가 얼마만큼 같은 스토리를 말하고 있는가?'라는 것을 말하며, 가독성이란 '도착 언어를 듣거나 읽고 얼마만큼 청자와 독자가 쉽게 그 내용을 이해할 수 있는가?'라는 점이다. 통번역의 완성도를 평가하는 데는 등가성과 가독성 이외에도 많은 요소가 있지만, 대체적으로 등가성과 가독성이 좋으면 좋은 통번역이라 할 수 있다.

그렇다면 통역과 번역의 차이는 무엇인가? 통역은 실제 상황에서 의사 소통을 하는 것이며 그 표현 수단이 '말'이지만, 번역은 시간과 공간이 다를 뿐만 아니라 신중하게 내용을 파악해서 전달해야 하는 '글'이 표현 수단이다. 즉, 어떤 '말'을 다른 '말'로 바꾸어 표현하는 것이 통역이라면, 번역은 '글'을 다른 '글'로 바꾸어 표현하는 것이라고 볼 수 있다. 하지만 이 둘의 공통점은 앞서 말한 바와 같이 출발 언어를 도착 언어로 옮기는 것이다.

2. 통번역에 대한 유진 나이다(Eugene Nida)의 정의

다른 언어로의 재구성	통번역 과정은 기본적으로 '출발 언어(source language) ➡ 분석(analysis) ➡ 전환(transfer) ➡ 재구성(reconstruction) ➡ 도착 언어(target language)'로 구성된다. 번역사는 단순히 언어적인 속성만을 적용해서 번역하는 것이 아니라, 어떤 기준을 적용하여 원문을 해독하고, 해독한 내용을 다른 언어로 재구성하는 사람이다.

적절한 번역어의 올바른 선택	한국어 어휘 중에 한자어의 비중이 높다보니 중국어 어휘를 그대로 번역하여 생기는 오류가 많다. 예를 들어서, '合作', '汽车', '作业' 등은 중국어와 한국어의 의미에 다소 차이가 있다. 즉, '합작', '기차', '작업' 등으로 번역해서는 안 되며, '협력', '자동차', '숙제' 등으로 의미에 맞게 번역해야 한다. 또한 한국어의 '성과'는 중국어로 '成果', '成就', '效果' 등 세부적인 의미에 따라 다르게 번역해야 한다. 이 때문에 통번역가는 상황과 문맥에 따른 적절한 번역어를 선택해야 한다.
문맥에 따른 적합한 해석	한국어에서 '옛'은 '오래되어 낡은'이라는 부정적인 의미도 있지만, '유구하다, 고색창연하다'라는 긍정적인 의미도 있다. 이 때 전자의 '옛'은 '陈旧'로 번역해야 하며, 후자의 '옛'은 '古老'로 번역해야 한다. 이와 같이 같은 단어라도 문맥에 따라서 적합한 표현을 찾아서 번역해야 한다.
2차 문화권에 대한 이해	언어적인 이해만으로는 1차 언어의 어구를 2차 언어로 번역할 수 없다. 즉 2차 언어 문화권에 1차 언어 문화권과 유사한 문화 관습이 없을 수도 있다는 사실을 번역사는 인정해야 한다. 번역사는 1차 언어의 사용자가 누구이며, 지위, 연령, 성별, 청자 등을 고려해야 할 뿐만 아니라 1차 언어의 문맥적 상황에 적합한 2차 언어를 선택할 수 있어야 한다. 번역사는 1차 언어의 문맥 속에 들어 있는 특정 어구가 어떤 의미를 내포하고 있는지 알아낼 수 있어야 한다. 번역사는 1차 언어의 어구가 가지고 있는 작품 속에서의 의미와, 그 작품이 속해 있는 문화 체계를 잘 이해하여 2차 언어로 바꾸어야 한다.

3. 통역의 종류

번역은 모두 동일한 방식으로 하지만, 통역은 하는 방식에 따라 여러 종류가 있다. 통역의 종류는 하단의 표에 나와 있는 것과 같으며, 비즈니스 통역은 동시통역을 해야 하는 경우도 있기는 하지만 통상적으로 순차통역이 주를 이루고 있다고 볼 수 있다.

순차통역	화자가 짧게는 3~4분에서 길게는 20여 분까지 일정한 분량을 말하는 동안 통역사가 말하는 것을 기억하거나 노트 테이킹을 한 다음에 말이 끝나면 통역하는 형식이다.
동시통역	화자와 거의 동시에 통역부스 안에서 헤드셋으로 듣고 통역하는 형식이다. 동시통역의 경우 화자의 말을 청취하는 동시에 통역을 해야 하기 때문에 신체적, 정신적으로 긴장할 수밖에 없는 작업이다.
문장구역	문장을 눈으로 읽으면서 동시에 말로 통역하는 방식이다.
위스퍼링	문장구역과 함께 넓은 의미에서 동시통역에 해당하는 것으로 화자의 뒤에서 상대방의 언어를 작은 소리로 통역하는 방식이다.
릴레이 통역	동시통역에서 3개 국어 이상을 통역해야 할 때 사용하는 방식이다. 예를 들어 중국어로 한 말을 중-한 통역사가 한국어로 동시통역을 하면 한-영 통역사가 이 말을 듣고 다시 영어로 동시통역하는 식이다. 여러 가지 언어를 사용하는 회의에서 모든 언어를 통역할 수 있는 통역사를 확보할 수 없는 경우 사용하는 방식이다.
화상회의 통역	멀리 떨어져 있는 사람들과 화상회의를 할 때 사용하는 통역을 말한다. 서울에 있는 통역사가 지구 반대편에서 하는 회의를 통역하는 식이다.

# 통번역 테크닉

1. 반드시 알아야 할 16가지 한중 통번역 기본 테크닉

앞서 통번역의 정의에서 언급한 바와 같이 통번역에 있어 중요한 것은 적절한 번역어를 선택하여 문맥을 잘 살펴 그 의미를 정확히 전달하는 것이다. 한중 통번역을 할 때도 중한 통번역과 마찬가지로 전체적인 문맥을 고려하여 그 의미를 제대로 전달할 수 있는 적절한 번역어를 선택해야 한다. 또한 중국어를 사용하는 문화권의 사람들이 제대로 알아볼 수 있도록 통번역을 해야 하는데, 이러한 것들을 대명제로 삼아 한중 통번역 시 알아둬야 할 테크닉 16가지를 살펴보도록 하자.

① 단어를 단어로 바꾸는 일대일 대응의 번역을 삼가라. (예 사람이 짜다 ➡ 인색하다)
② 한중 사전과 중중 사전을 모두 참고하라.
③ 항상 가독성(readability)을 염두에 두고 번역하라.
④ 이미 뜻을 알고 있는 단어라 하더라도 사전의 용례를 더 찾아라.
⑤ 원문의 텍스트와 동일한 품사로 번역하는 것을 고수하지 마라.
⑥ 한 문장 내에서 반복되는 주어는 인칭 대명사로 대신하라. (예 张三 ➡ 他)
⑦ 중국어는 동사의 의미가 다양하다는 점을 감안하라. (예 想은 조동사로 '~하고 싶다'라는 의미 외에도 동사로 '생각하다', '그리워하다' 등 다양한 의미를 나타냄)
⑧ 원문의 텍스트가 능동문이라 하더라도 수동으로 전환해야 하는 경우가 많다.
⑨ 불필요한 전치사구(개사구)를 생략하라.
⑩ 전치사와 접속사를 구분하여 활용하라.
⑪ 중국식 문장 부호를 활용하라. (예 '、', '。' 등은 한국식 문장 부호와 다르므로 정확한 용법을 숙지해야 함)
⑫ 한 문장에서 동일한 단어 반복을 줄여라. (예 我看……我看…… ➡ 我看……我认为……)
⑬ 가급적이면 단문으로 번역하라.
⑭ 주어로 무엇을 선택할 것인지 결정력을 키워라.
⑮ 문장의 호응 관계를 감안하고 가능한 한 두괄식으로 번역하라.
⑯ 속담, 격언은 유사한 속담, 격언으로 번역하라.

2. 중국어의 문장 부호(标点符号)는 어떻게 사용하는가?

문장 부호는 문어체(书面语)에서 없어서는 안 되는 도구로서 문장의 끝맺음과 어기를 표현하는 등의 중요한 역할을 한다. 중국의 문장 부호는 크게 '点号'와 '标号'로 나눌 수 있다.

标准名称		符号形式	用法
点号	句号	。	평서문 및 부드러운 어조의 명령문에 사용함 예 首尔是韩国的首都。
	问号	?	의문문 및 반어문의 끝에 사용함 예 他叫什么名字？/ 难道你还不知道吗？
	感叹号	！	감탄문 및 강한 어조의 명령문, 반어문에 사용함 예 该有多好啊！
	冒号	：	① 호칭 뒤에 사용하여 다음 말을 제시하는 역할을 하며 서신 또는 공문에서 자주 사용함 　예 各位老师们：现在我们开会了。 ② "说、想、是、证明、宣布、指出、例如、如下" 등의 단어 뒤에 사용하여 다음 말을 제시하는 역할을 함 　예 他十分惊讶地说："啊，原来是你！" ③ 총체적인 말 뒤에 冒号를 쓰고 부가 설명을 더할 경우 　예 我校共有三种语言方面的专业：英文、中文、日文等。
	分号	；	복문 내부에 병렬된 단문 간의 휴지를 나타냄 예 语言，人们用来抒情达意；文字，人们涌来记言记事。
	逗号	，	문장 내부에서 일반적인 짧은 휴지를 표시 ① 주어와 서술어 사이 예 我们看得见的星星，绝大多数是恒星。 ② 동사와 목적어 사이 예 应该看到，科学需要一个人贡献出毕生的精力。 ③ 부사어의 뒤 예 对于这个城市，他并不觉得陌生。 ④ 복문에서 단문과 단문 사이 예 据说苏州园林有一百多处，我到过的不过十多处。
	顿号	、	문장 내부에서 단어들의 병렬을 표시 예 正方形是四边相等、四角均为直角的四边形。
标号	引号	""	직접적으로 인용해서 쓴 말을 표시 예 "满招损，谦受益"这句格言，流传到今天至少有两千年了。
	括号	()	주석을 표시 예 中国猿人(全名为"中国猿人北京种"，或简称"北京人")在我国的发现，是对古人类学的一个重大贡献。
	破折号	——	① 설명을 표시 예 迈进金黄色的大门，穿过宽敞的风门厅和衣帽厅，就到了大会堂建筑的枢纽部分——中央大厅。 ② 화제가 갑자기 전환됨을 표시 예 "今天好热啊！——你什么时候去上海？"
	省略号	……	생략된 말을 표시 예 她轻轻地哼起了《摇篮曲》："月儿明，风儿静，树叶儿遮窗棂啊……"
	连接号	—	같은 의미의 명사를 연결, 관련된 시간 및 숫자 연결 예 我国秦岭—淮河以北地区属于温带季风气候区。/ 鲁迅(1881—1936)原名周树人。
	书名号	《》〈〉	도서명, 신문명 표시 예 《〈中国工人〉发刊词》发表于1940年2月7日。
	间隔号	·	외국인명, 도서명에서 경계 표시 예 列奥纳多·达·芬奇 /《中国大百科全书·物理学》

3. '등가성 매칭(Equivalence-Matching)'을 고려하라.

서로 다른 언어를 통번역할 때 단순히 '언어적인 측면'에서만 등가성을 고려하여 정확히 그 의미를 전달하지 못하는 경우가 많다. 따라서 주어진 문장이 말하고자 하는 맥락, 즉 그 문장이 전달하고자 하는 메시지를 염두에 두고 '의미적인 측면'에서의 등가성을 고려해야 하는 경우가 많다. 아래 예시를 통해 살펴보자.

통번역 예시	
	그 회사 사장은 매우 짜요.
	통번역 A : 那家公司的老板很咸。(X)　咸 : 음식 등이 '짜다'고 할 때 쓰는 표현 **통번역 B** : 那家公司的老板很吝啬。(O)　吝啬 : 성격이 '인색하다'고 할 때 쓰는 표현
	그 책이 날개 돋친 듯 팔립니다.
	통번역 A : 那本书卖得像长了翅膀似的。(X)　长了翅膀似的 : 판매에 잘 쓰지 않는 표현 **통번역 B** : 那本书卖得很火。(O)　火 : 중국어로 '불'에 비유하여 인기가 많다는 표현
	한국어 원문에서 '짜다'의 언어적인 측면만 고려하여 '咸(짜다)'라고 해서는 안 되며, 이럴 경우 성격이 인색하다고 말할 때 쓸 수 있는 표현인 '吝啬(인색하다)' 혹은 '小气(쩨쩨하다)'를 쓰는 것이 적합하다. 이와 비슷한 논리로 '날개 돋친 듯' 역시 중국어로는 '불'에 비유하여 표현하며, '像长了翅膀似的'라는 표현은 주로 속박에서 벗어난 자유로움을 표현할 때 쓴다.

4. '문맥적 등가성 매칭'을 고려하라.

통번역을 할 때 언어적인 대응과 메시지의 대응을 모두 고려해야 한다. '언어적인 등가성 매칭'은 기점 언어(Source Language)의 표현을 그에 해당하는 목표 언어(Target Language)의 표현으로 전환하는 것이다. 그에 비해 '문맥적 등가성 매칭'은 언어의 단순 일대일 대응보다는 문맥이 나타내고자 하는 의미의 유사성에 중점을 두고 하는 통번역 작업이라고 볼 수 있다. 아래 예시를 통해 살펴보자.

통번역 예시	
	인사동 거리는 골동품 상점들로 외국인 관광객에게 인기가 좋습니다.
	통번역 A : 仁寺洞商业街的古董商店在外国游客中很有人气。 **통번역 B** : 那仁寺洞商业街的古董商店很受外国游客的欢迎。
	A는 한국어 어순에 따라 일대일 매칭이 될 수 있는 '在外国游客中很有人气'로 번역한 반면, B는 전후 맥락을 고려하여 여기서 말하는 중국에서 더 보편적으로 쓰이는 '很受欢迎'이라는 단어를 써서 표현하여 좀더 중국어다운 문장으로 번역하였다. 이와 같이, 원문의 언어적인 측면에서만 접근하기보다는 원문이 가지고 있는 문맥과 의미를 고려하여 중국에서 더 보편적인 표현을 써서 통번역을 하는 것이 더욱 효과적이다.

5. '정확한 의미'를 나타낼 수 있는 단어를 사용하라.

특정 한국어 단어에 맞는 중국어 단어를 사전에서 찾아보면 대략 2~3개, 많게는 20여 개 이상의 중국어 단어들이 나온다. 이렇게 많은 중국어 단어들 중 적절한 의미를 나타내는 단어 하나를 선택하여 통번역을 하는 것은 결코 쉬운 일이 아니다. 예를 들어 '여기다, 생각하다'라는 뜻의 중국어 단어를 찾아보면 认为와 以为가 별도의 구분 없이 함께 나열되어 있는 것을 볼 수 있다. 이 두 단어를 활용한 문장 예시를 살펴보도록 하자.

통번역 예시	**통번역 A** : 我认为他爱你。 ➡ 나는 그가 너를 사랑한다고 생각한다. **통번역 B** : 我以为他爱你。 ➡ 나는 그가 너를 사랑하는 줄 알았다.
	이 두 단어를 활용해 동일한 문장 구조를 가진 문장을 만들어 보면, 위에서 보는 것과 같이 그 의미가 완전히 달라진다. '认为'와 '以为'의 정확한 뜻과 용법을 알고 있다면 큰 문제가 없겠지만, 그렇지 않을 경우 심각하게 오역할 가능성이 있다.

6. '원문을 바꿔서' 통역하거나 '의미가 가까운 동의어'를 사용하라.

한국어 원문에 나온 단어를 한중 사전에서 쉽게 찾을 수 없거나, 사전에 나와 있는 중국어 표현이 마음에 들지 않을 때 어떻게 해야 할까? 이럴 땐 한국어 원문을 바꿔서 통번역을 하거나, 원문에 나와 있는 단어에 최대한 가까운 의미를 가진 동의어를 사전에서 검색하여 이를 활용하는 것이 좋다. 아래 예시를 살펴보도록 하자.

통번역 예시	앞서 지적한 바와 같이, 세계화로 인해 소비자 가격이 지속적으로 낮아지고 있습니다.
	통번역 A : 像前面所指出的那样，因为世界化进程，消费者价格正在持续降低。 **통번역 B** : 如上所述，因为世界化进程，消费者正在持续降低。
	'앞서 지적한 바와 같이'를 글자 그대로 번역하면 '像前面所指出的那样'이라고 말할 수 있다. 물론 이러한 통번역이 틀렸다고 할 수는 없다. 하지만 이러한 상황에 더 적절하게 쓰이는 표현을 찾아내어 중국어다운 문장으로 완성시켜 나갈 필요가 있다. 즉, 여기에서는 '像前面所指出的那样'보다는 간결하면서 보편적으로 많이 사용하는 '如上所述'를 사용하면 훨씬 자연스러워진다. 이를 바탕으로 최종 통번역 문장을 만들면 B와 같다.

7. 결론

통번역은 일반적인 외국어 학습과는 다른 영역으로서 단순히 작문을 하는 것이 아니다. 통번역은 중국어 학습과는 전혀 다른 영역이므로 새로운 관점에서의 접근이 필요하다. 우리는 흔히 통번역이라는 것을 유학을 다녀오거나 중국어 시험 성적이 좋기만 하면 잘할 수 있다고 여긴다. 이런 생각을 가지고 통번역을 시작하면 종종 매끄러운 통번역이 어렵다는 것을 발견하고 중국어를 유창하게 사용하는 사람일지라도 반대로 모국어인 한국어 실력이 부족하다는 것을 실감하게 된다. 이 책에서 중점적으로 다루는 비즈니스 통번역은 글로벌 시대를 사는 사람이라면 누구나 갖추고 있어야 하는 능력이다. 따라서 일상의 중국어 의사소통 능력을 넘어 차별화된 비즈니스 중국어 통번역 능력을 갖추기 위해서는 새로운 각오와 접근법으로 학습에 임해야 할 것이다.

비즈니스 중국어 통번역
한·중·편

PART 2

비즈니스 중국어 통번역 주제별 집중 훈련

Chapter 01. 방문 및 초대
Chapter 02. 여행 및 관광
Chapter 03. 축하 및 감사 표현
Chapter 04. 사과 및 위로 표현
Chapter 05. 회사 소개
Chapter 06. 구인 구직 및 인사 관리
Chapter 07. 이력서 및 자기소개서
Chapter 08. 쪽지 및 공지 작성
Chapter 09. 블로깅
Chapter 10. 출장 및 산업 현장 시찰
Chapter 11. 비즈니스 회의 및 접대
Chapter 12. 시장 조사 및 기획
Chapter 13. 제품 소개 및 마케팅
Chapter 14. 협상 및 거래
Chapter 15. 제품 문의 및 업무상 요청
Chapter 16. 가격 문의 및 조정
Chapter 17. 제품 주문 및 배송
Chapter 18. 대금 결제 및 독촉
Chapter 19. 제품 결함 및 서비스 문제
Chapter 20. 재테크 및 경제 트렌드
Chapter 21. 계약서 작성

방문 및 초대

1 STEP 알짜배기 문장으로 통번역 준비 운동!

주제별 핵심 구문 및 어휘를 학습한 뒤 문장의 빈칸에 알맞은 어휘를 채우며 몸을 가볍게 풀어 봅시다.

- 热烈欢迎 열렬히 환영하다 예 热烈欢迎您到我们公司来。
- 有机会……, 感到……。 ~할 기회가 있어서 ~게 생각합니다. 예 有机会来到贵公司，我感到非常荣幸。
- 请允许我……。 제가 ~을 하게 해주십시오. 예 请允许我做一下自我介绍。
- 非常荣幸能够…… ~할 수 있어서 매우 영광이다 예 我非常荣幸能够代表我们公司与您联系。
- 久仰大名。 귀하에 대해 말씀 많이 들었습니다. 예 王总，久仰大名。
- 能见到您，非常高兴。 만나 뵐 수 있어서 정말 기쁩니다. 예 今天能见到您，我非常高兴。
- 准备访问…… ~을 방문할 예정이다 예 我们准备访问一些创业公司。
- 陪同 모시다 예 我将陪同中国访问团参观几家工厂。
- 感谢……的热情款待 ~의 친절한 환대에 감사드리다 예 感谢李总的热情款待。
- 幸会，幸会！ 만나 뵙게 되어 영광입니다. 예 陈经理，幸会，幸会！
- 这次我们来……的目的是……。 저희가 이번에 ~에 온 목적은 ~입니다. 예 这次我们来贵公司的目的是想了解一下贵司的生产情况。
- 承蒙邀请……, 甚感荣幸。 ~에 초대를 받아서 영광스럽습니다. 예 承蒙邀请出席晚宴，甚感荣幸。
- 特邀……前来参加。 ~께서 참가해 주시길 특별히 초청 드립니다. 예 今年六月在首尔举办产品交易会，特邀贵公司代表团前来参加。
- 恭候光临。 왕림해 주시길 바랍니다. 예 兹定于○○年○月○日举行宴会，恭候光临。

01 저희 회사에 방문하신 것을 열렬히 환영합니다.

　　　_____您到我们公司来。

02 귀사에 방문할 기회가 있어 영광스럽게 생각합니다.

　　　_____来到贵公司，我_____非常荣幸。

03 제 소개를 좀 하겠습니다. 저는 이민호라고 하고 기획부 부장입니다.

　　　请允许我_____，我叫李民浩，是策划部经理。

04 저희 회사를 대표하여 귀사와 연락을 하게 되어 매우 영광스럽습니다.

_____代表我们公司与您联系。

05 왕 사장님, 말씀 많이 들었습니다. 오늘 만나 뵙게 되어 아주 기쁩니다.

王总，_____。今天能见到您，本人非常高兴。

06 저희는 이번에 한국에서 2주 동안 머무르면서 여러 회사 및 산업 단지를 방문할 계획입니다.

我们这次_____在韩国逗留两周，_____一些公司和产业园区。

07 오늘 저녁 김 사장님께서 중국 방문단을 모시고 저녁 만찬을 주재하실 겁니다.

今晚金社长将_____中国访问团并_____晚宴。

08 제가 또 선약이 있어서 여기서 여러분께 인사를 드립니다.

因为我还有个_____，就在这儿和各位_____了。

09 저녁 연회에 초대를 받아서 매우 영광스럽습니다.

_____出席晚宴，甚感荣幸。

10 방문 기간 동안 귀사의 극진한 환대에 감사드립니다.

_____访问期间贵公司的_____。

11 만나 뵙게 되어 영광입니다. 이건 제 명함입니다. 많이 가르쳐 주십시오.

_____，_____！这是我的名片，请您多多_____。

12 이번에 저희가 중국에 온 목적은 귀사의 공장을 참관하고 싶기 때문입니다.

_____中国的_____是想参观一下贵公司的几家工厂。

정답 확인

01 热烈欢迎	07 陪同 ‖ 主持
02 有机会 ‖ 感到	08 约会 ‖ 告辞
03 做一下自我介绍	09 承蒙邀请
04 非常荣幸能够	10 感谢 ‖ 热情款待
05 久仰大名	11 幸会，幸会 ‖ 指教
06 准备 ‖ 访问	12 这次我们来 ‖ 目的

2 STEP 비즈니스 한중 통번역 연습하기

앞서 배운 문장을 바탕으로 하단에 제시된 어휘를 참고하여 통번역해 봅시다.

01 저희 회사에 방문하신 것을 열렬히 환영합니다.

> 热烈欢迎您到我们公司来。

➡

热烈 rèliè [형] 열렬하다 | 欢迎 huānyíng [동] 환영하다

02 귀사에 방문할 기회가 있어 영광스럽게 생각합니다. 방문 기간 동안 좋은 성과가 있기를 바랍니다.

> 有机会来到贵公司，我感到非常荣幸，访问期间希望能有好的成果。

➡

感到 gǎndào [동] 느끼다, 여기다 | 荣幸 róngxìng [형] 영광스럽다 | 访问 fǎngwèn [동] 방문하다 | 成果 chéngguǒ [명] 성과, 결과

03 제 소개를 좀 하겠습니다. 저는 김상철이라고 하고 마케팅 팀장입니다.

> 请允许我做一下自我介绍，我叫金相哲，是营销主管。

➡

允许 yǔnxǔ [동] 동의하다, 허락하다 | 自我介绍 zìwǒjièshào 자기소개를 하다 | 营销 yíngxiāo [동] (상품을) 판매하다, 마케팅하다 | 主管 zhǔguǎn [동] 주관하다 [명] 주관자, 팀장

04 오랜만입니다. 다시 뵙게 되어 기쁩니다. 천 사장님께서는 지난번보다 얼굴빛이 더 좋아 보이십니다.

> 久违了，很高兴再次见到您。陈总您比上次看起来气色更好了。

➡

久违 jiǔwéi [동] 오래만입니다. | 比 bǐ [동] 비교하다 [개] ~에 비해, ~보다 | 看起来 kànqǐlái [동] 보기에 ~하다, 보아하니 ~하다 | 气色 qìsè [명] 안색, 얼굴빛

05 이번에 저희가 중국에 온 목적은 귀사의 공장 몇 곳을 참관하고 싶기 때문입니다.

这次我们来中国的目的是想参观一下贵公司的几家工厂。

➡

目的 mùdì 몡 목적 | 参观 cānguān 동 참관하다 | 家 jiā 양 가정·기업 등을 세는 단위

06 왕 사장님, 말씀 많이 들었습니다. 오늘 만나 뵙게 되어 아주 기쁩니다.

王总，久仰大名，今天能见到您，本人非常高兴。

➡

久仰大名 jiǔyǎngdàmíng 말씀 많이 들었습니다. 존함은 오래전에 들었습니다.

07 저희 회사를 대표하여 귀사에 방문하게 되어 매우 영광스럽습니다.

非常荣幸能够代表我们公司访问贵公司。

➡

能够 nénggòu 동 ~할 수 있다 | 代表 dàibiǎo 몡 대표 동 대표하다, 대신하다 | 访问 fǎngwèn 동 방문하다

08 제가 또 선약이 있어서 여기서 여러분께 인사를 드립니다. 즐거운 저녁 시간 보내시길 바라고 내일 아침 8시에 다시 뵙겠습니다.

因为我还有个约会，就在这儿和各位告辞了，祝各位度过一个愉快的夜晚，明天早晨8点钟再见。

➡

约会 yuēhuì 몡 약속 | 告辞 gàocí 동 작별 인사를 하다 | 早晨 zǎochen 몡 (이른) 아침, 새벽

09 오늘 저녁 김 사장님께서 중국 방문단을 모시고 저녁 만찬을 주재하실 겁니다. 모두 참석하셔서 즐거운 저녁 보내십시오.

今晚金社长将陪同中国访问团并主持晚宴。请大家前来参加度过愉快的夜晚。

➡ _____

陪同 péitóng 동 모시고 다니다, 동반하다 | 主持 zhǔchí 동 주관하다, 주재하다 | 晚宴 wǎnyàn 명 저녁 연회 | 度过 dùguò 동 (시간을) 보내다, 지내다 | 愉快 yúkuài 형 기쁘다, 즐겁다 | 夜晚 yèwǎn 명 밤, 야간

10 만나 뵙게 되어 영광입니다. 이건 제 명함입니다. 많이 가르쳐 주십시오.

幸会，幸会！这是我的名片。请您多多指教。

➡ _____

幸会 xìnghuì 동 만나 뵙게 되어 영광입니다 | 指教 zhǐjiào 동 지도하다, 가르치다

11 방문 기간 동안 귀사의 극진한 환대에 감사드립니다. 다음에 저희 회사에게 보답할 수 있는 기회를 주십시오.

感谢贵公司在访问期间的热情款待，下次请给我们公司报答的机会。

➡ _____

款待 kuǎndài 동 환대하다, 정성껏 대접하다 | 报答 bàodá 동 보답하다, 감사를 표하다 | 机会 jīhuì 명 기회

12 이번 방문은 시간이 촉박하여 더 발전된 이야기를 나누지 못해서 아쉽습니다.

因为这次访问的时间紧迫，很遗憾没能有更深入的交谈。

➡ _____

紧迫 jǐnpò 형 급박하다, 긴박하다 | 遗憾 yíhàn 형 유감스럽다 | 深入 shēnrù 형 깊다 | 交谈 jiāotán 동 이야기를 나누다

13 이번 중국 대표단은 저희 회사에서 정식으로 초청하였으며, 방문 일정은 5일간입니다.

> 这次的中国代表团是我们公司正式邀请的，访问日程为5天。

→ _____

代表团 dàibiǎotuán 대표단 | 正式 zhèngshì 형 정식의, 공식의 | 邀请 yāoqǐng 동 초청하다, 초대하다 | 日程 rìchéng 명 일정

14 이번 한국 방문 기간 동안 많은 수확이 있으셨기를 바라며, 앞으로도 지속적으로 협력할 수 있기를 바랍니다.

> 希望你们在这次访问韩国期间会有很多收获，也希望我们将来会有持续的合作。

→ _____

希望 xīwàng 동 희망하다, 바라다 | 收获 shōuhuò 명 수확, 성과 | 将来 jiānglái 명 장래, 미래 | 持续 chíxù 동 지속하다 | 合作 hézuò 동 합작하다, 협력하다

15 이번 대표단은 2주 동안 한국을 방문하는데, 우선 3일 동안 서울에서 머물게 됩니다. 그런 다음 대전으로 가서 이틀간 머물고, 부산에서 하루 머문 뒤 제주도에서 3일간 머물게 됩니다. 마지막에는 비행기로 서울에 와서 하루 계시다가 5월 2일에 귀국합니다.

> 这次代表团访韩期间为两个星期，首先在首尔住三天。然后到大田住两天，釜山住一天，济州岛住三天。最后乘飞机回到首尔住一天，5月2日从首尔回国。

→ _____

首先……, 然后……, 最后…… shǒuxiān……, ránhòu……, zuìhòu…… 먼저~, 그런 후에~, 마지막으로~ | 乘飞机 chéngfēijī 비행기를 타다 | 回国 huíguó 동 귀국하다

3 STEP 비즈니스 한중 통번역 실전 트레이닝

모범 답안 30p | 001~016

다양한 난이도의 문장들을 통번역해 보며 실력을 한 단계 높여 보도록 합시다.

01 저희 회사에 방문하신 것을 열렬히 환영합니다.

02 이번 한국 방문 기간 동안 많은 수확이 있으셨기를 바라며, 앞으로도 지속적으로 협력할 수 있기를 희망합니다.

03 제 소개를 좀 하겠습니다. 저는 김상철이라고 하고, 마케팅 팀장입니다.

04 만나 뵙게 되어 영광입니다. 이건 제 명함입니다. 많이 가르쳐 주십시오.

05 저희 회사를 대표하여 귀사에 방문하게 되어 매우 영광스럽습니다.

06 왕 사장님. 말씀 많이 들었습니다. 오늘 만나 뵙게 되어 아주 기쁩니다.

07 이번 방문은 시간이 촉박하여 더 발전된 이야기를 나누지 못해서 아쉽습니다.

08 내일 저녁은 저희 회사 회장님께서 중국 방문단을 초청하여 저녁 만찬을 함께 하실 겁니다.

09 제가 또 선약이 있어서 여기서 여러분께 인사를 드립니다.

10 방문 기간 동안 귀사의 극진한 환대에 감사드립니다.

11 이번에 저희가 중국에 방문한 목적은 귀사와 계약 체결 문제에 대해 협의하고 싶어서입니다.

12 만일 시간이 있으면 공장 몇 곳을 참관하기를 원합니다.

13 그럼 박 팀장님께서 저희 회사를 대표하여 이번 방문 목적에 대해 설명하시겠습니다.

심화

14 저는 한국 의류 수출입 회사를 대표할 뿐만 아니라 또 저 개인적으로도 서울에 오신 여러분들께 열렬한 환영과 진심어린 안부를 전합니다.

15 한국과 중국의 경제 무역 교류를 더욱 강화하기 위해 2018년 7월 10일부터 7월 13일까지 서울에서 열리는 상품 전람회에 귀사의 대표단을 특별히 초청합니다.

16 박람회 기간 동안 저희는 주최 측으로서 참가 기업과 주요 회사들이 만나서 대화할 수 있도록 환영회를 엽니다.

모범 답안

01 热烈欢迎您到我们公司来。
02 希望你们在这次访问韩国期间会有很多收获，也希望我们将来会有持续的合作。
03 请允许我做一下自我介绍，我叫金相哲，是营销主管。
04 幸会，幸会！这是我的名片，请您多多指教。
05 非常荣幸能够代表我们公司访问贵公司。
06 王总，久仰大名，今天能见到您，本人非常高兴。
07 因为这次访问的时间紧迫，很遗憾没能有更深入的交谈。
08 明晚我们公司董事长想邀请中国访问团共进晚宴。
09 因为我还有个约会，就在这儿和各位告辞了。
10 我非常感谢贵公司在访问期间的热情款待。
11 这次我们来中国的目的是想跟贵公司洽谈一下签订合同的问题。
12 如果有时间的话，我们希望能够去几家工厂参观一下。
13 那么，朴经理代表我公司说明这次访问的目的。
14 我代表韩国服装进出口公司，并以我个人的名义，对各位光临首尔表示热烈欢迎和真诚的问候。
15 为进一步加强韩国与中国的经贸交流，从2018年7月10日到7月13日在首尔举办商品展览会，特邀贵公司代表团前来参加。
16 展会期间，我们作为东道主举行招待会，以便参展企业和重要的公司见面交谈。

4 STEP 관련 어휘 및 표현 총정리

주제와 관련된 주요 중국어 표현을 한눈에 훑어보며 한중 통번역 실력을 보강해 봅시다.

久违	jiǔwéi	동 오랜만입니다.
久仰大名	jiǔyǎngdàmíng	존함은 오래전에 들었습니다.
幸会	xìnghuì	동 만나 뵙게 되어 영광입니다.
热情款待	rèqíngkuǎndài	극진한 환대, 친절한 대접
共进晚宴	gòngjìnwǎnyàn	함께 저녁 만찬을 하다
宴会	yànhuì	명 연회
酒会	jiǔhuì	명 연회, 주연, 파티
招待会	zhāodàihuì	명 연회, 환영회, 리셉션
宴请	yànqǐng	동 잔치를 열어 손님을 접대하다
接待	jiēdài	동 접대하다
应酬	yìngchou	동 접대하다, 응대하다 명 연회, 파티
应邀	yìngyāo	동 초청에 응하다
设宴饯行	shèyànjiànxíng	연회를 베풀어 송별하다
大驾光临	dàjiàguānglín	귀하께서 왕림하시다
恭候光临	gōnghòuguānglín	오시기를 기다리겠습니다.
惠顾(=莅临)	huìgù(=lìlín)	동 왕림하다
不远送了	bùyuǎnsòngle	멀리 배웅하지 못합니다.
您慢走(=您走好)	nínmànzǒu(=nínzǒuhǎo)	살펴 가십시오. 안녕히 가십시오.
别送了	biésòngle	배웅 나오지 마세요.
请留步	qǐngliúbù	나오지 마세요.
后会有期	hòuhuìyǒuqī	다시 만날 날을 기약하겠습니다.
告辞	gàocí	동 작별을 고하다
失陪(了)	shīpéi(le)	먼저 실례하겠습니다.
不能奉陪了	bùnéngfèngpéile	함께 하지 못하게 되었습니다.
请多包涵	qǐngduōbāohan	양해 바랍니다.
一路顺风(=一帆风顺)	yílùshùnfēng(=yìfānfēngshùn)	가시는 길이 순조롭기를 바랍니다.
再会	zàihuì	또 뵙겠습니다.
请帖(=请柬)	qǐngtiě(=qǐngjiǎn)	명 초대장, 청첩장

여행 및 관광

1 STEP 알짜배기 문장으로 통번역 준비 운동!

주제별 핵심 구문 및 어휘를 학습한 뒤 문장의 빈칸에 알맞은 어휘를 채우며 몸을 가볍게 풀어 봅시다.

- 乘坐……航班 항공편을 타다 예 我们将乘坐MU8377次航班到达浦东机场。
- 去……旅行 ~에 여행가다 예 我抽出一周时间去釜山旅行。
- 如果想……，我推荐……。 만일 ~을 하고 싶으시면 ~을 추천합니다. 예 如果想了解少数民族的传统生活方式，我推荐去中国的云南。
- 很受欢迎 환영을 받다, 인기가 많다 예 海南岛很受外国人的欢迎。
- 以……而闻名 ~으로 유명하다 예 东大门市场是以从穿的到吃的都卖得很便宜而闻名。
- ……也不错 ~는 것도 좋다 예 在庆州住一天体验一下韩国传统文化也不错。
- 离……不远 ~에서 멀다 예 机场离市区不远。
- 跟着…… ~을 따라가다, 동행하다 예 韩国民俗村可以跟着导游一起。
- 办理签证 비자를 신청하다 예 到国外旅游需要办理签证。
- 别有一番韵味 운치가 남다르다, 색다른 운치가 있다 예 汉江晚上去，别有一番韵味，一定要去看看。
- 入境卡 입국 신고서 예 入境中国需要填写入境卡。
- 开通漫游 로밍 서비스를 신청하다 예 在出国前我要开通漫游业务。

01 저희 대표단은 OZ333 항공편으로 오후 1시 30분에 인천 공항에 도착할 것입니다.

我们代表团将_____OZ333次_____，于下午1点30分_____。

02 저희는 방문 일정을 마치고 이틀 정도 시간을 내서 제주도 여행을 하려고 합니다.

我们在访问日程结束后准备_____两天时间_____。

03 한국의 전통 생활양식을 알고 싶으시면 한국 민속촌에 가는 것을 추천합니다.

_____韩国的传统生活方式，_____去韩国民俗村。

04 인사동 거리의 골동품 가게들은 외국인 관광객에게 인기가 많습니다.

仁寺洞商业街的古董商店_____。

05 서울의 야경을 보기 원하신다면 N서울타워를 강력히 추천합니다.

若您想看_____的话，_____南山塔。

06 남대문 시장은 입는 것부터 먹는 것까지 모든 것을 싸게 파는 것으로 유명합니다.

南大门市场是_____从穿的到吃的都卖得很便宜_____。

07 하루 정도 한옥에서 묵으면서 한국 문화를 체험해 보는 것도 좋습니다.

在韩屋住一天_____韩国文化_____。

08 호텔은 온라인으로 예약하면 편리하고 저렴합니다.

在网上预定酒店_____。

09 예약하신 호텔은 시내에서 멀지 않아 편리하실 겁니다.

预约的酒店_____市区_____，应该很方便。

10 호텔 객실에는 와이파이가 있으니 무료로 인터넷을 이용하실 수 있습니다.

酒店房间有无线网络，可以_____。

11 현재 경복궁 견학은 하루 세 번 중국어 가이드와 동행할 수 있습니다. 또 중국어 해설기를 빌릴 수도 있습니다.

现在参观景福宫可以_____，一天有三次，也可以_____中文解说器。

12 한국에 갈 때 한국 단기 여행 비자를 발급받아야 합니다.

_____需要办理韩国短期_____。

정답 확인

01 乘坐 ‖ 航班 ‖ 到达仁川机场
02 抽出 ‖ 去济州岛旅行
03 如果想了解 ‖ 我推荐
04 很受外国旅客的欢迎
05 首尔夜景 ‖ 强烈推荐
06 以 ‖ 而闻名
07 体验一下 ‖ 也不错
08 既便利又便宜
09 离 ‖ 不远
10 免费上网
11 跟着中文导游一起 ‖ 租借
12 前往韩国 ‖ 旅行签证

2 STEP 비즈니스 한중 통번역 연습하기

앞서 배운 문장을 바탕으로 하단에 제시된 어휘를 참고하여 통번역해 봅시다.

01 저희 대표단은 MU531 항공편으로 내일 오후 3시에 김포 공항에 도착할 예정입니다.

> 我们代表团将乘坐MU531次航班，于明天下午3点到达金浦机场。

➡ _____

将 jiāng 부 ~하게 될 것이다, ~일 것이다 | 乘坐 chéngzuò 동 (자동차, 배, 비행기 등을) 타다 | 航班 hángbān 명 (배나 비행기의) 운항편, 항공편 | 于 yú 개 ~에(장소나 시간을 나타냄) | 到达 dàodá 동 도달하다, 도착하다

02 저희는 방문 일정을 마치고 하루 정도 시간을 내서 서울을 좀 둘러보려고 합니다.

> 我们在访问日程结束后准备抽出一天时间在首尔转一转。

➡ _____

结束 jiéshù 동 끝나다, 마치다 | 准备 zhǔnbèi 동 ~할 계획이다 | 抽时间 chōushíjiān 시간을 내다 | 转 zhuàn 동 들르다, 둘러보다

03 서울 관광을 하려면 시티투어 버스를 이용하시면 편리합니다.

> 想在首尔游玩的话，乘坐城市观光巴士很方便。

➡ _____

游玩 yóuwán 동 유람하며 즐기다 | 观光巴士 guānguāng bāshì 투어 버스 | 方便 fāngbiàn 형 편리하다

04 여행사에 가면 서울 1일 투어 상품이 많이 있습니다.

> 去旅行社的话，会有很多首尔一日游的项目。

➡ _____

旅行社 lǚxíngshè 명 여행사 | 一日游 yírìyóu 명 1일 코스의 관광 | 项目 xiàngmù 명 항목, 사항

05 서울의 야경을 보기 원하신다면 N서울타워를 강력히 추천합니다.

> 若您想看首尔夜景的话，强烈推荐南山塔。

➡ _____

夜景 yèjǐng 명 야경 | 强烈 qiángliè 형 강렬하다 | 推荐 tuījiàn 동 추천하다 | 南山塔 Nánshāntǎ 남산 타워, N서울타워

06 서울은 한국의 수도이자, 한국 경제, 문화, 역사의 중심지입니다. '서울'은 '높고 넓은 평야', '큰 도시'라는 뜻을 가진 말에서 유래되었습니다.

> 首尔既是韩国的首都，也是韩国经济、文化、历史的中心。"首尔"的韩语是从"又高又广阔的原野"、"大都市"的意思转变而来的。

➡ _____

既是……也是…… jìshì……yěshì…… ~이면서 ~이다 | 经济 jīngjì 명 경제 | 历史 lìshǐ 명 역사 | 广阔 guǎngkuò 형 넓다, 광활하다 | 转变 zhuǎnbiàn 동 바꾸다, 바뀌다

07 관심이 있으시다면 하루 정도 한옥에서 묵으면서 한국 문화를 체험해 보는 것도 좋습니다.

> 如果感兴趣，在韩屋住一天体验一下韩国文化也不错。

➡ _____

感兴趣 gǎnxìngqù 동 관심이 있다, 흥미가 있다 | 韩屋 hánwū 명 한옥 | 体验 tǐyàn 명 동 체험(하다)

08 남대문 시장은 입는 것부터 먹는 것까지 모든 것을 싸게 파는 것으로 유명하고, 동대문 시장은 각종 유행하는 의류를 싸게 파는 것으로 유명합니다.

> 南大门市场是以从穿的到吃的都卖得很便宜而闻名，东大门市场是以各种流行服饰卖得很便宜而闻名。

➡ _____

以 yǐ 개 ~로써, ~때문에 | 流行 liúxíng 형 유행하다 | 服饰 fúshì 명 복식, 의류

PART 2 주제별 집중 훈련 **35**

09 경복궁은 야간 개장할 때 가면 색다른 운치가 있으니 꼭 가서 봐야 합니다.

> 景福宫夜间开放的时候去，别有一番韵味，一定要去看看。

➡ _____

景福宫 Jǐngfúgōng 몡 경복궁 | 夜间 yèjiān 몡 야간 | 开放 kāifàng 동 개방하다 | 别有 biéyǒu 동 달리 ~이 있다, ~이 남다르다 | 一番 yìfān 양 한 종류 | 韵味 yùnwèi 몡 정취, 운치

10 한국의 전통 생활양식을 알고 싶으시면 한국 민속촌에 가는 것을 추천합니다.

> 如果想了解韩国的传统生活方式，我推荐去韩国民俗村。

➡ _____

了解 liǎojiě 동 자세하게 알다, 이해하다 | 传统 chuántǒng 형 전통적이다 | 生活方式 shēnghuófāngshì 몡 생활양식 | 推荐 tuījiàn 동 추천하다, 소개하다 | 韩国民俗村 Hánguómínsúcūn 몡 한국 민속촌

11 인사동 거리의 골동품 가게들은 외국인 관광객에게 인기가 많습니다.

> 仁寺洞商业街的古董商店很受外国游客的欢迎。

➡ _____

仁寺洞商业街 Rénsìdòng shāngyèjiē 인사동 거리 | 古董 gǔdǒng 몡 골동품 | 受欢迎 shòuhuānyíng 인기가 있다, 환영을 받다

12 호텔은 온라인으로 예약하면 편리하고 저렴합니다.

> 在网上预定酒店既便利又便宜。

➡ _____

网上 wǎngshàng 몡 온라인, 인터넷 | 预定 yùdìng 동 예정하다, 미리 약속하다 | 便利 biànlì 형 편리하다 | 既……又…… jì……yòu…… ~하고 (또) ~하다

13 예약하신 호텔은 시내에서 멀지 않아 편리하실 겁니다.

预约的酒店离市区不远，应该会很方便。

➡

预约 yùyuē 동 예약하다 | 市区 shìqū 명 시내 지역 | 离 lí 개 ~에서 | 应该 yīnggāi 동 반드시 (마땅히) ~할 것이다 | 方便 fāngbiàn 형 편리하다

14 호텔 객실에는 와이파이가 있으니 무료로 인터넷을 이용하실 수 있습니다.

酒店房间有无线网络，可以免费上网。

➡

无线网络 wúxiànwǎngluò 무선 인터넷, 와이파이 | 免费 miǎnfèi 동 무료로 하다 | 上网 shàngwǎng 동 인터넷을 하다

15 호텔 요금에는 아침 식사가 포함되어 있으며, 이용 시간은 아침 7시부터 10시까지입니다.

酒店费用里包含早餐，使用时间是早上7点到10点。

➡

费用 fèiyòng 명 비용 | 包含 bāohán 동 포함하다 | 早餐 zǎocān 명 아침 식사

3 STEP 비즈니스 한중 통번역 실전 트레이닝

다양한 난이도의 문장들을 통번역해 보며 실력을 한 단계 높여 보도록 합시다.

모범 답안 40p | 017~032

01 저희 대표단은 MU531 항공편으로 오늘 오후 3시에 인천 공항에 도착할 것입니다.
_____
_____

02 저희는 방문 일정을 마치고 하루 정도 시간을 내서 서울을 좀 둘러보려고 합니다.
_____
_____

03 서울의 야경을 보기 원하신다면 N서울타워를 강력히 추천합니다.
_____
_____

04 동대문 시장은 각종 유행하는 의류를 싸게 파는 것으로 유명합니다.
_____
_____

05 서울은 한국의 수도이자, 한국 경제, 문화, 역사의 중심지입니다.
_____
_____

06 경복궁은 야간 개장할 때 가시면 색다른 운치가 있으니 꼭 가서 봐야 합니다.
_____
_____

07 인사동 거리의 골동품 가게들은 외국인 관광객에게 인기가 많습니다.
_____
_____

08 중국에 입국할 때는 입국 신고서를 작성해야 하는데, 비행기에서 승무원이 승객들에게 나눠 줄 겁니다.

09 호텔 객실에는 와이파이가 있으니 무료로 인터넷을 이용하실 수 있습니다.

10 호텔 요금에는 아침 식사가 포함되어 있으며, 이용 시간은 아침 7시부터 10시까지입니다.

11 호텔은 온라인으로 예약하면 편리하고 저렴합니다.

심화
12 현지 화장품, 한국 의류 및 액세서리부터 국제 유명 브랜드 화장품, 명품 가방, 명품 의류 및 액세서리 등까지, 서울은 쇼핑으로 눈이 부셔서 지칠 때까지 쇼핑할 수 있는 쇼핑 천국입니다.

심화
13 만일 중국에서 계속 한국 핸드폰을 사용하고 싶으면 출국하기 전에 로밍 서비스를 신청해야 합니다.

심화
14 현재 경복궁 견학은 하루 세 번 중국어 가이드와 동행할 수 있는데 매표소에서 중국어 가이드에 대한 사항을 문의할 수 있습니다. 또 중국어 해설기를 빌릴 수도 있습니다.

심화

15 중국에서 신용 카드 사용은 아주 보편화된 것으로 대형 백화점, 식당, 심지어 편의점에서도 모두 신용 카드를 사용할 수 있습니다.

심화

16 미국, 일본 비자나 제3국에 출국할 비행기표를 소지하고 있는 중국 여행객은 비자 없이 입국 후 30일 동안 체류할 수 있는 혜택을 누릴 수 있습니다.

모범 답안

01 我们代表团将乘坐MU531次航班，于今天下午3点到达仁川机场。
02 我们在访问日程结束后准备抽出一天时间在首尔转一转。
03 若您想看首尔夜景的话，强烈推荐南山塔。
04 东大门市场是以各种流行服饰卖得很便宜而闻名。
05 首尔既是韩国的首都，也是韩国经济、文化、历史的中心。
06 景福宫夜间开放的时候去别有一番韵味，一定要去看看。
07 仁寺洞商业街的古董商店很受外国游客的欢迎。
08 入境中国需要填写入境卡，在飞机上空乘人员会发给乘客。
09 酒店房间有无线网络，可以免费上网。
10 酒店费用里包含早餐，使用时间是早上7点到10点。
11 在网上预定酒店既便利又便宜。
12 从本土化妆品、韩国服饰到国际大牌化妆品、奢侈品包包、服饰等，首尔是令人目眩，买东西买到手软的购物圣地。
13 如果希望在中国继续使用韩国手机的话，需要在出国前开通漫游业务。
14 现在参观景福宫可以跟着中文导游一起，一天有三次，在门票购买处就能咨询中文导游事宜，也可以租借中文解说器。
15 在中国使用信用卡非常普遍，无论是大型百货、餐厅、甚至便利店都可以使用信用卡。
16 持有美国、日本有效签证和前往第三国出境机票的中国游客可免签证享受入境停留30天的待遇。

 **관련 어휘 및 표현 총정리**

주제와 관련된 주요 중국어 표현을 한눈에 훑어보며 한중 통번역 실력을 보강해 봅시다.

强烈推荐	qiánglièītuījiàn	강력하게 추천하다
受欢迎	shòuhuānyíng	인기가 있다, 환영을 받다
有人气	yǒurénqì	인기가 있다
有吸引力	yǒuxīyǐnlì	매력이 있다
网上预定	wǎngshàngyùdìng	온라인으로 예약하다
免费上网	miǎnfèishàngwǎng	무료로 인터넷을 하다
无线网络	wúxiànwǎngluò	무선 인터넷
出访	chūfǎng	동 외국을 방문하러 가다
导游	dǎoyóu	명 관광 안내원, 가이드
漫游业务	mànyóuyèwù	로밍 서비스
出境	chūjìng	동 출국하다
入境	rùjìng	동 입국하다
入境卡	rùjìngkǎ	입국 신고서
签证	qiānzhèng	명 비자
护照	hùzhào	명 여권
安全检查	ānquánjiǎnchá	안전 검사
海关	hǎiguān	명 세관
报关	bàoguān	동 통관 수속을 하다, 세관 신고를 하다
检疫	jiǎnyì	동 검역하다
免税商品	miǎnshuìshāngpǐn	면세 상품
花费	huāfèi	명 경비, 쓴 돈 동 소비하다
航班	hángbān	명 항공편, 운항편
通航	tōngháng	동 (비행기, 선박 등이) 다니다, 취항하다
起飞	qǐfēi	동 이륙하다
降落	jiàngluò	동 착륙하다
经济舱	jīngjìcāng	명 이코노미석, 일반석
公务舱(=商务舱)	gōngwùcāng(=shāngwùcāng)	명 비즈니스석
头等舱	tóuděngcāng	명 일등석

 # 축하 및 감사 표현

 알짜배기 문장으로 통번역 준비 운동!

주제별 핵심 구문 및 어휘를 학습한 뒤 문장의 빈칸에 알맞은 어휘를 채우며 몸을 가볍게 풀어 봅시다.

- 向……表示祝贺　~께 축하드리다　예 你终于成功了，向您表示诚挚的祝贺。
- 向……表示感谢　~께 감사드리다　예 借此机会向您表示衷心的感谢。
- 感谢……　~에 대해 감사하다　예 感谢您给予的帮助，我永远不忘。
- 恭祝……　~을 삼가 축하드리다　예 恭祝开业大吉。
- 希望……　~기를 바라다　예 希望您做出更大的成就。
- 祝愿……　~기를 기원하다　예 祝愿以后事业兴旺，乘胜长驱。
- 恭喜……　~을 축하하다　예 恭喜你开业。
- 升迁为……(晋升为……)　~으로 승진하다　예 得知您升迁为总经理，十分欣喜。
- 对……感激不尽　~에 대해 감사하기 그지없다　예 您对我的恩情永远感激不尽。
- 为……深感自豪　~해서 매우 자랑스럽다　예 为有您这样的朋友而深感自豪。
- 在……上给予帮助　~적으로(면에서) 도움을 주다　예 您在业务上给予我们很大的帮助。
- 归功于……　~덕분이다. ~에게 공로를 돌리다　예 这次能达成协议，这要归功于您的配合。
- 喜闻　기쁘게 듣다　예 喜闻您开办了自己的公司，向你表示热烈的祝贺。

01 결국 성공하셨군요. 축하드립니다.

您终于成功了，_____您_____。

02 개업을 삼가 축하드립니다. 수익이 날로 증대하시길 바랍니다.

_____开业大吉，财源广进。

03 사무실 이전을 축하드립니다. 앞으로 사업이 번창하시길 바랍니다.

祝贺办公室搬迁，预祝_____。

04 인사부장으로 승진하신 것을 축하드리며, 더 큰 성과를 이루시기 바랍니다.

祝贺您_____人事部经理，希望您做出更大的_____。

05 영전을 축하드리며, 앞으로도 늘 행운이 함께하길 바랍니다.

＿＿＿＿＿荣升之喜，＿＿＿＿＿以后幸运一直陪伴您。

06 건강하게 오래 사십시오. 만수무강하시고 복을 누리시길 기원합니다.

＿＿＿＿＿＿＿＿＿。祝您福如东海，寿比南山。

07 이 자리에서 저희 회사를 대표해서 귀하께 진심으로 감사드립니다.

在这里请允许我＿＿＿＿＿我公司向您＿＿＿＿＿＿＿。

08 저에 대한 관심과 지도에 감사드립니다.

＿＿＿＿＿您对我的关爱和指导。

09 저희는 귀하께 열렬한 축하를 드립니다. 또한 이러한 친구가 있다는 것이 매우 자랑스럽습니다.

我们向您表示＿＿＿＿＿，并＿＿＿有您这样的朋友而＿＿＿＿＿＿＿。

10 제게 주신 은혜를 언제나 마음 깊이 새기겠습니다. 이 기회를 빌려 진심으로 감사의 마음을 전합니다.

您对我的恩情我将永远＿＿＿＿＿，＿＿＿＿＿向您表示衷心的感谢。

11 귀하께서 사장으로 승진하셨다는 소식을 듣고 매우 기뻤습니다.

得知您晋升为总经理，＿＿＿＿＿＿。

12 귀국에서 체류하는 기간에 귀하께서는 업무적으로 큰 도움을 주셨을 뿐만 아니라 생활면에서도 관심과 돌봄을 주셨습니다.

我在贵国期间，您除了在业务上＿＿＿＿＿很大的＿＿＿＿＿以外，在生活上还给予＿＿＿＿＿＿＿＿＿＿＿。

정답 확인

01 向 ‖ 表示祝贺
02 恭祝
03 生意兴隆
04 升迁为 ‖ 成就
05 祝贺 ‖ 希望
06 祝您健康长寿
07 代表 ‖ 表示衷心的感谢
08 感谢
09 热烈祝贺 ‖ 为 ‖ 深感自豪
10 铭记于心 ‖ 借此机会
11 十分欣喜
12 给予 ‖ 帮助 ‖ 关怀和照顾

2 STEP 비즈니스 한중 통번역 연습하기

앞서 배운 문장을 바탕으로 하단에 제시된 어휘를 참고하여 통번역해 봅시다.

01 결국 성공하셨군요. 축하드립니다. 행운을 빕니다.

> 您终于成功了，向您表示祝贺，祝您好运。

➡ _____

终于 zhōngyú 〈부〉 마침내, 결국 | 成功 chénggōng 〈동〉 성공하다, 이루다 〈형〉 성공적이다 | 向 xiàng 〈개〉 ~으로, ~을 향하여 | 表示 biǎoshì 〈동〉 의미하다, 나타내다 | 好运 hǎoyùn 〈명〉 행운, 좋은 기회

02 건강하게 오래 사십시오. 만수무강하시고 복을 누리시길 기원합니다.

> 祝您健康长寿。祝您福如东海，寿比南山。

➡ _____

祝 zhù 〈동〉 기원하다, 축원하다 | 长寿 chángshòu 〈형〉 장수하다, 오래 살다 | 福如东海 fúrúdōnghǎi 〈성〉 동해 바다처럼 한없는 복을 누리다 | 寿比南山 shòubǐnánshān 〈성〉 장수하기를 기원하다

03 두 분의 결혼을 축하드립니다. 예쁜 아기 낳으시고 백년해로하시기 바랍니다.

> 恭喜你们结婚。祝你们早生贵子，白头偕老。

➡ _____

恭喜 gōngxǐ 〈동〉 축하하다 | 结婚 jiéhūn 〈동〉 결혼하다 | 贵子 guìzǐ 〈명〉 아드님(주로 축하의 말로 쓰임) | 白头偕老 báitóuxiélǎo 〈성〉 백년해로(하다)

04 인사부장으로 승진하신 것을 축하드립니다. 계속 승진하셔서 더 큰 성취를 이루시기를 바랍니다.

> 祝贺您升迁为人事部经理。祝您步步高升，希望您做出更大的成就。

➡ _____

升迁 shēngqiān 〈동〉 높은 지위로 오르다, 영전하다 | 步步高升 bùbùgāoshēng 〈성〉 차츰차츰 승진하다 | 成就 chéngjiù 〈명〉 (사업상의) 성취, 성과

05 승진 소식을 듣고 정말 기뻤습니다. 그동안 노력의 결실이라고 생각합니다. 승진을 다시 한번 축하드리며, 앞으로도 늘 행운이 함께 하길 기원합니다.

> 听到你升职的消息非常开心。我认为这是你这期间努力的成果。再次祝贺你晋升，希望以后幸运一直陪伴您。

➡

升职 shēngzhí 동 승진하다 | 开心 kāixīn 형 기쁘다, 즐겁다 | 认为 rènwéi 동 여기다, 생각하다 | 晋升 jìnshēng 동 승진하다, 진급하다 | 幸运 xìngyùn 형 운이 좋다 명 행운 | 陪伴 péibàn 동 함께하다, 동행하다

06 새로운 사업을 시작하시게 된 것을 축하드립니다. 사업이 번창하시길 바랍니다.

> 祝贺您开始新的事业，祝生意兴隆。

➡

开始 kāishǐ 동 시작되다, 시작하다 | 生意 shēngyi 명 장사, 사업, 비즈니스 | 兴隆 xīnglóng 형 창성하다, 번창하다

07 사무실 이전을 축하드립니다. 앞으로도 하시는 사업이 더 번창하여 승승장구하시길 바랍니다.

> 祝贺办公室搬迁，祝愿以后事业兴旺，乘胜长驱。

➡

办公室 bàngōngshì 명 사무실, 오피스 | 搬迁 bānqiān 동 이전하다, 이사하다 | 祝愿 zhùyuàn 동 축원하다, 기원하다 | 兴旺 xīngwàng 형 번창하다, 흥성하다 | 乘胜长驱 chéngshèngchángqū 승승장구하다

08 이 자리에서 저희 회사를 대표해서 귀사에 진심으로 감사드립니다.

> 在这里请允许我代表公司向贵公司表示衷心的感谢。

➡

允许 yǔnxǔ 동 허가하다, 허락하다 | 衷心 zhōngxīn 형 충심의, 마음에서 우러나온

09 어제 저와 저희 동료를 저녁 식사에 초대해 주셔서 감사드립니다.

感谢您昨天邀请我和我的同事与你们共进晚餐。

➡ _____

感谢 gǎnxiè 동 고맙다, 감사하다 | **邀请 yāoqǐng** 동 초청하다, 초대하다 | **同事 tóngshì** 명 동료 | **共进 gòngjìn** 동 함께 식사하다, 함께 나아가다

10 이번에 저희 회사에 도움을 주셔서 감사합니다. 저희 회사가 어려운 시기에 큰 힘을 주셨습니다.

感谢这次给予我们公司的帮助，在我们公司的危机时给了很大的力量。

➡ _____

给予 jǐyǔ 동 주다, 부여하다 | **帮助 bāngzhù** 동 돕다, 원조하다 명 도움 | **危机 wēijī** 명 위기 | **力量 lìliang** 명 힘, 능력

11 이번에 생각지도 못하게 큰 도움을 주셔서 어떻게 감사드려야 좋을지 모르겠습니다.

这次没想到您能给我们这么大的帮助，真不知道该怎么感谢才好。

➡ _____

没想到 méixiǎngdào 생각지 못하다, 뜻밖에도 | **这么 zhème** 대 이런, 이러한, 이렇게 | **该 gāi** 동 (마땅히) ~해야 한다

12 제게 주신 은혜를 언제나 마음 깊이 새기겠습니다. 이 기회를 빌려 진심으로 감사의 마음을 전합니다. 건강하시고 원하시는 일이 모두 이뤄지길 바랍니다.

你对我的恩情我将永远铭记于心，借此机会向您表示衷心的感谢。祝您身体健康、万事如意。

➡ _____

恩情 ēnqíng 명 은정, 은혜, 깊은 정 | **永远 yǒngyuǎn** 부 영원히, 언제나 | **铭记于心 míngjìyúxīn** 마음 속 깊이 새기다 | **机会 jīhuì** 명 기회 | **表示 biǎoshì** 동 의미하다, 나타내다 | **衷心 zhōngxīn** 형 충심의, 진심의 | **万事如意 wànshìrúyì** 성 모든 일이 뜻대로 이루어지다

13 저희가 힘든 시기에 도와주셔서 감사드리며, 이 은혜는 영원히 잊지 않겠습니다.

感谢在我们困难时期给予的帮助，这恩情永远不忘。

➡ _____

困难 kùnnan 명 곤란, 어려움 형 곤란하다, 어렵다 | 时期 shíqī 명 (특정한) 시기 | 永远 yǒngyuǎn 부 영원히, 언제나

14 경애하는 왕 부장님, 새해 복 많이 받으십시오! 오랫동안 제게 관심을 주시고 지지해 주셔서 감사드립니다. 새로운 한 해에는 하시는 일이 순조롭고 온 가족이 행복하며 늘 풍요롭기를 기원합니다.

敬爱的王经理，祝您新年快乐！感谢您多年来对我的关心和支持。愿您在新的一年里工作顺利，全家幸福，年年有余。

➡ _____
_____
_____

敬爱 jìng'ài 동 경애하다, 공경하고 사랑하다 | 经理 jīnglǐ 명 (기업의) 경영 관리 책임자, 사장, 매니저 | 新年快乐 xīnniánkuàilè 새해 복 많이 받으세요 | 支持 zhīchí 동 지지하다 | 顺利 shùnlì 형 순조롭다, 일이 잘 되어가다 | 年年有余 niánniányǒuyú 해마다 풍요롭길 바라다

15 귀하께서 홀로 회사를 창립하셨다는 기쁜 소식을 듣고 당신의 오랜 고객이자 친구로서 진심어린 축하를 드립니다.

喜闻您单独开办了自己的公司，作为您的老顾客、老朋友，向您表示热烈的祝贺。

➡ _____
_____
_____

喜闻 xǐwén 기쁘게 듣다 | 老顾客 lǎogùkè 명 단골

3 STEP 비즈니스 한중 통번역 실전 트레이닝

다양한 난이도의 문장들을 통번역해 보며 실력을 한 단계 높여 보도록 합시다.

01 결국 성공하셨군요. 축하드립니다. 행운을 빕니다.

02 인사부장으로 승진하신 것을 축하드립니다.

03 승진 소식을 듣고 정말 기뻤습니다. 그동안 노력의 결실이라고 생각합니다.

04 새로운 사업을 시작하시게 된 것을 축하드립니다. 사업이 번창하시길 바랍니다.

05 사무실 이전을 축하드립니다. 앞으로도 하시는 사업이 더 잘 되시길 바랍니다.

06 이번에 저희 회사에 도움을 주셔서 감사합니다.

07 이번에 생각지도 못하게 큰 도움을 주셔서 어떻게 감사드려야 좋을지 모르겠습니다.

08 제게 주신 은혜에 깊은 감사드리며, 이 기회를 빌려 진심으로 감사의 마음을 전합니다.
_____
_____

09 저희가 힘든 시기에 도와주셔서 감사드리며, 이 은혜는 영원히 잊지 않겠습니다.
_____
_____

10 저를 아끼고 지도해주셔서 감사합니다. 이번 기회를 빌려 진심으로 감사드립니다.
_____
_____

11 어제 저녁 식사에 초대해 주셔서 감사합니다. 저희가 아주 즐겁고 의미 있는 저녁을 보냈습니다.
_____
_____

[심화]
12 이제 귀하께서 사장으로 승진하셨으니 더욱 능력을 발휘하시고 회사의 발전에 큰 공을 세우실 겁니다.
_____
_____

[심화]
13 저희의 이번 방문 기간 동안 협의를 이룰 수 있었던 것은 귀하의 진정성 있는 협력과 긴밀한 공조 덕분입니다.
_____
_____
_____

[심화]
14 귀하께서 홀로 회사를 창립하셨다는 기쁜 소식을 듣고 당신의 오랜 고객이자 친구로서 진심어린 축하를 드립니다.
_____
_____
_____

> 심화

15 귀하께서는 업무적으로 큰 지지와 도움을 주셨을 뿐만 아니라 생활면에서도 세심한 관심과 돌봄을 주셨습니다.

___
___
___

> 심화

16 귀하께서는 중국 경제 무역 분야의 본보기로 평가됩니다. 반드시 선두에 서서 모든 사람들이 그 뒤를 따르게 될 겁니다.

___
___
___

모범 답안

01 您终于成功了，向您表示祝贺，祝你好运。
02 祝贺您升迁为人事部经理。
03 听到你升职的消息非常开心。我认为这是你这期间努力的成果。
04 祝贺您开始新的事业，祝生意兴隆。
05 祝贺办公室搬迁，祝愿以后事业兴旺。
06 感谢这次给予我们公司的帮助。
07 这次没想到您能给我们这么大的帮助，真不知道怎么感谢才好。
08 你对我的恩情永远感激不尽，借此机会向您表示衷心的感谢。
09 感谢在我们困难时期给予的帮助，这恩情永远不忘。
10 谢谢您对我的关爱和指导。借此机会向您表示衷心的感谢。
11 感谢您昨天邀请我们共进晚餐，使我们度过了一个愉快而有意义的夜晚。
12 现在，您荣升为总经理，必将更有利于施展您的才干，必将为公司的发展建设作出更大的贡献。
13 我们这次在访问期间，能够顺利达成协议，这要归功于贵方的真诚合作和密切配合。
14 喜闻您单独开办了自己的公司，作为您的老顾客、老朋友，向您表示热烈的祝贺。
15 您除了在业务上给予我们很大的支持与帮助以外，在生活上还给予我们无微不至的关怀和照顾。
16 您被评为中国经贸战线上的一面旗帜，必将产生一马当先，万马奔腾的社会效应。

 **관련 어휘 및 표현 총정리**

주제와 관련된 주요 중국어 표현을 한눈에 훑어보며 한중 통번역 실력을 보강해 봅시다.

庆祝(=庆贺)	qìngzhù(=qìnghè)	동 축하하다
请帖	qǐngtiě	명 초대장, 초청장
请柬	qǐngjiǎn	명 초청장, 청첩장
请求	qǐngqiú	동 요청하다, 부탁하다
酬谢	chóuxiè	동 사례하다, 감사의 뜻을 전하다
祝你好运	zhùnǐhǎoyùn	행운을 빌다
步步高升	bùbùgāoshēng	성 차츰차츰 승진하다
生意兴隆	shēngyìxīnglóng	사업이 번창하다
事业兴旺	shìyèxīngwàng	사업이 번창하다
乘胜长驱	chéngshèngchángqū	승승장구하다
永世不忘	yǒngshìbúwàng	영원히 잊지 않다
万事如意	wànshìrúyì	성 만사가 순조롭다
年年有余	niánniányǒuyú	매년 여유롭게 지내다
心想事成	xīnxiǎngshìchéng	성 하고자 하는 일을 이루다
吉祥如意	jíxiángrúyì	뜻하는 일이 순조롭게 이루어지다
一帆风顺	yìfānfēngshùn	성 일이 순조롭다
马到成功	mǎdàochénggōng	성 원하는 일이 빨리 이루어지다
更上一层楼	gèngshàngyìcénglóu	더욱 발전하기를 바라다
新年新气象	xīnniánxīnqìxiàng	새해에는 생기가 가득 차기를 바라다
大吉大利	dàjídàlì	운수대통하다
恭喜发财	gōngxǐfācái	돈을 많이 벌기를 바라다
事业有成	shìyèyǒuchéng	사업이 성공하다
三阳开泰	sānyángkāitài	성 길하고 흥성하기를 바라다
六六大顺	liùliùdàshùn	모든 일이 순조롭게 잘되다
好运连连	hǎoyùnliánlián	좋은 일이 끊이지 않다

사과 및 위로 표현

STEP 1 알짜배기 문장으로 통번역 준비 운동!

주제별 핵심 구문 및 어휘를 학습한 뒤 문장의 빈칸에 알맞은 어휘를 채우며 몸을 가볍게 풀어 봅시다.

- 为……深表歉意　~로 인해 깊은 사과를 드리다　예 为这件事，深表歉意。
- 给……带来不便/忧虑　~에게 불편/걱정을 끼치다　예 无意中给大家带来了不便。
- 向……道歉　~에게 사과하다　예 为我的行为，向大家道歉。
- 盼望……　~기를 간절히 바라다　예 请专心疗养，盼望早日康复。
- 意志消沉　의기소침하다　예 这只是暂时的磨练，不要意志消沉。
- 听闻……，我非常心痛。　~을 듣고 매우 마음이 아팠습니다.　예 听闻您母亲去世的消息，我非常心痛。
- 代表……表示哀悼　~을 대표하여 애도를 표하다　예 我代表所有职员表示深切哀悼。
- 记在心中　가슴 속에 잘 새기다　예 老师给予我们的恩惠，我们将谨记在心中。
- 予以谅解　양해해 주다　예 如予以谅解，我将不胜欣慰。
- 对于……，请接受歉意。　~에 대해 사과를 받아 주십시오.　예 对于装运的差错，谨请接受我们真诚的歉意。
- 遗憾的是……　유감스러운 것은~, 안타까운 것은~　예 遗憾的是因业务关系不能届时出席。
- 深感……　~을 깊이 느끼다　예 失去这么好的机会，我也深感愧惜。
- 惊悉……　(갑작스런 소식을) 알고 충격을 받다　예 惊悉您因病住院，请专心疗养，盼望早日康复。

01 이번 일로 인해 여러분께 불편을 드려 대단히 죄송합니다.

　　＿＿＿＿＿这件事给大家带来的不便，＿＿＿＿＿＿＿＿。

02 본의 아니게 여러분께 불편을 드려 죄송합니다.

　　对不起，＿＿＿＿＿＿＿＿给大家带来了不便。

03 그간 저의 경솔함으로 인해 다시 한번 진심으로 여러분께 사과드립니다.

　　为这期间我的轻率行为，再次真心＿＿＿＿＿＿＿＿。

04 귀하의 메일에 바로 답장을 드리지 못해 정말 죄송합니다.

　　＿＿＿＿＿＿＿＿＿您的邮件，真是不好意思。

05 어떤 말로 위로를 드려야 할지 모르겠습니다.

不知道该说些什么来_____你。

06 사고 소식을 듣고 많이 걱정했습니다. 몸조리 잘하셔서 하루빨리 건강을 회복하시길 바랍니다.

听到你出事故的消息我_____，好好照顾身体，祝_____。

07 잠깐의 시련일 뿐이니 의기소침하지 마세요.

这只是暂时的磨练，不要_____。

08 마음을 편하게 갖고 좋은 쪽으로 생각하세요. 다 잘될 거예요.

要抱有平常心往好的方面想，_____。

09 부친상 소식을 듣고 마음이 너무나 아팠습니다. 깊은 애도를 표합니다.

_____令尊去世的消息_____，深表_____。

10 부친께서 오랫동안 저희에게 베풀어 주신 은혜를 가슴에 새겨 두겠습니다.

令尊多年来给予我们的_____，我们将谨_____。

11 유감스럽게도 외부 출장을 가서 참가할 수 없습니다. 양해해 주시면 감사하겠습니다.

_____由于去外地出差，不能应邀参加，如_____，我将不胜欣慰。

12 선적 착오에 대해 저희의 진심어린 사과의 뜻을 받아주시면 좋겠습니다.

对于装运的_____，谨请_____我们真诚的_____。

정답 확인

01 为 ‖ 深表歉意	07 意志消沉
02 无意中	08 一切都会好的
03 向大家道歉	09 听闻 ‖ 我非常心痛 ‖ 哀悼
04 未能及时回复	10 恩惠 ‖ 记在心中
05 安慰	11 遗憾的是 ‖ 予以谅解
06 非常担心 ‖ 早日康复	12 差错 ‖ 接受 ‖ 歉意

2 STEP 비즈니스 한중 통번역 연습하기

앞서 배운 문장을 바탕으로 하단에 제시된 어휘를 참고하여 통번역해 봅시다.

01 이번 일로 인해 여러분께 불편을 드려 대단히 죄송합니다. 다시는 이런 일이 발생하지 않도록 주의하겠습니다.

> 为这件事给大家带来的不便，深表歉意。以后一定小心行事，避免此类事情再次发生。

➡ _____

为 wèi 깨 ~때문에 | 带来 dàilái 동 가져오다, 가져다 주다 | 不便 búbiàn 형 불편하다 | 歉意 qiànyì 명 미안한 마음 | 行事 xíngshì 명 행위, 행동 동 일을 처리하다 | 避免 bìmiǎn 동 피하다, 면하다 | 发生 fāshēng 동 생기다, 발생하다

02 본의 아니게 여러분께 불편을 드려 죄송합니다.

> 对不起，无意中给大家带来了不便。

➡ _____

无意中 wúyìzhōng 부 무의식 중에, 본의 아니게

03 그간 저의 경솔함으로 인해 다시 한번 진심으로 여러분께 사과드립니다.

> 为这期间我的轻率行为，再次真心向大家道歉。

➡ _____

期间 qījiān 명 기간, 시간 | 轻率 qīngshuài 형 경솔하다 | 道歉 dàoqiàn 동 사과하다

04 제가 해외 출장으로 귀하의 메일에 바로 답장을 드리지 못했습니다. 이에 깊이 사과드립니다.

> 因为我到海外出差未能及时回复您的邮件，对此深表歉意。

➡ _____

海外 hǎiwài 명 해외, 국외 | 出差 chūchāi 동 (외지로) 출장 가다 | 未能 wèinéng 동 ~하지 못하다, ~할 수 없다 | 及时 jíshí 부 즉시, 곧바로 | 回复 huífù 동 회신하다, 답장하다 | 邮件 yóujiàn 명 우편물

05 인터넷 서비스 장애로 이용에 불편을 드려 죄송합니다.

因为网络服务中断给大家带来的不便，我们深表歉意。

➡ _____

网络 wǎngluò 몡 네트워크, 인터넷 | 服务 fúwù 동 서비스하다 | 中断 zhōngduàn 동 중단하다, 끊다

06 저희가 이번에 저지른 잘못을 크게 반성하고 있습니다. 심려를 끼쳐 드려 죄송합니다.

我们正在深刻反省这次所犯的错误，非常抱歉给大家带来了忧虑。

➡ _____

深刻 shēnkè 혱 깊다, 심각하다 | 反省 fǎnxǐng 동 반성하다 | 犯错误 fàncuòwù 실수하다, 잘못을 저지르다 | 抱歉 bàoqiàn 동 미안해하다, 죄송합니다 | 忧虑 yōulǜ 동 우려하다, 걱정하다

07 마음을 편하게 갖고 좋은 쪽으로 생각하세요. 다 잘 될 거예요.

要抱有平常心往好的方面想，一切都会好的。

➡ _____

抱有 bàoyǒu 동 (~마음을) 품다, 가지다 | 平常心 píngchángxīn 몡 평상심 | 一切 yíqiè 때 일체, 전부, 모두

08 걱정하지 마세요. 우리 함께 천천히 방법을 생각해 봅시다.

别发愁，我们一起慢慢想办法。

➡ _____

发愁 fāchóu 동 걱정하다, 근심하다 | 慢慢 mànman 혱 천천히, 차츰 | 办法 bànfǎ 몡 방법, 수단

09 많은 분들이 당신을 응원하고 있으니, 하루빨리 힘내셔서 재기하시기 바랍니다.

很多人都在为您加油助威，希望你能早日东山再起。

➡ _____

加油 jiāyóu 동 힘을 내다, 응원하다 | 助威 zhùwēi 동 응원하다 | 早日 zǎorì 부 일찍이, 빨리 | 东山再起 dōngshānzàiqǐ 성 실패한 뒤에 재정비하다, 권토중래하다

10 어떤 말로 위로를 드려야 할지 모르겠습니다.

不知道该说些什么来安慰你。

➡ _____

些 xiē 양 조금, 약간, 몇 | 安慰 ānwèi 형 위로가 되다 동 위로하다, 안위하다

11 사고 소식을 듣고 많이 걱정했습니다. 몸조리 잘하셔서 하루빨리 건강을 회복하시길 바랍니다.

听到你出事故的消息我非常担心，好好照顾身体，祝早日康复。

➡ _____

出事故 chūshìgù 사고가 나다 | 消息 xiāoxi 명 소식, 정보 | 担心 dānxīn 동 염려하다, 걱정하다 | 好好 hǎohǎo 부 푹, 충분히, 잘 | 照顾 zhàogù 동 보살피다, 돌보다 | 康复 kāngfù 동 건강을 회복하다

12 잠깐의 시련일 뿐이니 의기소침하지 마세요.

这只是暂时的磨练，不要意志消沉。

➡ _____

暂时 zànshí 명 잠깐, 잠시 | 磨练 móliàn 동 단련하다, 연마하다 | 意志消沉 yìzhì xiāochén 의기소침하다

13 이번에 큰 어려움을 겪으셨다고 들었습니다. 그동안 잘해 오셨으니 앞으로도 훌륭하게 잘해내시리라 믿습니다.

> 我听说您这次经历了很大挫折，这期间您已经做得很好了，我相信以后一定会做得更加出色。

➡

听说 tīngshuō 동 듣자하니, ~라고 하다 | 经历 jīnglì 동 경험하다, 몸소 겪다 | 挫折 cuòzhé 명 좌절, 실패 | 相信 xiāngxìn 동 믿다, 신뢰하다 | 出色 chūsè 형 대단히 뛰어나다, 훌륭하다

14 오늘 아침에 부친상 소식을 듣고 마음이 너무나 아팠습니다. 부친께서 오랫동안 저희에게 베풀어 주신 은혜를 늘 가슴에 새겨 두겠습니다.

> 今天早上听闻令尊去世的消息，我非常心痛，令尊多年来给予我们的恩惠，我们将会谨记在心中。

➡

听闻 tīngwén 동 듣다 | 令尊 lìngzūn 명 (상대방의) 아버님 | 去世 qùshì 동 돌아가다, 세상을 뜨다 | 心痛 xīntòng 형 마음이 아프다, 비통하다 | 谨记 jǐnjì 동 잘 기억하다, 새겨 두다

15 저희 회사 전 직원을 대표하여 깊은 애도를 표합니다. 삼가 고인의 명복을 빕니다.

> 我代表我们公司所有职员表示深切哀悼，愿逝者安息。

➡

职员 zhíyuán 명 직원 | 深切 shēnqiè 형 깊다, 심심한, 마음에서 우러나는 | 哀悼 āidào 동 애도하다 | 逝者 shìzhě 명 고인 | 安息 ānxī 동 편히 잠들다

STEP 3 비즈니스 한중 통번역 실전 트레이닝

모범 답안 60p | 049~064

다양한 난이도의 문장들을 통번역해 보며 실력을 한 단계 높여 보도록 합시다.

01 이번 일로 인해 여러분께 불편을 드려 대단히 죄송합니다.

02 병으로 입원하셨다는 소식을 듣고 깜짝 놀랐습니다. 부디 치료에 전념하셔서 하루빨리 건강 회복하시길 바랍니다.

03 제가 귀하의 메일에 바로 답장을 드리지 못했습니다. 이에 깊이 사과를 드립니다.

04 심려를 끼쳐 드려 죄송합니다.

05 마음을 편하게 갖고 좋은 쪽으로 생각하세요. 다 잘될 거예요.

06 많은 분들이 당신을 응원하고 있으니 하루빨리 힘내셔서 재기하시기 바랍니다.

07 사고 소식을 듣고 많이 걱정했습니다. 몸조리 잘하셔서 하루빨리 건강을 회복하시길 바랍니다.
_____
_____

08 그동안 잘해 오셨으니 앞으로도 훌륭하게 해내시리라 믿습니다.
_____
_____

09 부친께서 오랫동안 저희에게 베풀어 주신 은혜를 가슴에 새겨 두겠습니다.
_____
_____

10 저희 회사 전 직원을 대표하여 깊은 애도를 표합니다. 삼가 고인의 명복을 빕니다.
_____
_____

11 이렇게 귀한 기회를 잃어버려서 저도 매우 안타깝습니다.
_____
_____

[심화]
12 날씨가 추워졌기 때문에 오리털 재킷의 수요가 크게 늘어 현재 저희 공장에 재고가 없는 것에 대해 매우 죄송스럽게 생각합니다.
_____
_____

[심화]
13 제가 가까운 시기에 중요한 회의에 참가해야 하기 때문에, 초대에 응할 수가 없습니다. 이에 죄송하다는 말씀을 드리오니 양해해 주시길 바랍니다.
_____
_____

심화

14 귀하께서 말씀하신 인터넷 페이지에서 겪은 문제에 대해 깊이 사과의 말씀을 드립니다. 이로 인해 귀하께 불편함과 어려움을 겪게 해 드려 대단히 죄송합니다.

_____
_____

심화

15 유감스럽게도 업무상 오늘 외부 출장을 갑니다. 그날 출석하지 못하는 것을 이해해 주십시오. 이에 죄송하다는 말씀드립니다.

_____
_____

심화

16 귀하의 현재 주문을 즉시 만족시켜 드리지 못함에 죄송하다는 말씀을 드립니다. 부디 양해해 주시길 바랍니다.

_____
_____

모범 답안

01 为这事给大家带来的不便，深表歉意。
02 惊悉您因病住院，请专心疗养，盼望早日康复。
03 我未能及时回复您的邮件，对此深表歉意。
04 非常抱歉给大家带来了忧虑。
05 要抱有平常心往好的方面想，一切都会好的。
06 很多人都在为您加油助威，希望您能早日东山再起。
07 听到你出事故的消息非常担心，好好照顾身体，祝早日康复。
08 这期间您已经做得很好了，我相信以后一定会做得更加出色。
09 令尊多年来给予我们的恩惠我们会谨记在心。
10 我代表我们公司所有职员表示深切哀悼，愿逝者安息。
11 失去这次宝贵的机会，我也深感惋惜。
12 我们深感抱歉的是，由于天气转冷，对羽绒服的需求量大大增加，目前我厂已无库存。
13 我近期要参加一个重要会议，无法应邀赴约。非常抱歉，恳望见谅。
14 对于您提到的在网页上遇到的问题，我们深表歉意，并为由此给您带来的任何不便和困扰感到愧疚。
15 遗憾的是，因业务关系，我今天要到外地出差，恕不能届时出席，为此深表歉意。
16 由于不能立即满足贵方目前订货，我们深表歉意，谨希贵方予以谅解。

관련 어휘 및 표현 총정리

주제와 관련된 주요 중국어 표현을 한눈에 훑어보며 한중 통번역 실력을 보강해 봅시다.

深表歉意	shēnbiǎoqiànyì	깊이 사과하다
真心向大家道歉	zhēnxīnxiàngdàjiādàoqiàn	진심으로 사과하다
非常抱歉	fēichángbàoqiàn	매우 죄송하다
东山再起	dōngshānzàiqǐ	성 다시 재기하다
早日康复	zǎorìkāngfù	하루빨리 건강을 회복하다
意志消沉	yìzhìxiāochén	의기소침하다
别太执着。	biétài zhízhuó.	너무 집착하지 마세요.
凡事想得开，日子才过得愉快。	fánshì xiǎngdékāi, rìzǐ cái guòdéyúkuài.	매사에 넓게 생각해야 즐겁게 지낼 수 있습니다.
凡事尽心就好，才能无怨无悔。	fánshì jìnxīn jiù hǎo, cái néng wúyuàn wúhuǐ.	매사에 진심을 다해서 하면 후회가 없습니다.
深切哀悼	shēnqiēāidào	깊이 애도하다
逝者安息	shìzhěānxī	고인의 명복을 빌다
盛情难却	shèngqíngnánquè	성 남의 후의를 거절하기 어렵다
无能为力	wúnéngwéilì	성 능력이 없다, 어찌할 도리가 없다
心有余而力不足	xīnyǒuyúérlìbùzú	마음은 굴뚝 같지만 힘이 모자라다
不凑巧，明天有会议，改天吧。	búcòuqiǎo, míngtiān yǒuhuìyì, gǎitiān ba.	공교롭게도 내일 회의가 있군요. 다음에 합시다.
对不起，明天家里有点儿事儿。	duìbùqǐ, míngtiān jiālǐ yǒudiǎnr shìr.	죄송합니다. 내일 집에 일이 좀 있습니다.
不用了，我还有点儿事儿要做。	búyòng le, wǒ hái yǒudiǎnr shìr yàozuò.	아닙니다. 저는 해야 할 일이 좀 있습니다.
谢谢您的好意，但我一个人可以去。	xièxiè nínde hǎoyì, dàn wǒ yígèrén kěyǐqù.	호의는 고맙지만, 혼자서 갈 수 있습니다.
你的心意我领了，但是这东西我不能要。	nǐde xīnyì wǒ lǐngle, dànshì zhèdōngxī wǒ bùnéng yào.	마음은 받겠지만, 이 물건은 받을 수가 없습니다.

회사 소개

1 STEP 알짜배기 문장으로 통번역 준비 운동!

주제별 핵심 구문 및 어휘를 학습한 뒤 문장의 빈칸에 알맞은 어휘를 채우며 몸을 가볍게 풀어 봅시다.

- 由……来介绍　　～가 소개하다　예 由我来简单地介绍一下公司情况。
- 差别在于……　　차이는 ～에 있다　예 A产品与B产品的差别在于最新设计。
- 本公司作为……　　저희 회사는 ～으로서　예 本公司作为初创公司, 准备进军韩国化妆品市场。
- 以……获得……　　～으로 ～을 얻다　예 我们公司以创新技术获得了好评。
- 进入……市场　　～시장에 진출하다　예 我们公司明年准备扩展业务, 进入中国市场。
- 成立于……　　～에 설립되다　예 我们公司成立于1979年。
- 设在……　　～에 세워져 있다　예 总公司设在北京。
- 专注于……　　～에 집중하다　예 华为专注于ICT领域。
- 业务涉及……等领域　　업무는 ～등의 분야를 취급한다　예 三星集团业务涉及电子、金融等很多领域。
- 被评为……　　～으로 평가되다　예 您被评为中国经贸线上的一面旗帜。
- 为……提供服务　　～을 위해 서비스를 제공하다　예 支付宝为个人及企业提供网上支付服务。
- 占……地位　　～의 자리를 차지하다　예 中国石油是油气行业占主导地位的国有企业。
- 以……为经营目标　　～을 경영 목표로 삼다　예 本公司以达到年销售额3亿元为经营目标。
- ……之一　　～중의 하나　예 本公司是我国历史最悠久的、信誉最卓越的公司之一。

01 제가 간단하게 저희 회사 상황을 소개하겠습니다.

　　　　　　　　简单地　　　　　　　　我们公司的情况。

02 귀사에 저희 회사의 신제품을 소개하게 되어 영광스럽게 생각합니다.

　　能为贵公司介绍我们公司的新产品，我　　　　　　　　　。

03 저희 회사 신제품이 타사와 차별화되는 점은 친환경적 디자인에 있습니다.

　　我们公司的新产品与其他公司产品的　　　　　　环保设计。

04 저희 회사는 인테리어 업계 스타트업 기업으로서 틈새시장을 공략하려고 합니다.

　　我们公司　　　　　　装修业的初创公司，准备进军　　　　　　。

05 저희 회사는 혁신적인 디자인으로 해외 시장에서 일치된 호평을 받고 있습니다.

我们公司_____创新的设计在海外市场_____一致的_____。

06 저희 회사는 올해 대한민국 브랜드 파워 대상을 수상하였습니다.

我们公司今年_____韩国品牌力量_____。

07 저희 회사는 사업을 확장하여 중국 시장에 진출하려고 합니다.

我们公司要扩展业务，准备_____中国_____。

08 저희 회사는 1982년에 설립되었고 베이징에 본사를 두고 있습니다.

我们公司_____1982年，总公司_____北京。

09 중국 기업을 유치하고자 저희 회사는 새로운 투자환경을 조성할 계획입니다.

_____，我们公司准备组建新的投资环境。

10 당사는 무디스 평가 결과 Aa3 등급으로 안정적으로 성장하고 있습니다.

我们公司的穆迪评级为Aa3，_____。

11 화웨이는 세계적으로 앞선 정보 통신 기술(ICT) 솔루션 공급업체이며 ICT 분야에 주력하고 있습니다.

华为是_____信息与通信技术(ICT)解决方案供应商，_____ICT领域。

12 본사의 업무는 전자, 금융, 기계, 화학 등의 수많은 영역을 다루고 있습니다.

本公司业务_____电子、金融、机械、化学等众多_____。

정답 확인

01	由我来 ‖ 介绍一下	07	进入 ‖ 市场
02	感到非常荣幸	08	成立于 ‖ 设在
03	差别在于	09	为了吸引中国企业
04	作为 ‖ 利基市场	10	发展稳定
05	以 ‖ 获得 ‖ 好评	11	全球领先的 ‖ 专注于
06	获得了 ‖ 大奖	12	涉及 ‖ 领域

STEP 2 비즈니스 한중 통번역 연습하기

앞서 배운 문장을 바탕으로 하단에 제시된 어휘를 참고하여 통번역해 봅시다.

01 저희 업무에 대한 이해를 돕기 위해 제가 간단하게 저희 회사 상황을 소개하겠습니다.

> 为了使大家了解我们公司的业务，由我来简单地介绍一下我们公司的情况。

➡ _____

为了 wèile 〔개〕 ~을 (하기) 위하여 | 了解 liǎojiě 〔동〕 자세하게 알다, 이해하다 | 业务 yèwù 〔명〕 업무 | 由 yóu 〔개〕 ~이/가

02 귀사에 저희 회사의 신제품을 소개하게 되어 영광스럽게 생각합니다.

> 能为贵公司介绍我们公司的新产品，我感到非常荣幸。

➡ _____

荣幸 róngxìng 〔형〕 매우 영광스럽다

03 저희 회사 신제품이 타사와 차별화되는 점은 친환경적 디자인에 있습니다. 저희 제품은 국내외에서 높은 평가를 받았습니다.

> 我们公司的新产品与其他公司产品的差别在于环保设计。我们的产品在国内外获得了很高的评价。

➡ _____

差别 chābié 〔명〕 차별, 차이 | 在于 zàiyú 〔동〕 ~에 있다 | 环保 huánbǎo 〔명〕 '环境保护(환경보호)'의 준말 | 设计 shèjì 〔명〕 설계, 디자인 | 获得 huòdé 〔동〕 얻다, 취득하다 | 评价 píngjià 〔명〕 평가

04 저희 회사는 인테리어 업계 스타트업 기업으로서 틈새시장을 공략하려고 합니다.

> 我们公司作为装修业的初创公司，准备进军利基市场。

➡ _____

作为 zuòwéi 〔개〕 ~의 신분(자격)으로서 | 装修 zhuāngxiū 〔동〕 (가옥을) 장식하고 꾸미다 | 初创公司 chūchuàng gōngsī 스타트업 기업 | 进军 jìnjūn 〔동〕 진출하다, 진군하다 | 利基市场 lìjīshìchǎng 틈새시장

05 저희 회사는 혁신적인 디자인으로 해외 시장에서 일치된 호평을 받고 있습니다.

我们公司以创新的设计在海外市场获得一致的好评。

➡ _____

创新 chuàngxīn 명 창의성 동 옛것을 버리고 새것을 창조하다 | 一致 yízhì 형 일치하다 | 好评 hǎopíng 명 호평, 좋은 평판

06 저희 회사는 신규 화장품 브랜드를 올봄에 성공적으로 론칭하였습니다.

我们公司的新化妆品品牌在今年春天成功上市。

➡ _____

化妆品 huàzhuāngpǐn 명 화장품 | 上市 shàngshì 동 출시되다, 물건이 시장에 나오다

07 저희 회사는 올해 대한민국 브랜드 파워 대상을 수상하였으며, 내년에는 사업을 확장하여 중국 시장에 진출하려고 합니다.

我们公司今年获得了韩国品牌力量大奖。明年准备扩展业务，进入中国市场。

➡ _____

韩国品牌力量 Hánguópǐnpáilìliang 대한민국 브랜드 파워 | 准备 zhǔnbèi 동 준비하다, ~할 계획이다 | 扩展 kuòzhǎn 동 확장하다, 넓게 펼치다 | 进入 jìnrù 동 들다, 진입하다

08 저희 회사는 1982년에 설립되었고 베이징에 본사를 두고 있으며, 상하이, 칭다오, 선전 등에 지사를 두고 있습니다.

我们公司成立于1982年，总公司设在北京。在上海、青岛、深圳都有分公司。

➡ _____

成立于 chénglìyú ~에 설립되다 | 总公司 zǒnggōngsī 명 본사 | 设在 shèzai 동 ~에 시설되다 | 分公司 fēngōngsī 명 지점, 지사

09 본사는 '강한 경쟁력을 갖춘 국제적 에너지 기업 실현'이 경영목표입니다.

> 本公司以"建设具有较强竞争力的国际能源公司"为经营目标。

➡

建设 jiànshè 동 창립하다, 건설하다, 세우다 | 具有 jùyǒu 동 있다, 가지다, 구비하다 | 竞争力 jìngzhēnglì 명 경쟁력 | 经营 jīngyíng 동 경영하다, 운영하다

10 저희 회사는 무디스 평가 결과 Aa3 등급으로 안정적으로 성장하고 있습니다.

> 我们公司的穆迪评级为Aa3, 发展稳定。

➡

穆迪 mùdí 무디스(Moody's) | 评级 píngjí 동 등급을 매기다 | 稳定 wěndìng 형 안정적이다

11 저는 작년에 마스크팩 전문 중소기업을 창업했으며, 올해에는 품질 관리 최우수 업체로 선정되었습니다.

> 我去年创办了专营面膜的中小企业，今年被选定为质量管理优秀企业。

➡

创办 chuàngbàn 동 창립하다, 창설하다 | 专营 zhuānyíng 동 전문적으로 경영하다 | 面膜 miànmó 명 마스크팩 | 选定 xuǎndìng 동 선정하다 | 优秀 yōuxiù 형 우수하다, 아주 뛰어나다

12 저희 회사는 부동산 컨설팅과 창업 컨설팅을 합니다.

> 我们公司提供房地产咨询和创业咨询。

➡

房地产 fángdìchǎn 명 부동산 | 咨询 zīxún 동 자문하다, 상의하다 | 创业 chuàngyè 동 창업하다

13 저희 회사는 전문적으로 외국 제품을 수입하여 전국 각지에 판매하고 있습니다.

我们公司专门进口外国产品并将其销往全国各地。

➡ _____

专门 zhuānmén 형 전문적이다 부 전문적으로 | **进口** jìnkǒu 동 수입하다 | **销** xiāo 동 판매하다, 팔다

14 본사는 1890년에 창립되었으며 우리나라에서 가장 오래되고 신용이 좋은 회사 중 하나입니다.

本公司成立于1890年，是我国历史最悠久的、信誉最卓越的公司之一。

➡ _____

成立于 chénglìyú ~에 설립하다, ~에 창립하다 | **悠久** yōujiǔ 형 유구하다 | **信誉** xìnyù 명 신용, 명성 | **卓越** zhuóyuè 형 탁월하다, 출중하다 | **之一** zhīyī 명 ~중의 하나

15 저희 회사의 주력 제품은 반도체 핵심 부품이며, 중국 기업을 유치하고자 새로운 투자환경을 조성하려고 합니다. 저희 회사는 지난 10년간 평균 연매출액이 한화 200억 원으로 현재 급속히 성장하고 있습니다.

我们公司的主打产品是半导体核心零件，为了吸引中国企业，准备组建新的投资环境。我们公司过去十年平均年销售额为韩币200亿元，目前仍在迅速增长。

➡ _____

主打产品 zhǔdǎchǎnpǐn 주력 제품 | **半导体** bàndǎotǐ 명 반도체 | **零件** língjiàn 명 부속품 | **吸引** xīyǐn 동 끌어당기다, 유인하다 | **组建** zǔjiàn 동 조직하다 | **平均** píngjūn 형 평균의, 평균적인 | **销售额** xiāoshòu'é 명 매출액 | **仍** réng 부 여전히, 아직도 | **迅速** xùnsù 형 신속하다

3 STEP 비즈니스 한중 통번역 실전 트레이닝

다양한 난이도의 문장들을 통번역해 보며 실력을 한 단계 높여 보도록 합시다.

모범 답안 70p | 065~080

01 제가 간단하게 저희 회사 상황을 소개하겠습니다.

02 귀사에 저희 회사의 신제품을 소개하게 되어 영광스럽게 생각합니다.

03 저희 회사 신제품은 국내외에서 높은 평가를 받았습니다.

04 저희 회사는 인테리어 업계 스타트업 기업으로서 틈새시장을 공략하려고 합니다.

05 저희 회사는 내년에 사업을 확장하여 중국 시장에 진출하려고 합니다.

06 저희 회사는 작년에 품질 관리 최우수 업체로 선정되었습니다.

07 저희 회사는 부동산 컨설팅과 창업 컨설팅을 합니다.

08 저희 회사는 전문적으로 외국 제품을 수입하여 전국 각지에 판매하고 있습니다.

09 본사는 우리나라에서 가장 오래되고 신용이 가장 좋은 회사 중 하나입니다.

10 본사는 '강한 경쟁력을 갖춘 국제적 에너지 기업 실현'이 경영목표입니다.

11 본사는 미국 『포춘』지가 선정한 2010년 세계 500대 기업에 들었으며 2012년 저희 그룹의 매출액은 약 1,000억 달러입니다.

[심화]
12 삼성은 20여 종 상품의 세계 시장 점유율이 글로벌 기업의 선두를 차지하고 있으며 국제 시장에서 탄탄한 실력을 드러내고 있습니다.

[심화]
13 쯔푸바오는 2004년 12월에 창립된 알리바바 그룹의 관계 회사입니다. 주로 개인 및 기업 고객을 위해 편리하고 빠르며 안전하고 믿을 수 있는 인터넷 및 모바일을 이용한 지불 및 수금 서비스를 제공합니다.

[심화]
14 롯데는 1994년에 중국 시장에 진입한 이후로 식품, 소매업, 여행, 석유 화학, 건설, 제조업, 금융업, 서비스업 등의 다양한 분야를 아우르고 있습니다.

심화

15 샤오미는 애플, 삼성, 화웨이에 이어 핸드폰 칩을 자체적으로 연구할 능력을 갖춘 네 번째 과학기술 회사입니다.

심화

16 중국 석유 기업은 중국 석유 천연 가스 업계에서 주도적인 위치에 있는 석유 천연 가스 최대 생산 및 판매 업체이자, 국유 기업입니다.

모범 답안

01 由我来简单地介绍一下我们公司的情况。
02 能为贵公司介绍我们公司的新产品，我感到非常荣幸。
03 我们公司新产品在国内外获得了很高的评价。
04 我们公司作为装修业的初创公司，准备进军利基市场。
05 我们公司明年准备扩展业务，进入中国市场。
06 我们公司去年被选定为质量管理优秀企业。
07 我们公司提供房地产咨询和创业咨询。
08 我们公司专门进口外国产品并将其销往全国各地。
09 本公司是我国历史最悠久的、信誉最卓越的公司之一。
10 本公司以"建设具有较强竞争力的国际能源公司"为经营目标。
11 本公司进入美国《财富》杂志2010年世界500强行列，2012年我们集团营业额约1000亿美元。
12 三星有近20种产品世界市场占有率居全球企业之首，在国际市场上彰显出雄厚实力。
13 支付宝创立于2004年12月，是阿里巴巴集团的关联公司，主要为个人及企业用户提供方便快捷、安全可靠的网上及移动支付和收款服务。
14 乐天自1994年进入中国市场以来，包括食品、零售、旅游、石化、建设、制造、金融、服务等众多领域。
15 小米还是继苹果、三星、华为之后第四家拥有手机芯片自研能力的科技公司。
16 中国石油是中国油气行业占主导地位的最大油气生产商和销售商，是国有企业。

 관련 어휘 및 표현 총정리

주제와 관련된 주요 중국어 표현을 한눈에 훑어보며 한중 통번역 실력을 보강해 봅시다.

环保设计	huánbǎoshèjì	친환경 디자인
利基市场	lìjīshìchǎng	틈새시장
初创公司	chūchuànggōngsī	스타트업 기업
获得好评	huòdéhǎopíng	호평을 받다
品牌	pǐnpái	브랜드
商标	shāngbiāo	상표, trademarks
上市	shàngshì	시장에 나오다, 출시하다
获得大奖	huòdédàjiǎng	대상을 받다
扩展业务	kuòzhǎnyèwù	업무를 확장하다
进入中国市场	jìnrù Zhōngguóshìchǎng	중국 시장에 진입하다
主打产品	zhǔdǎchǎnpǐn	주력 제품
年销售额	niánxiāoshòu'é	연간 매출액
迅速增长	xùnsùzēngzhǎng	급속히 성장하다
创业咨询	chuàngyèzīxún	창업 컨설팅
独资企业	dúzīqǐyè	단독 투자 기업
个体企业	gètǐqǐyè	개인 기업, 개인 사업체
国营企业	guóyíngqǐyè	국영 기업
合资企业	hézīqǐyè	합자 기업
跨国企业	kuàguóqǐyè	다국적 기업
三资企业	sānzīqǐyè	삼자 기업
外资企业	wàizīqǐyè	외자 기업
基础设施	jīchǔshèshī	인프라, 기반 시설
专有技术(=技术诀窍)	zhuānyǒujìshù(=jìshùjuéqiào)	노하우
许可证	xǔkězhèng	라이센스
营业秘密	yíngyèmìmì	영업 비밀

구인 구직 및 인사 관리

STEP 1 알짜배기 문장으로 통번역 준비 운동!

주제별 핵심 구문 및 어휘를 학습한 뒤 문장의 빈칸에 알맞은 어휘를 채우며 몸을 가볍게 풀어 봅시다.

- 在……领域有经验　~분야에 경험이 있다　예 我在计算机领域有五年以上的工作经验。
- 引进制度　제도를 도입하다　예 我们公司将引进新的人事评价制度。
- 执行　수행하다, 실시하다　예 我执行过多次大规模的项目。
- 积累了……经验　~경험을 쌓았다　예 我在外企积累了很多宝贵的经验。
- 正在招聘……　~을 모집하고 있다　예 我们公司正在招聘在半导体领域有工作经验的人才。
- 上调　(가격 등) 상향 조정하다　예 明年最低工资将上调5%。
- 任职要求为……　재직 요건은 ~이다　예 任职要求为大专以上学历。
- 在……方面要求……　~분야에서 ~을 요구하다　예 我们公司在知识方面要求优秀的专业技术能力。
- 加入　들어가다, 가입하다　예 欢迎加入我们公司。
- 继任　직무를 이어받다　예 我是来继任被调到首尔的蔡主管的。
- 对……有兴趣　~에 관심이 있다　예 对我们公司有兴趣的可以登录招聘主页。
- 受到……处分　~처분(징계)를 받다　예 我在公司因玩忽职守受到了减薪一个月的处分。
- 通过……　~을 통해　예 我通过就业网站找到了贵公司招聘信息。

01 저는 컴퓨터 분야에서 10년 이상의 업무 경력을 갖고 있습니다.

我_____计算机_____有十年以上的工作经验。

02 저는 뉴욕 지사에서 2년간 근무하면서 귀중한 경험을 많이 쌓았습니다.

我在纽约分公司工作了两年，并_____很多宝贵的_____。

03 저는 IT회사에서 인턴사원으로 1년째 근무하고 있습니다.

我在IT公司当_____有一年了。

04 저희 회사는 새로운 인사 평가 제도를 도입할 계획입니다.

我们公司将_____新的人事评价_____。

05 저희 회사는 소프트웨어 개발 분야에 능력 있고 열정적인 인재를 모집하고 있습니다.

我们公司_____在软件开发领域_____人才。

06 저희 회사는 인성과 지성을 겸비한 직원을 필요로 합니다.

我们公司需要_____的员工。

07 최근 청년 실업률이 높아지면서 삼포세대가 나타났습니다.

_____青年失业率的升高，出现了三抛世代。

08 내년에 최저 임금이 5% 인상될 전망입니다.

明年最低工资将_____5%。

09 임금 체제는 연봉제, 월급제, 성과급제로 구분되는데, 우리 회사는 연봉제를 적용하고 있습니다.

工资体制分为_____、_____、_____，我们公司是年薪制。

10 재직 요건은 대학 졸업 이상 학력으로 회계학이나 재무 관리를 전공하고, 제조업 분야 회계 업무 경력이 3년 이상이어야 합니다.

_____大学本科以上学历，会计学或财务管理专业，三年以上制造行业_____。

11 업적 고과는 주기적으로 직원의 업무 태도를 검토하고 평가하는 관리 시스템입니다.

_____是一种周期性_____员工工作表现的管理系统。

정답 확인

01 在 ‖ 领域
02 积累了 ‖ 经验
03 实习生
04 引进 ‖ 制度
05 正在招聘 ‖ 有能力和有热情的
06 人品和知识兼备
07 最近随着
08 上调
09 年薪制 ‖ 月薪制 ‖ 绩效工资制
10 任职要求为 ‖ 会计的工作经验
11 业绩考核 ‖ 检讨与评估

2 STEP 비즈니스 한중 통번역 연습하기

앞서 배운 문장을 바탕으로 하단에 제시된 어휘를 참고하여 통번역해 봅시다.

01 저는 컴퓨터 분야에서 10년 이상의 업무 경력을 갖고 있으며, 규모가 큰 프로젝트를 여러 번 수행했습니다.

我在计算机领域有十年以上的工作经验，并执行过多次大规模的项目。

➡ _____

计算机 jìsuànjī 몡 계산기, 컴퓨터 | 领域 lǐngyù 몡 분야, 영역 | 工作经验 gōngzuòjīngyàn 업무 경력 | 执行 zhíxíng 동 수행하다, 실시하다 | 大规模 dàguīmó 형 대규모의 | 项目 xiàngmù 몡 항목, 과제, 프로젝트

02 저는 뉴욕 지사에서 2년간 근무하면서 귀중한 경험을 많이 쌓았습니다.

我在纽约分公司工作了两年，并积累了很多宝贵的经验。

➡ _____

分公司 fēngōngsī 몡 지사 | 积累 jīlěi 동 쌓이다, 누적되다 | 宝贵 bǎoguì 형 진귀한, 귀중한

03 저는 IT회사에서 인턴사원으로 1년째 근무하고 있습니다.

我在IT公司当实习生有一年了。

➡ _____

当 dāng 동 담당하다, 맡다 | 实习生 shíxíshēng 몡 실습생

04 저희 회사는 새로운 인사 평가 제도를 도입할 계획인데, 새로운 평가 제도를 도입하면 직원들의 업무 능률이 향상될 것입니다.

我们公司将引进新的人事评价制度，引进新评价制度将会提高职员们的业务效率。

➡ _____

引进 yǐnjìn 동 도입하다, 끌어들이다 | 人事评价制度 rénshìpíngjiàzhìdù 인사 평가 제도 | 提高 tígāo 동 제고하다, 향상시키다 | 职员 zhíyuán 몡 직원, 사무원 | 效率 xiàolǜ 몡 능률, 효율

05 저희 회사는 소프트웨어 개발 분야에 능력 있고 열정적인 인재를 구하고 있습니다. 저희 회사에 관심 있으신 분은 채용 홈페이지에 로그인해 주세요. 연봉은 경력에 따라서 별도로 협의할 수 있습니다.

> 我们公司正在招聘在软件开发领域有能力和热情的人才。对我们公司有兴趣的可以登录招聘主页，年薪可根据履历另议。

➡

招聘 zhāopìn 동 모집하다, 채용하다 | 软件 ruǎnjiàn 명 소프트웨어 | 人才 réncái 명 인재 | 登录 dēnglù 동 등록하다, 로그인하다 | 主页 zhǔyè 명 홈페이지 | 年薪 niánxīn 명 연봉 | 根据 gēnjù 개 ~에 근거하여 | 履历 lǚlì 명 이력, 경력 | 另议 lìngyì 동 따로 의논하다

06 저희 회사는 인성과 지성을 겸비한 직원을 필요로 합니다. 인성은 도덕 윤리와 법률을 준수해야 하고, 지성은 우수한 전문 기술 능력을 갖춰야 합니다.

> 我们公司需要人品和知识兼备的员工。在人品方面要求员工遵循道德规范和法律规则，在知识方面要求员工具备优秀的专业技术能力。

➡

人品 rénpǐn 명 인품, 인간성 | 兼备 jiānbèi 동 겸비하다 | 遵循 zūnxún 동 따르다 | 道德规范 dàodéguīfàn 도덕규범 | 具备 jùbèi 동 갖추다, 구비하다 | 优秀 yōuxiù 형 아주 뛰어나다, 우수하다

07 최근 청년 실업률이 높아지면서 삼포세대가 등장하고 있어, 이에 따른 대책이 시급합니다.

> 最近随着青年失业率的升高，出现了三抛世代，对此需要紧急的对策。

➡

随着 suízhe 동 ~에 따라서 | 失业率 shīyèlǜ 명 실업률 | 升高 shēnggāo 동 위로 오르다 | 三抛世代 sānpāoshìdài 삼포세대(연애, 결혼, 출산을 포기한 세대) | 紧急 jǐnjí 형 긴급하다, 절박하다 | 对策 duìcè 명 대책

08 내년에 최저 임금이 5% 인상되면 우리 사회에 많은 변화가 생길 것입니다.

> 明年最低工资上调5%的话，我们社会将会发生很多变化。

➡

最低工资 zuìdīgōngzī 명 최저 임금 | 上调 shàngtiáo 동 (가격 등을) 상향 조정하다

09 저희 회사에 입사한 것을 축하합니다. 앞으로 함께 열심히 일해 봅시다.

> 欢迎加入我们公司，以后让我们一起努力。

→ _____

加入 jiārù 동 가입하다, 참가하다 | 让 ràng 동 ~하게 하다

10 재직 요건은 대학 졸업 이상 학력으로 회계학이나 재무 관리를 전공하고, 제조업 분야 회계 업무 경력이 3년 이상이어야 합니다.

> 任职要求为大学本科以上学历，会计学或财务管理专业，三年以上制造行业会计的工作经验。

→ _____

任职 rènzhí 동 직무를 맡다, 재직하다 | 学历 xuélì 명 학력 | 专业 zhuānyè 명 전공 | 行业 hángyè 명 업종, 직종 | 会计 kuàijì 명 회계, 경리

11 귀사의 채용공고를 어디에서 볼 수 있습니까? 귀사는 구직자의 어떤 자질을 중요하게 생각합니까?

> 我可以通过哪些渠道找到相应的招聘信息？贵公司看重应聘者的哪些素质？

→ _____

通过 tōngguò 개 ~을 거쳐, ~을 통해 | 渠道 qúdào 명 경로, 방법 | 看重 kànzhòng 동 중시하다 | 应聘者 yìngpìnzhě 응시자, 지원자 | 素质 sùzhì 명 소양, 자질

12 저는 지난주 상하이로 전근을 가게 된 김 부장의 후임입니다. 앞으로 잘 부탁드리겠습니다.

> 我是来继任上周被调到上海的金经理，以后请大家多多关照。

→ _____

继任 jìrèn 동 직무를 이어받다 | 调 diào 동 (인원을) 옮기다, 전근시키다 | 关照 guānzhào 동 돌보다, 보살피다

13 저는 회사에서 직무 태만으로 감봉 2개월의 징계 처분을 받았습니다.

我在公司因玩忽职守受到了减薪两个月的处分。

➡

玩忽职守 wánhūzhíshǒu 명 직무를 소홀히 하다 | 减薪 jiǎnxīn 동 감봉하다 | 处分 chǔfèn 동 처벌하다, 처분하다

14 저희 회사는 올해 수익이 최고치를 기록해 성과급으로 월급의 두 배를 받았습니다.

我们公司今年的收益打破了最高纪录，发了工资两倍的绩效薪酬。

➡

收益 shōuyì 명 수익, 수입 | 打破 dǎpò 동 타파하다, 깨다 | 记录 jìlù 동 기록하다 명 기록 | 倍 bèi 양 배, 곱절 | 绩效薪酬 jìxiàoxīnchóu 명 성과급

15 급여의 유형은 연봉제, 월급제, 성과급제로 나눕니다. 연봉제는 회사의 고위 관리직을 대상으로 하는 급여 체제로서 기본 월급에 기업 수익 배당이 포함된 것이고, 월급제는 일반 사무직원을 대상으로 하는 급여제로 고정 월급에 직급별 성과급, 수당(상여금)이 포함된 것입니다. 성과급제는 주로 영업 사원을 대상으로 하는 급여제로 기본급, 업무 성과급에 수당(상여금)이 포함된 것입니다.

薪资类型可以分为：年薪制、月薪制、绩效工资制。年薪制主要针对公司高层管理人员的薪资体制，基本月薪加效益分红；月薪制主要针对公司的行政人员的薪资体制，包含固定月薪，岗位绩效工资，相关补贴；绩效工资制主要针对公司营销人员的薪资体制，包含底薪、业绩提成、相关补贴。

➡

薪资 xīnzī 명 급여, 임금 | 类型 lèixíng 명 유형 | 分为 fēnwéi 동 ~으로 나누다, ~으로 나누어지다 | 月薪 yuèxīn 명 월급 | 绩效工资制 jìxiàogōngzīzhì 성과급 제도 | 针对 zhēnduì 동 겨누다, 조준하다 | 体制 tǐzhì 명 체제, 제도 | 分红 fēnhóng 동 이익을 분배하다 | 行政 xíngzhèng 명 행정, 사무 | 包含 bāohán 동 포함하다 | 岗位 gǎngwèi 명 직장, 부서 | 补贴 bǔtiē 명 보조금, 수당 | 营销 yíngxiāo 동 판매하다, 마케팅하다 | 底薪 dǐxīn 명 기본금, 본봉 | 业绩提成 yèjì tíchéng 업무 성과급

3 STEP 비즈니스 한중 통번역 실전 트레이닝

모범 답안 80p | 081~096

다양한 난이도의 문장들을 통번역해 보며 실력을 한 단계 높여 보도록 합시다.

01 저는 컴퓨터 분야에서 10년 이상의 경력을 갖고 있으며, 규모가 큰 프로젝트를 여러 번 수행했습니다.

02 저는 뉴욕 지사에서 2년간 근무하면서 귀중한 경험을 많이 쌓았습니다.

03 저는 IT회사에서 인턴사원으로 1년째 근무하고 있습니다.

04 저희 회사는 소프트웨어 개발 분야에 능력 있고 열정적인 인재를 구하고 있습니다.

05 저희 회사에 관심 있으신 분은 채용 홈페이지에 로그인해 주세요. 연봉은 경력에 따라 별도로 협의할 수 있습니다.

06 우리 회사는 인성과 지성을 겸비한 직원을 필요로 합니다.

07 최근 청년 실업률이 높아지면서 삼포세대가 등장하고 있어 이에 따른 대책이 시급합니다.

08 재직 요건은 대학 졸업 이상 학력으로 제조업 분야 회계 업무 관리 경력이 3년 이상이어야 합니다.

09 저는 지난주 상하이로 전근을 가게 된 김 부장님의 후임입니다. 앞으로 잘 부탁드리겠습니다.

10 저는 회사에서 직무태만으로 감봉 2개월의 징계 처분을 받았습니다.

[심화]
11 업적 고과는 주기적으로 직원의 업무 태도를 검토 및 평가하는 관리 시스템으로 주요 관리자 및 관계자가 직원의 업무에 대해 체계적으로 평가하는 것을 말합니다.

[심화]
12 인사부는 업무의 필요에 따라 임직원에 대해 채용, 이동, 고과, 징벌, 배치 등을 합니다.

[심화]
13 인사부는 노동에 의한 분배라는 원칙에 따라 직원의 급여 결정, 진급 및 각종 후생 복지에 관한 업무를 합니다.

[심화]
14 성과 연봉제는 기업 내부 다양한 직책의 근무 책임, 근무 강도, 근무 조건 및 근무 능력에 대해 종합적으로 평가를 내린 후, 직급별 급여의 등급과 기준을 정하는 것입니다.

심화

15 면접을 볼 때 적절한 복장은 자신의 부족함을 보완할 수 있을 뿐만 아니라 개인의 독특한 개성을 나타내어 돋보이게 할 수 있습니다.

심화

16 고과를 통해서 직원들의 우열과 장단점을 전체적으로 이해할 수 있을 뿐만 아니라, 노동에 의한 분배라는 원칙에 따른 믿을 수 있는 근거를 제공합니다.

모범 답안

01 我在计算机领域有十年以上的工作经验，并执行过多次大规模的项目。
02 我在纽约分公司工作了两年，并积累了很多宝贵的经验。
03 我在IT公司当实习生有一年了。
04 我们公司正在招聘在软件开发领域有能力和热情的人才。
05 对我们公司有兴趣的可以登录招聘主页，年薪可根据履历另议。
06 我们公司需要人品和知识兼备的员工。
07 最近随着青年失业率的升高，出现了三抛世代，对此需要紧急的对策。
08 任职要求为大学本科以上学历，三年以上制造行业会计的工作经验。
09 我是来继任上周被调到上海的金经理的，以后请大家多多关照。
10 我在公司因玩忽职守受到了减薪两个月的处分。
11 业绩考核是一种周期性检讨与评估员工工作表现的管理系统，是指主管或相关人员对员工的工作做系统的评价。
12 人事部按照工作需要，对工作人员进行录用、调配、考核、奖惩、安置等。
13 人事部根据按劳分配的原则，做好工作人员的工资定级、升级和各种保险福利工作。
14 岗薪制是在对企业内部不同岗位的劳动责任、劳动强度、劳动条件和劳动技能进行综合评价的基础上，确定岗位工资档次和标准。
15 面试时，恰当的着装能够弥补自身条件的某些不足，树立起自己的独特气质，使你脱颖而出。
16 通过考核，全面了解工作人员的优劣短长，实行按劳分配原则提供可靠的依据。

4 STEP 관련 어휘 및 표현 총정리

주제와 관련된 주요 중국어 표현을 한눈에 훑어보며 한중 통번역 실력을 보강해 봅시다.

聘请	pìnqǐng	동 초빙하다, 모시다
聘任(=聘用)	pìnrèn(=pìnyòng)	동 초빙하여 임용하다
求职	qiúzhí	동 구직하다
招聘	zhāopìn	모집하다, 채용하다
应聘	yìngpìn	동 초빙에 응하다, 지원하다
最低学历	zuìdīxuélì	최저 학력
专科以上的学历	zhuānkēyǐshàngdexuélì	전문대 이상의 학력
年薪	niánxīn	명 연봉
另议(=面议)	lìngyì(=miànyì)	동 따로 의논하다
最低工资	zuìdīgōngzī	명 최저 임금
年薪制	niánxīnzhì	연봉제
月薪制	yuèxīnzhì	월급제
岗薪制	gǎngxīnzhì	성과 연봉제
按劳分配原则	ànláofēnpèiyuánzé	노동에 의한 분배 원칙
补贴	bǔtiē	명 보조금, 수당
奖金	jiǎngjīn	명 상금, 보너스
业绩提成	yèjìtíchéng	업무 성과금
效益分红	xiàoyìfēnhóng	기업 수익 배당
新职员(=新手)	xīnzhíyuán(=xīnshǒu)	신입 사원, 신참
退休	tuìxiū	동 퇴직하다
辞职	cízhí	동 사직하다, 직장을 그만두다
开除	kāichú	동 해고하다, 자르다
岗位	gǎngwèi	명 직장, 부서
工薪阶层	gōngxīnjiēcéng	명 샐러리맨 계층
工时	gōngshí	명 작업 시간, 근무 시간
兼职	jiānzhí	동 겸직하다
钟点工(=兼职、打工)	zhōngdiǎngōng(=jiānzhí, dǎgōng)	아르바이트
实习生	shíxíshēng	명 실습생

이력서 및 자기소개서

 알짜배기 문장으로 통번역 준비 운동!

주제별 핵심 구문 및 어휘를 학습한 뒤 문장의 빈칸에 알맞은 어휘를 채우며 몸을 가볍게 풀어 봅시다.

- 毕业于……, 获得……学位 ～을 졸업하여, ～학위를 받다 예 本人毕业于交通大学中文系, 获得现代文学专业学士学位。
- 就读于…… ～학교에 다니다 예 就读于上海师范大学国际贸易专业。
- 主修……, 辅修…… ～을 전공하고, ～을 부전공하다 예 本人主修英语, 辅修汉语。
- 具有/具备能力 능력을 갖추다 예 本人具有说两种外语的能力。
- 获得……奖 ～상을 받다 예 因学习成绩优秀而获得了成绩优秀奖。
- 兼职 겸직하다, 겸직 예 我曾在学校兼职一年。
- 曾担任……, 现在担任…… 이전에 ～을 맡았고, 현재는 ～을 맡다 예 曾在上海分公司担任主任, 现在总公司担任主管。
- 希望成为…… ～가 되고 싶다 예 我希望自己能成为一名优秀的外交官。
- 自认为…… 스스로 ～다고 여기다 예 我自认为我的综合素质良好。
- 欲申请……一职 ～직무에 지원하고자 하다 예 我从新闻上看到贵公司的招聘信息, 欲申请软件工程师一职。
- 熟练…… 능숙하다, 숙련되어 있다 예 我熟练用C语言编程序。
- 乐于…… 기꺼이 ～을 하다 예 本人乐于听取别人的意见。

01 저는 베이징 대학교 공상관리 학과를 졸업하고, 온라인 마케팅 전공으로 석사 학위를 취득하였습니다.

本人_____北京大学工商管理系, _____网络销售专业_____。

02 저는 베이징 대학교 외국어 학과를 졸업했습니다. 주전공은 영어이고 한국어를 부전공하였습니다.

本人毕业于北京大学外文系, _____英语, _____韩语。

03 영어 고급 회화 및 독해 능력을 갖추고 있고, 일본어는 일반 회화가 가능합니다.

_____英语高级会话及阅读_____, 且可以用日语进行一般会话。

04 업무 성과가 우수하여 우수직원상을 수상하였습니다.

因工作成绩出色而_____优秀职工_____。

05 베이징 의류회사 판매부에서 파트타임으로 2년간 근무하였고, 현재는 상하이 의류회사 구매부로 옮겨서 일하고 있습니다.

在北京服装公司销售部_____，现在跳槽到了上海服装公司的采购部。

06 상하이자동차 시스템 관리부 팀장을 역임하였으며, 현재는 중국은행 컴퓨터 관리팀 팀장을 맡고 있습니다.

_____在上海汽车公司系统管理部_____主管，现在在中国银行计算机管理组担任主管。

07 저는 명랑하고 활달한 성격으로, 힘든 일을 잘 참고 견디며, 의지가 강한 사람입니다.

我是一个_____、_____、意志力强的人。

08 저는 뛰어난 마케팅 전문가가 되고 싶습니다.

我_____自己能_____一名出色的营销专家。

09 저는 제 자신이 종합적인 소양을 잘 갖추고 있으며 인성과 품행이 바르고 의사소통 능력이 뛰어나다고 생각합니다.

我自认为我的_____良好，_____上佳，_____较强。

10 저는 영어를 유창하게 구사할 수 있고 조직력이 뛰어난 편입니다.

我能够说_____，而且具有较强的_____。

11 저는 상사가 지시하는 다양한 업무를 훌륭하게 해낼 수 있다고 자부합니다.

我_____上级交给我的各项工作。

12 저는 인터넷에서 귀사의 채용 공고를 보고 외국 무역 담당자에 지원하고자 합니다.

我从网上看到贵公司的招聘信息，_____外贸业务员_____。

정답 확인

01	毕业于 ‖ 获得 ‖ 硕士学位	07	开朗活泼 ‖ 吃苦耐劳
02	主修 ‖ 辅修	08	希望 ‖ 成为
03	具有 ‖ 能力	09	综合素质 ‖ 品性道德 ‖ 沟通能力
04	荣获了 ‖ 奖	10	一口流利的英语 ‖ 组织能力
05	兼职两年	11	自信能够很好地完成
06	曾 ‖ 担任	12	欲申请 ‖ 一职

2 STEP 비즈니스 한중 통번역 연습하기

앞서 배운 문장을 바탕으로 하단에 제시된 어휘를 참고하여 통번역해 봅시다.

01 저는 베이징 대학교 공상관리 학과를 졸업하고, 온라인 마케팅 전공으로 석사 학위를 취득하였습니다.

> 本人毕业于北京大学工商管理系，获得网络销售专业硕士学位。

➡

毕业于 bìyèyú ~를 졸업하다 | 工商管理 gōngshāngguǎnlǐ 명 공상관리 | 系 xì 명 학과 | 获得 huòdé 통 얻다, 취득하다 | 硕士学位 shuòshìxuéwèi 석사 학위

02 저는 베이징 대학교 외국어 학과를 졸업하였습니다. 주전공은 영어이고 한국어가 부전공입니다.

> 本人毕业于北京大学外文系，主修英语，副修韩语。

➡

外文系 wàiwénxì 외국어 학과 | 主修 zhǔxiū 통 전공하다 | 副修 fùxiū 통 부전공하다

03 영어 고급 회화 및 독해 능력을 갖추고 있고, 일본어는 일반 회화가 가능합니다.

> 具有英语高级会话及阅读能力，且可以用日语进行一般会话。

➡

高级 gāojí 형 고급인, 상급인 | 阅读 yuèdú 통 읽다, 열독하다

04 업무 성과가 우수하여 우수직원상을 수상하였습니다.

> 因工作成绩出色而荣获优秀职工奖。

➡

工作成绩 gōngzuòchéngjì 업무 성과 | 出色 chūsè 형 대단히 뛰어나다, 훌륭하다 | 荣获 rónghuò 통 영예롭게 ~을 획득하다 | 优秀 yōuxiù 형 (품행이나 학업·성적 등이) 뛰어나다, 우수하다

05 베이징 의류회사 판매부에서 파트타임으로 2년간 근무하였고, 현재는 상하이 의류회사 구매부로 옮겨서 일하고 있습니다.

在北京服装公司销售部兼职两年，现在跳遭到了上海服装公司的采购部。

➡ _____

服装公司 fúzhuāng gōngsī 의류회사 | 兼职 jiānzhí 통 겸직하다 명 겸직, 임시직 | 跳槽 tiàocáo 통 다른 부서로 옮기다, 직업을 바꾸다 | 采购部 cǎigòubù 구매부

06 상하이자동차 시스템 관리부서 팀장을 역임하였으며, 현재는 중국은행 컴퓨터 관리팀 팀장을 맡고 있습니다.

曾在上海汽车公司系统管理部担任主管，现在在中国银行计算机管理组担任主管。

➡ _____

曾 céng 부 일찍이, 이미 | 系统管理部 xìtǒngguǎnlǐbù 시스템 관리부 | 担任 dānrèn 통 맡다, 담당하다 | 主管 zhǔguǎn 명 주관자, 팀장

07 저는 명랑하고 활달한 성격으로 힘든 일을 잘 참고 견디며 의지가 강한 사람입니다. 또한 협동 능력이 강하고 대인관계가 좋은 편이며, 특히 상하 관계를 잘 맺습니다.

我是一个开朗活泼、吃苦耐劳、意志力强的人。并且具有很强的协调能力，良好的人际关系，能够搞好上下级关系。

➡ _____

开朗 kāilǎng 형 명랑하다, 활달하다 | 活泼 huópō 형 활발하다, 생동감이 있다 | 吃苦耐劳 chīkǔnàiláo 성 고통과 어려움을 참고 견디다 | 协调 xiétiáo 통 어울리게 하다, 조화롭게 하다 | 人际关系 rénjìguānxì 대인관계 | 搞关系 gǎoguānxì 통 관계를 맺다, 친분을 쌓다

08 저는 뛰어난 마케팅 전문가가 되고 싶습니다. 이건 제 인생의 꿈이며, 저의 변하지 않는 목표이기도 합니다.

我希望自己能成为一名出色的营销专家，这是我的人生梦想，也是我不变的追求目标。

➡ _____

成为 chéngwéi 통 ~이 되다 | 专家 zhuānjiā 명 전문가 | 梦想 mèngxiǎng 명 꿈 | 追求 zhuīqiú 통 추구하다

09 취미 및 특기 : 2009년 부산시 체육대회 여자 100미터 수영 자유형에서 2등을 하였습니다.

爱好及特长：2009年获得釜山市运动会女子组100米自由泳第二名。

➡ _____

_____

爱好 àihào 명 취미 | **特长** tècháng 명 특기, 장점 | **釜山** Fǔshān 명 부산 | **米** mǐ 양 미터(meter) | **自由泳** zìyóuyǒng 명 (수영의) 자유형 | **名** míng 양 석차를 나타냄

10 저는 중국어를 유창하게 구사할 수 있고 조직력이 뛰어난 편입니다. 재학 기간 동안 여러 번 학교의 단체 활동을 조직하여, 선생님과 학우들의 호평을 받았습니다.

我能够说一口流利的汉语，而且具有较强的组织能力。在校期间多次组织学校的集体活动，得到了老师和同学们的好评。

➡ _____

_____

流利 liúlì 형 유창하다, 막힘이 없다 | **组织能力** zǔzhīnénglì 조직력 | **集体活动** jítǐhuódòng 단체 활동 | **好评** hǎopíng 명 좋은 평판, 호평

11 저는 성격이 유머러스하고 사람들에게 친절하며, 업무에 대해 책임감이 강하고, 팀워크와 의사소통 능력을 갖추고 있습니다.

本人性格幽默，待人热情，对工作认真负责，具备团队协作和沟通能力。

➡ _____

_____

幽默 yōumò 형 유머러스한 | **待人** dàirén 동 사람을 대접하다 | **团队协作** tuánduìxiézuò 팀워크 | **沟通能力** gōutōngnénglì 의사소통 능력

12 중국어에 능통하여 HSK 6급 증서를 취득하였고, 영어와 일본어의 기본적인 독해 능력을 갖추었으며, 기본적인 컴퓨터 프로그램을 능숙하게 사용할 수 있습니다.

精通汉语，获得HSK六级证书，并具有英语和日语基本阅读能力，熟练使用各种电脑程序。

➡ _____

_____

精通 jīngtōng 동 정통하다, 통달하다 | **熟练** shúliàn 형 능숙하다, 숙련되어 있다 | **程序** chéngxù 명 프로그램

13 저는 배우는 것을 좋아하고 부지런하며 취미가 다양하고 적응력이 뛰어납니다.

> 我乐于学习，勤奋务实，兴趣广泛，适应力强。

➡ _____

乐于 lèyú 동 기꺼이 (어떤 일을) 하다 | 勤奋 qínfèn 형 부지런하다, 열심히 하다 | 务实 wùshí 형 실무적인, 실속 있는 | 广泛 guǎngfàn 형 광범위하다, 폭넓다 | 适应力 shìyìnglì 명 적응력

14 저는 일에 대한 열정이 있고 업무처리가 꼼꼼하며 책임감이 강합니다. 그 밖에 발표력과 의사소통 능력이 뛰어난 편이며 대인관계가 좋습니다.

> 本人事业心强，工作严谨细致，有责任感。还具有较强的口头表达能力和人际沟通能力，能与他人和睦相处。

➡ _____

事业心 shìyèxīn 명 사업에 대한 의욕 | 严谨 yánjǐn 형 엄격하다, 빈틈없다 | 细致 xìzhì 형 세밀하다, 꼼꼼하다 | 责任感 zérèngǎn 명 책임감 | 口头 kǒutóu 형 구두로 표현하다, 말로 나타내다 | 和睦相处 hémùxiāngchǔ 화목하게 함께 지내다

15 저는 종합적인 소양을 잘 갖추고 있으며 인성과 품행이 바르고 소통 능력이 뛰어나다고 생각합니다. 그리고 생활에 희망이 넘치고, 일에는 열정이 넘칩니다.

> 我自认为我的综合素质良好，品性道德上佳，沟通能力较强，对生活充满希望，对工作充满热情。

➡ _____

认为 rènwéi 동 여기다, 생각하다 | 素质 sùzhì 명 소양, 자질 | 良好 liánghǎo 형 좋다, 양호하다 | 上佳 shàngjiā 형 매우 좋은, 우수한 | 充满 chōngmǎn 동 충만하다, 넘치다 | 热情 rèqíng 형 열정적이다, 친절하다

3 STEP 비즈니스 한중 통번역 실전 트레이닝

다양한 난이도의 문장들을 통번역해 보며 실력을 한 단계 높여 보도록 합시다.

01 저는 한국 대학교 컴퓨터 공학과를 졸업하고, 컴퓨터 소프트웨어 전공으로 석사 학위를 취득하였습니다.

02 저는 한국 대학교 외국어 학과를 졸업하였습니다. 주전공은 영어이고 한국어가 부전공입니다.

03 저는 영어 고급 회화 및 독해 능력을 갖추고 있습니다.

04 저는 현재 중국은행 컴퓨터 관리팀 팀장을 맡고 있습니다.

05 저는 명랑하고 활달한 성격으로 힘든 일을 잘 참고 견디며 의지가 강한 사람입니다.

06 저는 중국어를 유창하게 구사할 수 있고 조직력이 뛰어난 편입니다.

07 저는 사람들에게 친절하며 업무에 대해 책임감이 강하고, 팀워크와 의사소통 능력을 갖추고 있습니다.

08 저는 일에 대한 열정이 있고 업무처리가 꼼꼼하고 책임감이 강하며, 그 밖에 대인관계가 좋은 편입니다.
___
___

09 저는 종합적인 소양을 잘 갖추고 있으며 인성과 품행이 바르고 의사소통 능력이 뛰어나다고 생각합니다.
___
___

10 업무 성과가 우수하여 우수직원상을 수상하였습니다.
___
___

[심화]
11 저는 배우려는 열정이 있어서 해보지 않은 일도 빠르게 배울 수 있습니다. 또 성실하고 정직하며 숨김이 없는 성격입니다.
___
___

[심화]
12 이력서를 쓸 때 개인 이력에서 언급한 실적과 능력을 증명하는 자료를 최대한 제공하여 첨부 문서로 이력서 뒷면에 덧붙여야 합니다.
___
___

[심화]
13 사람의 이목을 끄는 이력서는 면접의 기회를 얻는 수단이기 때문에 어떻게 하면 '감동적인' 이력서를 쓰느냐가 구직자들에게 중요한 일이 되었습니다.
___
___

[심화]
14 구직서는 종종 최초의 왕래이기 때문에 지원하는 회사 관계자의 성명을 꼭 알 필요는 없습니다. 따라서 구직서상에서는 바로 직함을 부르면 됩니다.
___
___

심화	
15	저는 적응력이 뛰어나고 책임감이 강하며 팀워크가 좋습니다.

심화	
16	학력 : 상해사범대학 국제무역 전공으로 경제학 학사 학위를 취득했으며 재학 기간 중 외국 유학생 장학금 A를 받았습니다.

모범 답안

01 本人毕业于韩国大学计算机工程系，获得计算机软件专业硕士学位。

02 本人毕业于韩国大学外文系，主修英语，副修韩语。

03 本人具有英语高级会话及阅读能力。

04 我现在在中国银行计算机管理组担任主管。

05 我是一个开朗活泼、吃苦耐劳、意志力强的人。

06 我能够说一口流利的汉语，而且具有较强的组织能力。

07 本人待人热情，对工作认真负责，具备团队协作和沟通能力。

08 本人事业心强，工作严谨细致，有责任感，还能与他人和睦相处。

09 我自认为我的综合素质良好，品性道德上佳，沟通能力较强。

10 因工作成绩出色而荣获优秀职工奖。

11 本人有好学精神，没有干过的能很快学会，并显得诚实诚恳，不撒谎、不掩饰。

12 写简历时，要尽量提供个人简历中提到的业绩和能力的证明资料，并作为附件附在个人简历后面。

13 一份吸引人的简历，是获取面试机会的敲门砖。所以怎样写一份"动人"的简历，成了求职者首要的工作。

14 求职信往往是首次交往，未必对用人单位有关人员的姓名熟悉，所以在求职信件中可以直接称职务头衔等。

15 本人适应性强，责任心强，并具有良好的团队精神。

16 教育背景：就读于上海师范大学国际贸易专业，获得经济学学士学位，在校期间获得一次A类外国留学生奖学金。

4 STEP 관련 어휘 및 표현 총정리

주제와 관련된 주요 중국어 표현을 한눈에 훑어보며 한중 통번역 실력을 보강해 봅시다.

简历	jiǎnlì	몡	이력서
毕业院校	bìyèyuànxiào		출신 학교
学历(=教育背景)	xuélì(=jiàoyùbèijǐng)	몡	학력
应届毕业生	yīngjièbìyèshēng		금년 졸업생
本科	běnkē	몡	학부
大学专科学历(=大专学历)	dàxuézhuānkēxuélì(=dàzhuānxuélì)		전문대 졸업
工作经历	gōngzuòjīnglì		근무 경력
特长	tècháng	몡	특기, 장점
自我评价	zìwǒpíngjià	몡	자기 평가
托业考试	tuōyèkǎoshì		토익(TOEIC)
托福考试	tuōfúkǎoshì		토플(TOEFL)
履历	lǚlì	몡	이력, 이력서
国家职业资格证	guójiāzhíyèzīgézhèng		국가 직업 자격증
高薪跳槽	gāoxīntiàocáo	몡	높은 급여를 위해 직장을 옮기는 현상
形象气质佳	xíngxiàngqìzhìjiā		이미지가 좋다
相貌端正	xiàngmàoduānzhèng		용모가 단정하다
富有激情	fùyǒujīqíng		열정이 가득하다, 매우 열정적이다
思维敏捷	sīwéimǐnjié		사고가 민첩하다, 사고가 유연하다
应变能力	yìngbiànnénglì		임기응변 능력
口齿伶俐	kǒuchǐlínglì		말솜씨가 유창하다, 말주변이 좋다
品行良好	pǐnxíngliánghǎo		품행이 좋다
事业心强	shìyèxīnqiáng		진취적이다, 사업 의지가 강하다
办事沉稳	bànshìchénwěn		일처리를 침착하고 신중하게 하다
团队精神	tuánduìjīngshén	몡	팀워크

 쪽지 및 공지 작성

STEP 1 알짜배기 문장으로 통번역 준비 운동!

주제별 핵심 구문 및 어휘를 학습한 뒤 문장의 빈칸에 알맞은 어휘를 채우며 몸을 가볍게 풀어 봅시다.

- 因…… ~때문에 예 因个人原因，我不能参加会议了。
- 特此告知 이에 특별히 알려드리다 예 特此告知，贵方1月15日的来函收悉。
- 附上 함께 동봉하여 보내다 예 随函附上医生诊断证明。
- 留言 말을 남기다, 쪽지를 남기다. 예 您不在所以给您留言了。
- 在……遗失了 ~에서 잃어버렸다 예 本人3月27日在女士洗手间内遗失了一个钱包。
- 拾到者 주운 사람, 습득한 사람 예 拾到者，请打电话通知本人。
- 前来认领 와서 찾아가다 예 请失主前来认领。
- 请假 (휴가, 조퇴 등의 허락을) 신청하다 예 因健康原因，特请假一天。
- 批准 비준하다, 허가하다 예 请予以批准。
- 致以…… ~을 나타내다 예 平常承蒙各位的关照，对此致以深深的谢意。
- 为……，进行…… ~을 위해서 ~을 진행하다 예 为保障供水安全，对供水管道进行维修。
- 等…… ~을 기다리다 예 等你的回音。

01 개인적인 사정으로 오늘 오후에 있는 스터디 활동에 참가할 수 없게 되었습니다. 양해해 주시길 바랍니다.

_____，我不能参加今天下午的学习活动了。_____。

02 어제 병원에서 진찰을 받으니 의사 말에는 독감이라 2일간 집에서 쉬어야 한다고 합니다.

我昨天去医院看病，医生诊断是重感冒，_____。

03 이에 알려드리며, 허락해 주시기를 바랍니다. 의사 진단서를 첨부합니다.

_____，并希望得到您的批准。_____医生诊断证明。

04 이 근처에 볼일이 있어서 왔다가 들렀는데 부재중이셔서 메모 남깁니다.

我在附近办事_____，您不在，所以给您_____了。

05 9월 29일부터 10월 5일까지 추석 연휴 기간이어서, 저희 회사는 잠시 영업을 중지하고 7일간 쉽니다.

自9月29日至10月5日即中秋节期间，我们公司将_____，休假七天。

06 저는 7월 30일 오후 3시경 태평양 백화점 5층 남자 화장실에서 검은색 서류 가방을 분실하였습니다.

本人7月30日下午3点钟左右，在太平洋百货商场的5楼男士洗手间内，_____。

07 습득하신 분은 501호로 갖다 주시거나 전화 주시면 찾으러 가겠습니다. 대단히 감사합니다.

拾到者，请交到501号或_____本人_____，不胜感谢。

08 저는 학교 정문에서 지갑 하나를 주웠습니다. 분실하신 분은 와서 찾아가십시오.

我在学校大门_____，请失主前来认领。

09 본 점포는 7월 20일에 아래의 장소로 이전합니다.

本店将于7月20日_____下列地点。

10 수도관 공사로 12월 5일 13시부터 17시까지 본 건물의 수도 공급이 중단됩니다.

_____，12月5日13点至17点本楼停水。

11 어머니께서 갑자기 심장병이 발병하시어 위독한 상황입니다. 병원에서 어머니를 간호해야 하기 때문에 3일간 휴가를 신청하오니 승인해 주시기 바랍니다.

我母亲突发心脏病，情况危急。我需要在医院护理母亲，暂_____。

12 관리 사무소 직원이 지갑 하나를 주웠으니 관리 사무소에 오셔서 수령해 가시기 바랍니다.

物业公司员工拾到钱包一个，_____物业公司_____。

정답 확인

01	因为个人原因 ‖ 请谅解	07	打电话通知 ‖ 前去认领
02	需要在家休息两天	08	拾到一个钱包
03	特此向您告知 ‖ 附上	09	迁移至
04	顺便过来 ‖ 留言	10	因供水管道施工
05	暂停营业	11	请事假三天，请予以批准
06	遗失了一个黑色文件包	12	请您前来 ‖ 认领

2 STEP 비즈니스 한중 통번역 연습하기

앞서 배운 문장을 바탕으로 하단에 제시된 어휘를 참고하여 통번역해 봅시다.

01 제 중국 친구가 오늘 오후 서울에 도착해서 공항에 마중 나가야 합니다. 그래서 오후의 스터디 활동에 참가할 수 없게 되었습니다. 양해해 주시길 바랍니다.

> 我的一位中国朋友今天下午到首尔，我要到机场去接他。所以我不能参加今天下午的学习活动了。请谅解。

➡

接 jiē 통 맞이하다, 마중하다 | 参加 cānjiā 통 참가하다 | 谅解 liàngjiě 통 양해하다, 이해하여 주다

02 어제 병원에서 진찰을 받으니 의사 말에는 독감이라 2일간 집에서 쉬어야 한다고 합니다. 이에 알려드리며, 허가해 주시기 바랍니다. 의사 진단서를 첨부합니다.

> 我昨天去医院看病，医生诊断是重感冒，需要在家休息两天。特此向您告知，并希望得到您的批准。附上医生诊断证明。

➡

看病 kànbìng 통 진찰하다, 진료하다 | 诊断 zhěnduàn 통 진단하다 | 重感冒 zhònggǎnmào 악성 감기, 독감 | 告知 gàozhī 통 알리다, 고지하다 | 批准 pīzhǔn 통 비준하다, 허가하다 | 附上 fùshàng 통 함께 동봉하여 보내다, 첨부하다

03 저는 내일 중국 예술품 전시회에 가려고 하는데, 만약 갈 수 있으시면 저에게 전화주세요. 회신 기다리겠습니다.

> 我想明天去参观中国艺术精品展览会，如果你能来，请给我打个电话。等你的回音。

➡

艺术精品 yìshùjīngpǐn 우수한 예술 작품 | 回音 huíyīn 명 회신, 답장

04 안녕하세요. 이 근처에 볼일이 있어서 왔다가 들렀는데 부재중이셔서 메모 남깁니다. 다음에 다시 연락드리겠습니다. 즐거운 하루 되십시오.

> 你好，我在附近办事顺便过来，您不在，所以给您留言了，下次再联系您，祝您度过愉快的一天。

➡ _____

办事 bànshì 图 일을 처리하다, 일을 보다 | 顺便 shùnbiàn 튄 ~하는 김에 | 留言 liúyán 图 말을 남기다, 메모를 남기다 | 度过 dùguò 图 (시간을) 보내다, 지내다

05 9월 29일부터 10월 5일까지 추석 연휴 기간이어서, 저희 회사는 잠시 영업을 중지하고 7일간 쉽니다. 10월 6일부터 영업을 시작합니다. 이에 특별히 알려드립니다.

自今年9月29日至10月5日中秋节期间，我们公司将暂停营业，休假七天。10月6日起将开始恢复营业。特此通知。

➡ _____

中秋节 zhōngqiūjié 図 한가위, 추석 | 暂停 zàntíng 图 잠시 중지하다, 잠시 멈추다 | 营业 yíngyè 图 영업하다 | 休假 xiūjià 图 쉬다, 휴가를 보내다 | 恢复 huīfù 图 회복하다, 회복시키다 | 通知 tōngzhī 图 통지하다, 알리다

06 저의 부주의로 9월 10일 오후에 열쇠를 잃어버렸습니다. 열쇠고리에는 십자수가 있습니다. 습득하신 분은 501호로 갖다주시거나 전화를 주시면 찾으러 가겠습니다. 대단히 감사합니다.

本人不慎于9月10日下午丢失钥匙一串。钥匙圈上有一个十字绣。拾到者，请交到501号或打电话通知本人前去认领，不胜感谢。

➡ _____

不慎 búshèn 園 부주의하다, 조심하지 않다 | 丢失 diūshī 图 잃다, 분실하다 | 钥匙 yàoshi 図 열쇠 | 十字绣 shízìxiù 십자수 | 拾 shí 图 줍다, 집다 | 者 zhě 団 자, 것 | 认领 rènlǐng 图 확인하고 인수하다, 찾아가다 | 不胜 búshèng 图 감당할 수 없다, 참을 수 없다

07 저는 학교 정문에서 지갑 하나를 주웠습니다. 안에는 신용카드와 현금이 약간 들어있습니다. 분실하신 분은 와서 찾아가십시오.

我在学校大门拾到一个钱包，内有信用卡，现金若干。请失主前来认领。

➡ _____

钱包 qiánbāo 図 돈지갑 | 若干 ruògān 団 약간, 조금 | 失主 shīzhǔ 図 분실자

08 안정적인 수도 공급을 위해 본사에서 수도 공급 파이프 보수 공사를 실시합니다. 공사 기간 동안 수도 공급이 중단되오니 많은 양해 바랍니다.

> 为保障供水安全，本公司需要对供水管道进行维修，施工期间需停水作业，请谅解。

➡

保障 bǎozhàng 동 보장하다, 확보하다 | 供水 gōngshuǐ 동 급수하다 | 管道 guǎndào 명 파이프라인, 수송관로 | 维修 wéixiū 동 수리하다, 보수하다 | 施工 shīgōng 동 시공하다, 공사하다 | 停水 tíngshuǐ 동 (수돗물을) 단수하다

09 여름휴가로 인해 7월 25일부터 7월 29일까지 영업을 쉽니다.

> 因暑期休假7月25日到7月29日停止营业。

➡

暑期休假 shǔqīxiūjià 여름휴가

10 수도관 공사로 12월 5일 13시부터 17시까지 본 건물의 수도 공급이 중단됩니다. 물을 사용하실 분은 미리 비축해 두시길 바랍니다.

> 因供水管道施工，12月5日13点至17点本楼停水。请用水户做好蓄水准备。

➡

蓄水 xùshuǐ 동 물을 저장하다, 물을 비축하다 | 做好准备 zuòhǎozhǔnbèi 준비를 잘하다

11 정기 안전 점검으로 15시부터 18시까지 엘리베이터 운행을 중지합니다. 이용에 불편을 드려 대단히 죄송합니다.

> 因定期安全检查，15点到18点电梯停止运营，给您带来不便非常抱歉。

➡

定期 dìngqī 형 정기의, 정기적인 | 电梯 diàntī 명 엘리베이터 | 停止 tíngzhǐ 동 멈추다, 정지하다 | 不便 búbiàn 형 불편하다

12 함께 일할 아르바이트 직원을 모집합니다. 관심 있으신 분은 아래 연락처로 전화 주시기 바랍니다.

> 招聘一起工作的兼职，如果感兴趣，请打下面的电话。

➡ _____

招聘 zhāopìn 〔동〕 모집하다, 채용하다 | 兼职 jiānzhí 〔동〕 겸직하다 〔명〕 겸직, 임시직

13 가게 이전 안내 : 평소 관심을 보내주셔서 깊이 감사드립니다. 본 점포는 7월 20일에 아래의 지역으로 이전하게 되었습니다. 이후에도 저희 가게에 지속적인 지지와 관심 부탁드립니다. 귀하의 방문을 기대하겠습니다.

> 店铺迁移通知：平常承蒙各位的关照，对此致以深深的谢意。本店将于7月20日迁移至下列地点。今后希望各位继续给予本店支持与爱护。诚信期盼，各位的大驾光临。

➡ _____

店铺 diànpù 〔명〕 상점, 가게 | 迁移 qiānyí 〔동〕 이사하다, 이전하다 | 承蒙 chéngméng 〔동〕 (보살핌을) 받다, 입다 | 致以 zhìyǐ 〔동〕 (상대방에게) ~를 나타내다 | 继续 jìxù 〔동〕 계속하다, 끊임없이 하다 | 给予 jǐyǔ 〔동〕 주다, 부여하다 | 支持 zhīchí 〔동〕 지지하다, 견디다 | 期盼 qīpàn 〔동〕 기대하다, 바라다 | 诚信 chéngxìn 〔형〕 성실하다, 신용을 지키다 | 大驾光临 dàjiàguānglín 귀하께서 왕림하다

14 분실물 공고 : 저는 7월 30일 오후 3시경 태평양 백화점 5층 남자 화장실에서 검은색 서류 가방을 분실하였습니다. 안에는 지갑, 여권, 계약서 1부가 들어 있습니다. 특히 계약서는 저에게 매우 중요한 서류이니 가방을 습득하신 분께서는 제게 연락 주십시오. 현금으로 사례하겠습니다. 분실자 장철(연락처 : 010-9876-5432)

> 寻物启事：本人7月30日下午3点钟左右在太平洋百货商场的5楼男士洗手间遗失了一个黑色文件包，内有钱包、护照和一份合同书。尤其是合同书，对本人来说是十分重要的文件，拾到者请与本人联系。失主愿以现金酬谢。失主 张哲（联系电话：010-9876-5432）

➡ _____

寻物启事 xúnwùqǐshì 분실물 공고 | 遗失 yíshī 〔동〕 유실하다, 분실하다 | 文件包 wénjiànbāo 서류 가방 | 合同书 hétongshū 계약서 | 尤其 yóuqí 〔부〕 더욱이, 특히 | 酬谢 chóuxiè 〔동〕 사례하다, 감사의 뜻을 전하다

3 STEP 비즈니스 한중 통번역 실전 트레이닝

다양한 난이도의 문장들을 통번역해 보며 실력을 한 단계 높여 보도록 합시다.

01 여름휴가로 7월 25일부터 7월 29일까지 영업을 쉽니다.

02 저희 회사는 잠시 영업을 중지하고, 10월 6일부터 정상 영업을 합니다. 이에 특별히 알려드립니다.

03 저의 부주의로 9월 10일 오후에 열쇠를 잃어버렸습니다.

04 습득하신 분은 전화를 주시면 찾으러 가겠습니다. 대단히 감사합니다.

05 저는 7월 30일 오후 3시 5층 남자 화장실에서 서류 가방을 분실하였습니다. 가방을 습득하신 분께서는 연락 주십시오. 현금으로 사례하겠습니다.

06 본 점포는 7월 20일 아래의 위치로 이전하게 되었습니다. 귀하의 방문을 기대하겠습니다.

07 수도 공급 파이프 보수 공사로 인해서 공사 기간 동안 수도 공급이 중단되오니 많은 양해 바랍니다.

08 저는 학교 정문에서 지갑 하나를 주웠습니다. 분실하신 분은 와서 찾아가십시오.

09 정기 안전 점검으로 15시부터 18시까지 엘리베이터 운행을 중지합니다. 이용에 불편을 드려 대단히 죄송합니다.

10 함께 일할 아르바이트 직원을 모집합니다. 관심 있으신 분은 아래 연락처로 전화 주시기 바랍니다.

[심화]
11 어젯밤 저희 어머니께서 갑자기 심장병이 발병하셔서 현재 병원에서 치료를 받고 계십니다. 제가 어머니를 간호해야 하기 때문에 3일간 휴가를 신청하오니 승인해 주시기 바랍니다.

[심화]
12 관리 사무소 직원이 지갑 하나를 주웠습니다. 만일 귀하께서 유실하셨다면 유효한 신분증을 지참하시고 관리 사무소에 오셔서 수령해 가시기 바랍니다.

[심화]
13 저희 회사는 반년 간의 준비 기간을 통해 모든 업무를 완벽하게 준비하여 5월 1일에 정식 개업합니다.

[심화]
14 직원들의 문화생활에 활력을 주기 위해 회사 노조는 5월 6일 오후 1시에 운동회를 개최합니다. 오늘부터 신청을 받습니다.

심화 15 공교롭게도 귀하께서 부재중이시군요. 편하실 때 연락 주십시오. 귀하와 만나서 이야기를 나눌 기회가 있길 바랍니다.

심화 16 출납 업무로 인해 잠시 외출합니다. 업무 처리를 하실 분들은 이곳에서 잠시만 기다려 주시기 바랍니다.

모범 답안

01 因暑期休假7月25日到7月29日停止营业。

02 我们公司将暂停营业，十月六日起将开始恢复营业，特此通知。

03 本人不慎于九月十日下午丢失钥匙一串。

04 拾到者，请打电话通知本人前去认领，不胜感谢。

05 本人7月30日下午3点钟在5楼男士洗手间内遗失了一个文件包。拾到者请与本人联系。愿以现金酬谢。

06 本店将于7月20日迁移至下列地点。诚信期盼，各位的大驾光临。

07 因供水管道维修，施工期间需停水作业，请谅解。

08 我在学校大门拾到一个钱包。请失主前来认领。

09 因定期安全检查，15点至18点电梯停止运营，给您带来不便非常抱歉。

10 招聘一起工作的兼职，如果感兴趣，请打下面的电话。

11 我母亲昨晚突发心脏病，目前在医院抢救。我需要在医院护理母亲，暂请事假三天，请予以批准。

12 物业公司员工拾到钱包一个，如果是您不慎遗失，请您持有效证件前来物业公司认领。

13 本公司经过半年的筹备，各项工作已准备妥当，定于5月1日正式开业。

14 为了活跃职工文化生活，公司工会决定于5月6日下午1点举行运动会，即日起开始报名。

15 不巧您不在。请您方便的时候联系我。希望有机会能与您面谈。

16 出纳有事外出一会儿，请要办理业务的人在此稍候。

관련 어휘 및 표현 총정리

주제와 관련된 주요 중국어 표현을 한눈에 훑어보며 한중 통번역 실력을 보강해 봅시다.

特此告知	tècǐgàozhī	이에 알려드리다
特此通知	tècǐtōngzhī	이에 알려드리다
寻物启事	xúnwùqǐshì	분실물 공고
招领启事	zhāolǐngqǐshì	분실물 습득 공고
招聘启事	zhāopìnqǐshì	구인 광고, 초빙 광고
店铺迁移通知	diànpùqiānyítōngzhī	점포 이전 안내
留言	liúyán	동 말을 남기다, 메모를 남기다
不胜感谢	bùshènggǎnxiè	대단히 감사합니다
现金酬谢	xiànjīnchóuxiè	현금으로 사례하다
必有重谢	bìyǒuzhòngxiè	반드시 사례하다
前来认领	qiánláirènlǐng	와서 찾아가다
不慎	búshèn	형 부주의하다, 조심하지 않다
转让	zhuǎnràng	동 양도하다, 넘겨주다
便条	biàntiáo	명 메모, 쪽지
短信	duǎnxìn	명 문자 메시지
请假条	qǐngjiàtiáo	명 (휴가 등의) 사유서, 결석계
托事条	tuōshìtiáo	부탁하는 쪽지
工作备忘录	gōngzuòbèiwànglù	업무 회의록
道歉声明	dàoqiànshēngmíng	사과 성명
请批准。	qǐngpīzhǔn.	허락해 주십시오.
请准假。	qǐngzhǔnjià.	휴가를 허락해 주십시오.
辞职书	cízhíshū	명 사직서
务请速速回复。	wùqǐngsùsùhuífù.	속히 답장 주십시오.
……呈	……chéng	동 드리다, 바치다
……敬上(=拜上)	……jìngshàng(=bàishàng)	삼가 올리다

블로깅

 **STEP** 알짜배기 문장으로 통번역 준비 운동!

주제별 핵심 구문 및 어휘를 학습한 뒤 문장의 빈칸에 알맞은 어휘를 채우며 몸을 가볍게 풀어 봅시다.

- 上传 업로드하다 예) 写博客是指在网络空间上传自己的想法和状况。
- 发帖 (인터넷에) 글을 올리다, 포스팅하다 예) 今天我准备发个电影评论帖。
- 写评论 리뷰를 쓰다, 댓글을 달다 예) 请写购买评论。
- 版权 저작권 예) 上传资料的时候需要注意版权问题。
- 更新 경신하다, 업데이트하다 예) 经常更新博客，能提高搜索结果中的排名。
- 查看评论 리뷰를 살펴보다 예) 最近很多人买东西之前会先通过博客查看评论。
- 屏蔽 차단하다 예) 设置防火墙，屏蔽网上垃圾信息。
- 注明出处 출처를 밝히다 예) 在网上上传信息的时候，一定要注明出处。
- 搜索榜 검색어 예) 有什么方法能让发的帖子在搜索榜排名靠前？
- 友情链接 링크 예) 与好友交换友情链接，可以获得很多访问量。
- 平台 플랫폼 예) 微博是一种分享和交流的平台。
- 输入 입력하다 예) Twitter可以输入最多140字的文字更新。

01 블로깅이란 사이버 공간에 자기의 블로그를 개설하여 자신의 생각이나 상태를 올리는 것을 말합니다.

所谓写博客是指＿＿＿＿＿＿＿＿开设自己的博客，＿＿＿＿＿＿自己的想法和状况。

02 오늘은 제가 써 본 화장품 중에서 인생템만을 모아서 포스팅해 보려고 합니다.

今天我准备＿＿＿＿个我所用过化妆品当中的人生必备款＿＿＿＿＿＿。

03 영화 포스팅 이벤트를 알려드립니다. 영화 감상평을 포스팅하면 경품을 받을 수 있습니다.

告诉大家一个＿＿＿＿＿＿＿＿＿。发影评的话可以获得奖品。

04 이 포스팅이 유익하셨다면 댓글을 달아주세요.

如果这个帖子对您有帮助，＿＿＿＿＿＿＿＿＿。

05 요즘 많은 사람들이 물건을 사기 전에 블로그를 통해서 구매평을 확인합니다.

最近很多人在买东西之前，会先通过博客_____。

06 블로그에 포스팅한 글이 명예 훼손으로 게시 중단되었습니다.

_____的文章，因为损害名誉_____。

07 블로그에 사진이나 이미지, 음악을 올릴 때는 저작권에 주의해야 합니다.

在博客上上传照片，图片和音乐的时候_____。

08 서포터즈의 주요 임무는 블로그 포스팅, UCC 제작 등 온라인 활동입니다.

_____是在博客发帖，制作UCC等在线活动。

09 파워 블로거가 되려면 방문자 수와 이웃 관리는 필수이며, 댓글 수와 클릭 수도 평균치 이상이어야 합니다.

想要成为超级博主，访问人数和邻居管理是必须的，还有_____也必须在平均以上。

10 웨이보는 한두 문장의 짧은 메시지를 이용하여 여러 사람과 소통하는 블로그입니다.

微博是_____和人沟通的博客。

11 블로그의 탄생은 우리를 인터넷 세상에서 처음으로 지식의 축적과 문화 지향성을 갖게 하였습니다.

博客的出现，使我们_____第一次有了_____和文化指向。

12 수시로 블로그를 업데이트하는 것은 독자들이 새로운 컨텐츠를 좋아하기 때문이기도 하고 검색 엔진의 선호도를 높일 수 있기 때문이기도 합니다.

时常_____不仅是因为读者喜欢新鲜的内容，还因为可以增加_____的偏好度。

정답 확인

01 在网络空间 ‖ 上传	07 要注意版权问题
02 发 ‖ 综合帖	08 支持者们的主要任务
03 电影发帖活动	09 评论数和点击数
04 请写评论	10 利用简短的一两句内容
05 查看购买评论	11 在互联网世界 ‖ 知识积累
06 在博客上上传 ‖ 被屏蔽了	12 更新博客 ‖ 搜索引擎

2 STEP 비즈니스 한중 통번역 연습하기

앞서 배운 문장을 바탕으로 하단에 제시된 어휘를 참고하여 통번역해 봅시다.

01 블로그는 자신의 관심사에 따라 자유롭게 칼럼, 일기, 기사 등을 올리는 웹사이트입니다.

> 博客是根据自己的兴趣爱好，自由地刊登专栏、日记、报道等的网站。

➡ _____

博客 bókè 명 블로그 | 根据 gēnjù 개 ~에 의거하여 | 兴趣爱好 xìngqù'àihào 취미와 애호 | 自由地 zìyóude 자유롭게 | 刊登 kāndēng 동 게재하다, 싣다 | 专栏 zhuānlán 명 (신문·잡지의) 특별란, 칼럼 | 报道 bàodào 명 보도

02 블로깅이란 사이버 공간에 자기의 블로그를 개설하여 자신의 생각이나 상태를 올리는 것을 말합니다.

> 所谓写博客是指在网络空间开设自己的博客，上传自己的想法和状况。

➡ _____

所谓 suǒwèi 형 소위, ~란 | 写博客 xiěbókè 블로그를 하다 | 网络空间 wǎngluòkōngjiān 사이버 공간 | 开设 kāishè 동 개설하다 | 上传 shàngchuán 동 업로드하다 | 状况 zhuàngkuàng 명 상황, 상태

03 오늘은 제가 써 본 화장품 중에서 인생템만을 모아서 포스팅해 보려고 합니다.

> 今天我准备发个我所用过化妆品当中的人生必备款综合帖。

➡ _____

准备 zhǔnbèi 동 준비하다 | 发帖 fātiě 글을 올리다, 포스팅하다 | 当中 dāngzhōng 명 그 가운데, 그 속에 | 人生必备款 rénshēngbìbèikuǎn 인생템, 필수적인 아이템 | 综合 zōnghé 동 종합하다, 총괄하다

04 요즘 대학생들은 블로그 포스팅 알바를 많이 합니다.

> 最近的大学生们经常做在博客发帖的兼职。

➡ _____

做兼职 zuòjiānzhí 아르바이트를 하다, 파트타임으로 일하다

05 이 포스팅이 재미있으셨다면 '좋아요'를 눌러주세요.

如果觉得这个帖子有意思，请点击"赞"。

➡

帖子 tiězi 몡 쪽지, 메모지 | 点击 diǎnjī 동 클릭하다 | 赞 zàn 인터넷 게시물의 '좋아요'

06 요즘 많은 사람들이 식당을 찾거나 물건을 사기 전에 블로그를 통해서 구매평을 확인합니다.

最近很多人要找好吃的餐厅或者买东西之前，会先通过博客查看评论。

➡

餐厅 cāntīng 몡 식당 | 查看 chákàn 동 살펴보다, 조사하다 | 评论 pínglùn 몡 평론, 댓글

07 블로그에 포스팅한 글이 명예 훼손으로 게시 중단되었습니다.

在博客上上传的文章因为损害名誉被屏蔽了。

➡

文章 wénzhāng 몡 글 | 损害名誉 sǔnhàimíngyù 명예 훼손 | 屏蔽 píngbì 동 가리다, 차단하다

08 블로그에 사진이나 이미지, 음악을 올릴 때는 저작권에 주의해야 하고, 반드시 출처를 밝혀야 합니다.

在博客上上传照片、图片和音乐的时候，要注意版权问题，一定要注明出处。

➡

注意 zhùyì 동 주의하다, 조심하다 | 版权 bǎnquán 몡 저작권 | 注明 zhùmíng 동 주를 달아 밝히다 | 出处 chūchù 몡 출처

09 서포터즈의 주요 임무는 블로그 포스팅, UCC 제작 등 온라인 활동입니다.

> 支持者们的主要任务是在博客发帖、制作UCC等在线活动。

➡ _____

支持者 zhīchízhě 지지자, 서포터 | 任务 rènwu 몡 임무 | 制作 zhìzuò 통 제작하다, 만들다 | 在线 zàixiàn 통 온라인 상태이다

10 파워 블로거 선정 기준은 무엇입니까?

> 超级博主的评选标准是什么？

➡ _____

超级博主 chāojíbózhǔ 파워 블로거 | 评选 píngxuǎn 통 (심사) 선정하다 | 标准 biāozhǔn 몡 표준, 기준

11 파워 블로거가 되려면 방문자 수와 이웃 관리는 필수이며, 댓글 수와 클릭 수도 평균치 이상이어야 합니다.

> 想要成为超级博主，访问人数和邻居管理是必须的，还有评论数和点击数也必须在平均水平以上。

➡ _____

成为 chéngwéi 통 ~이 되다, ~으로 되다 | 访问 fǎngwèn 통 방문하다 | 人数 rénshù 몡 사람 수

12 포스팅한 글이 검색어 순위 상단에 노출되게 하는 방법은 무엇입니까?

> 有什么方法能让发的帖子在搜索榜排名靠前？

➡ _____

搜索榜 sōusuǒbǎng 검색어 순위 | 排名 páimíng 통 순위를 매기다, 서열을 매기다 | 靠前 kàoqián 몡 앞자리, 상위

13 포스팅할 때 가장 중요한 것은 제목을 정하는 것입니다.

发帖时最重要的是选定题目。

➡

选定 xuǎndìng 동 선정하다

14 영화 포스팅 이벤트를 알려드립니다. 영화 감상평을 포스팅하면 경품을 받을 수 있습니다.

告诉大家一个电影发帖活动。发影评的话可以获得奖品。

➡

活动 huódòng 명 활동, 이벤트 | 影评 yǐngpíng 명 영화 평론 | 奖品 jiǎngpǐn 명 상품, 경품

15 웨이보는 한두 문장의 짧은 메시지를 이용하여 여러 사람과 소통하는 블로그이며, 수시로 업데이트를 할 수 있습니다.

微博是利用简短的一两句内容和人沟通的博客，可以随时更新。

➡

微博 wēibó 명 웨이보 | 简短 jiǎnduǎn 형 간결하다, 간단하고 짧다 | 沟通 gōutōng 동 연결하다, 소통하다 | 随时 suíshí 부 수시로, 아무 때나 | 更新 gēngxīn 동 업데이트하다, 새롭게 바꾸다

STEP 3 비즈니스 한중 통번역 실전 트레이닝

다양한 난이도의 문장들을 통번역해 보며 실력을 한 단계 높여 보도록 합시다.

01 블로깅이란 사이버 공간에 자기의 블로그를 개설하여 자기의 생각이나 상태를 올리는 것을 말합니다.
_____
_____

02 요즘 대학생들은 블로그 포스팅 알바를 많이 합니다.
_____
_____

03 블로그에 포스팅한 글이 명예 훼손으로 게시 중단되었습니다.
_____
_____

04 블로그에 사진이나 이미지, 음악을 올릴 때는 저작권에 주의해야 합니다.
_____
_____

05 포스팅한 글이 검색어 순위 상단에 노출되게 하는 방법은 무엇입니까?
_____
_____

06 영화 포스팅 이벤트를 알려드립니다. 영화 감상평을 포스팅하면 경품을 받을 수 있습니다.
_____
_____

07 웨이보는 한두 문장의 짧은 메시지를 이용하여 여러 사람과 소통하는 블로그입니다.
_____
_____

08 이 포스팅이 재미있으셨다면 '좋아요'를 눌러주세요.

09 요즘 많은 사람들이 식당을 찾거나 물건을 사기 전에 블로그를 통해서 구매평을 확인합니다.

10 파워 블로거가 되려면 댓글 수와 클릭 수가 평균치 이상이어야 합니다.

11 계속적으로 블로그를 업데이트해서 검색엔진이 신뢰하면 블로그 검색 결과에서 순위를 높일 수 있습니다.

[심화]
12 이익 동맹을 맺는 것(서로의 이익을 위해 연합하는것)은 기업이나 개인이 블로그를 성공적으로 운영하는 열쇠입니다. 이 동맹(연합)에는 현재 활동 중인 블로거, 새로운 리소스 및 업계의 영향력 있는 인물 및 고객 등이 뒤섞여 있습니다.

[심화]
13 친구와 이웃 블로그(자주 찾는 블로그)를 교환하는 것은 더 많은 직접적인 방문자 수를 얻을 수 있을 뿐만 아니라 블로그 활동 범위를 확장시킬 수도 있습니다.

[심화]
14 블로그의 매력은 상호 작용에 있는데 이것은 블로그가 지속적으로 발전하도록 하는 열쇠입니다.

심화

15 웨이보는 함께 공유하고 교류하는 플랫폼으로 시간적 효율성과 임의성을 중시합니다. 웨이보는 매시각 자신의 생각과 최신 상태를 표현할 수 있는데 반해, 블로그는 일정 기간 동안에 자신이 본 것이나 들은 것, 또는 느낀 것을 정리하는 데 좋습니다.

심화

16 트위터 이용자는 SMS, 인스턴트 메시지, 이메일, 트위터 사이트 또는 트위터 어플을 통해서 최대 140자의 문자를 업데이트할 수 있습니다.

모범 답안

01 所谓写博客是指在网络空间开设自己的博客，上传自己的想法和状况。
02 最近的大学生们经常做在博客发帖的兼职。
03 在博客上上传的文章因为损害名誉被屏蔽了。
04 在博客上上传照片、图片和音乐的时候要注意版权问题。
05 有什么方法能让发的帖子在搜索榜排名靠前？
06 告诉大家一个电影发帖活动。发影评的话可以获得奖品。
07 微博是利用简短的一两句内容和人沟通的博客。
08 如果觉得这个帖子有意思，请点击"赞"。
09 最近很多人要找好吃的饭店或者买东西之前会先通过博客查看评论。
10 想要成为超级博主，评论数和点击数必须在平均水平以上。
11 不断更新博客内容，一旦让搜索引擎信赖，便能提高博客搜索结果中的排名。
12 建立利益同盟是企业或个人成功经营博客的关键。这个同盟中混杂着现有的博客写手、新资源以及业界有影响力的人士及顾客等。
13 与好友交换友情链接，不仅可以获得很多直接的访问量，还可以扩大博客交往圈子。
14 博客的魅力在于互动，这是使博客持续发展的关键。
15 微博作为一种分享和交流平台，其更注重时效性和随意性。微博客更能表达出每时每刻的思想和最新动态，而博客则更偏重于梳理自己在一段时间内的所见、所闻、所感。
16 Twitter用户可以经由SMS、即时通信、电邮、Twitter网站或Twitter客户端软件输入最多140字的文字更新。

4 STEP 관련 어휘 및 표현 총정리

주제와 관련된 주요 중국어 표현을 한눈에 훑어보며 한중 통번역 실력을 보강해 봅시다.

博客	bókè	명 블로그
微博	wēibó	명 웨이보
上传	shàngchuán	동 업로드하다
发帖	fātiě	동 글을 올리다, 포스팅하다
赞	zàn	인터넷 게시물의 '좋아요'
踩	cǎi	인터넷 게시물의 '싫어요'
评论	pínglùn	명 평론, 댓글
恶意评论	èyìpínglùn	악성 댓글
回复	huífù	동 회신하다, 답장하다
屏蔽	píngbì	동 가리다, 차단하다
支持者	zhīchízhě	지지자, 서포터
博客博主	bókèbózhǔ	블로거
超级博主	chāojíbózhǔ	파워 블로거
评论数	pínglùnshù	댓글 수
点击数	diǎnjīshù	조회 수, 클릭 수
搜索榜	sōusuǒbǎng	검색어 순위
头像	tóuxiàng	명 프로필 사진
评分	píngfēn	명 평점, 점수
分享	fēnxiǎng	동 함께 나누다, 공유하다
收藏	shōucáng	저장하다, 즐겨찾기, 찜하기
网络	wǎngluò	명 네트워크, 인터넷
网站	wǎngzhàn	명 웹사이트
网页	wǎngyè	명 인터넷 홈페이지
网址	wǎngzhǐ	명 웹사이트 주소
网民	wǎngmín	명 네티즌

 출장 및 산업 현장 시찰

 알짜배기 문장으로 통번역 준비 운동!

주제별 핵심 구문 및 어휘를 학습한 뒤 문장의 빈칸에 알맞은 어휘를 채우며 몸을 가볍게 풀어 봅시다.

- 去……出差　~에 출장가다　예 我去中国出差4天。
- 访问　방문하다　예 我们访问上海商城, 将对韩中贸易交流进行洽谈。
- 视察　시찰하다　예 这次访问期间包括视察产业园区的日程。
- 为了……　~을 위해서　예 为了加强员工的团结精神, 我们准备去商务考察。
- 涉及　관련되다, 미치다, 포함하고 있다　예 出国的商务考察, 涉及事项众多。
- 安排日程　스케줄을 짜다　예 企划室正在安排这次海外出差的日程。
- 报销　(사용 경비를) 청구하다, 정산하다　예 出差费可以凭发票报销。
- 报　보고하다　예 每天至少应向部门主管报一次工作。
- 事先　사전에, 미리　예 出差前秘书室事先订好了机票和酒店。
- 日程紧张　일정이 빠듯하다　예 这次视察海外产业现场的日程很紧张, 所以没有悠闲的旅游时间。
- 保持联系　계속 연락하다　예 出差途中, 应该保持与公司的联系。

01 저는 5월 20일에 열흘간 유럽 출장을 갈 예정입니다.

我5月20号要_____欧洲_____。

02 제가 출장 중일 때 모든 전화를 비서실로 돌려주시기 바랍니다.

在我出差期间，请把所有电话_____。

03 해외 출장 기간 동안 로밍이 되니 만약 급한 용무가 있으시면 전화 주십시오.

海外出差期间_____，如果有急事请打电话。

04 이번 출장에는 중국의 주요 자동차 공장 시찰 일정이 포함되어 있습니다.

这次出差包含_____的日程。

05 다음 주에 중국 6개 도시로 출장을 가서 구체적인 업무에 대해 협의할 예정입니다.

下周我要去中国六个城市出差_____。

06 우리는 총칭시 상무국을 방문하여 각종 산업 분야에서의 협력 방안에 대해 협의했습니다.

我们_____了重庆市商务局，对各种产业领域的_____进行了洽谈。

07 이번에 초청한 방문단에게 산업단지 시찰 일정을 안배할 예정입니다.

我们准备这次邀请的访问团安排_____。

08 이번에 새로 옮긴 회사는 자주 출장을 가야 합니다.

这次新换的公司_____。

09 해외 출장 보고서를 다음 주 전까지 제출해야 합니다.

下周之前_____。

10 한중 FTA 지방도시간의 협력을 강화하기 위해 산업 현장을 시찰할 예정입니다.

_____韩中FTA地方城市间的_____，我们准备视察产业现场。

11 해외 비즈니스 시찰은 서로 다른 지역의 문화, 접대, 항공, 숙박, 비자 등 관련된 일이 많습니다.

出国的商务考察，涉及事项众多，包含不同区域的文化、_____、_____、_____、_____等。

12 출장 중에는 회사와 연락을 유지해야 합니다. 매일 최소 한 번은 부서 책임자에게 보고해야 합니다.

出差途中，应该_____，每天至少应_____报一次工作。

정답 확인

01	去 ‖ 出差十天	07	视察产业园区的日程
02	转到秘书室	08	经常要出差
03	我会开通漫游	09	要提交海外出差报告书
04	去考察中国主要汽车工厂	10	为了加强 ‖ 合作
05	洽谈具体的业务	11	接待 ‖ 航空 ‖ 住宿 ‖ 签证
06	访问 ‖ 合作方案	12	保持与公司的联系 ‖ 向部门主管

2 STEP 비즈니스 한중 통번역 연습하기

앞서 배운 문장을 바탕으로 하단에 제시된 어휘를 참고하여 통번역해 봅시다.

01 저는 5월 20일에 열흘간 유럽 출장을 가게 되어 당분간 자리를 비우게 됩니다.

> 我5月20日要去欧洲出差十天，暂时会不在。

➡ _____

欧洲 Ōuzhōu 명 유럽 | 出差 chūchāi 동 (외지로) 출장 가다 | 暂时 zànshí 명 잠깐, 잠시

02 제가 출장 중일 때 모든 전화를 비서실로 돌려주시기 바랍니다.

> 在我出差期间，请把所有电话转到秘书室。

➡ _____

转到 zhuǎndào 넘어가다, 돌리다 | 秘书室 mìshūshì 비서실

03 해외 출장 기간 동안 로밍이 되니 만약 급한 용무가 있으시면 전화 주십시오.

> 海外出差期间我会开通漫游，如果有急事请打电话。

➡ _____

海外 hǎiwài 명 해외, 국외 | 开通 kāitōng 동 개통하다 | 漫游 mànyóu 동 로밍(roaming)하다 | 急事 jíshì 명 급한 일

04 출장 기간이 길고 여러 나라를 방문해야 하기 때문에 여권 유효 기간과 방문국의 비자를 미리 체크해야 합니다.

> 由于出差时间很长而且要去很多国家，所以要提前检查好护照的有效期，还有访问国家的签证。

➡ _____

提前 tíqián 동 (예정된 시간·위치를) 앞당기다 | 检查 jiǎnchá 동 검사하다, 점검하다 | 护照 hùzhào 명 여권 | 有效期 yǒuxiàoqī 명 유효 기간 | 签证 qiānzhèng 명 비자

05 출장 전에 비서실에서 항공권과 호텔을 미리 예약해 두었습니다.

出差前秘书室事先订好了机票和酒店。

➡

事先 shìxiān 명 사전, 미리 | 订 dìng 동 예약하다, 주문하다 | 机票 jīpiào 명 비행기표, 항공권

06 이번 출장에는 중국의 주요 드론 공장 시찰 일정이 포함되어 있습니다.

这次出差包含了考察中国主要的无人机工厂的日程。

➡

包含 bāohán 동 포함하다 | 考察 kǎochá 동 현지 조사하다, 시찰하다 | 无人机 wúrénjī 드론 | 工厂 gōngchǎng 명 공장 | 日程 rìchéng 명 일정

07 다음 주에 중국 6개 도시로 출장을 가서 구체적인 업무에 대해 협의할 예정입니다.

下周我要去中国六个城市出差，洽谈具体的业务。

➡

城市 chéngshì 명 도시 | 洽谈 qiàtán 동 협의하다, 상담하다 | 具体 jùtǐ 형 구체적이다 | 业务 yèwù 명 업무

08 우리는 총칭시 상무국을 방문하여 고부가가치 식품, 물류 등 각종 산업 분야에서의 협력 방안에 대해 협의했습니다.

我们访问了重庆市商务局，对高附加值食品、物流等各种产业领域的合作方案进行了协商。

➡

重庆市 chóngqìngshì 충칭시, 중경시 | 商务局 shāngwùjú 명 상무국 | 高附加值 gāofùjiāzhí 고부가가치 | 物流 wùliú 명 물류, 유통 | 协商 xiéshāng 동 협상하다, 협의하다

09 이번에 초청한 중국 대표단에게 한국 문화 체험 및 산업 단지 시찰 일정을 안배할 예정입니다.

我们准备给这次邀请的中国访问团安排体验韩国文化和视察产业园区的日程。

➡ _____

邀请 yāoqǐng [동] 초청하다, 초대하다 | 体验 tǐyàn [동][명] 체험(하다) | 视察 shìchá [동] 시찰하다

10 이번에 새로 옮긴 회사는 자주 출장을 가야 합니다.

这次新换的公司经常要出差。

➡ _____

经常 jīngcháng [부] 자주, 종종

11 해외 출장 보고서를 다음 주 전까지 제출해야 해서 정신없이 바쁩니다.

下周之前要提交海外出差报告书，所以忙得不可开交。

➡ _____

提交 tíjiāo [동] 제출하다 | 报告书 bàogàoshū [명] 보고서, 리포트 | 不可开交 bùkěkāijiāo [성] 벗어날 수 없다, 눈코 뜰 새 없다

12 한중 FTA 지방도시간의 협력을 강화하기 위해 산업 현장을 시찰할 예정입니다.

为了加强韩中FTA地方城市间的合作，我们准备视察产业现场。

➡ _____

加强 jiāqiáng [동] 강화하다 | 合作 hézuò [동] 합작하다, 협력하다

13 이번 해외 산업 현장 시찰은 일정이 빡빡해서 여유롭게 여행할 시간이 없었습니다.

这次视察海外产业现场的日程很紧张，所以没有悠闲的旅游时间。

➡ _____

紧张 jǐnzhāng 형 바쁘다, 급박하다 | 悠闲 yōuxián 형 한가하다, 여유롭다

14 기획실에서 이번 해외 출장 일정을 계획하고 있으며 내일 전까지 최종 일정이 나올 예정입니다.

企划室正在准备这次海外出差的日程，明天之前会安排好最终日程。

➡ _____

企划室 qǐhuàshì 기획실 | 准备 zhǔnbèi 동 준비하다, ~할 계획이다 | 安排 ānpái 동 안배하다

15 이번 출장 기간 동안 여러 기업체와 산업 단지를 방문하여 많은 업무 성과를 거두었습니다.

这次出差期间访问了很多企业和产业园区，获得了很多业务成果。

➡ _____

企业 qǐyè 명 기업 | 产业园区 chǎnyèyuánqū 산업 단지 | 成果 chéngguǒ 명 성과, 결과

3 STEP 비즈니스 한중 통번역 실전 트레이닝

다양한 난이도의 문장들을 통번역해 보며 실력을 한 단계 높여 보도록 합시다.

01 저는 5월 20일에 열흘간 유럽 출장을 가게 되어 당분간 자리를 비우게 됩니다.

02 해외 출장 기간 동안 로밍이 되니 만약 급한 용무가 있으시면 전화 주십시오.

03 출장 전에 여권 유효 기간과 방문국의 비자를 미리 체크해야 합니다.

04 다음 주에 중국 6개 도시로 출장을 가서 구체적인 업무에 대해 협의할 예정입니다.

05 우리는 고부가가치 식품, 물류 등 각종 산업 분야에서의 협력 방안에 대해 협의했습니다.

06 해외 출장 보고서를 다음 주 전까지 제출해야 해서 정신없이 바쁩니다.

07 한중 FTA 지방도시간의 협력을 강화하기 위해 산업 현장을 시찰할 예정입니다.

08 이번 해외 산업 현장 시찰은 일정이 빡빡해서 여유롭게 여행할 시간이 없었습니다.

09 기획실에서 이번 해외 출장 일정을 계획하고 있으며 내일까지 최종 일정이 나올 예정입니다.

10 이번 출장 기간 동안 여러 기업체와 산업 단지를 방문하여 많은 업무 성과를 거두었습니다.

심화
11 넓은 의미에서 비즈니스 시찰은 또한 포상 여행과 기업 탐방 등의 활동을 포함하기도 합니다.

심화
12 해외 비즈니스 시찰은 관련된 분야가 매우 다양해서 출장 기관 예약은 약 1~3달 전에 해야 하며 또한 여권과 비자를 발급받는 데에도 시간이 걸립니다.

심화
13 내일 오전에 한중 기업가 상담회가 있습니다. 한국 무역성에서 한국 측 맞춤 기업을 배정한 후 개별적인 상담을 진행합니다. 오후에는 한국 기업을 참관합니다.

심화
14 출장 가는 직원은 출장 여행 경비에 사용된 영수증을 보관해서 회사에 복귀한 후 지정된 날짜에 영수증 정산을 해야 합니다.

심화

15 출장 중에는 회사와 연락을 유지하여 매일 최소 한 번은 부서 담당자에게 업무 보고를 해야 합니다.

심화

16 출장 업무를 볼 때는 상대방과의 관계를 잘 맺어야 합니다. '성공적인 일 처리'라는 원칙에 입각하여 상대방을 존중하면서 '원칙과 융통성'을 잘 발휘해야 합니다.

모범 답안

01 我5月20号要去欧洲出差十天，暂时会不在。
02 海外出差期间我会开通漫游，如果有急事请打电话。
03 出差前要提前检查好护照的有效期还有访问国家的签证。
04 下周我要去中国六个城市出差洽谈具体的业务。
05 我们对高附加值食品、物流等各种产业领域相互合作方案进行了协商。
06 下周之前要提交海外出差报告书，所以忙得不可开交。
07 为了加强韩中FTA地方城市间的合作，我们准备视察产业现场。
08 这次视察海外产业现场的日程很紧张，所以没有悠闲的旅游时间。
09 企划室正在准备这次海外出差的日程，明天之前会安排好最终日程。
10 这次出差期间访问了很多企业和产业园区，获得了很多业务成果。
11 从广义上来讲，商务考察还应包含：奖励旅游，企业参访等活动项目。
12 境外公商务考察，涉及面众多，公务单位的预约需要提前1-3个月，同时护照与签证办理需要时间。
13 明天上午有韩中企业家洽谈会，有韩国贸易省安排韩方对口企业，然后分别洽谈。下午考察参观韩国企业。
14 出差人员务必保留好差旅费用发票，在返回公司后按规定的日期要求凭发票报销。
15 出差途中，应该保持与公司的联系，每天至少应向部门主管报一次工作。
16 出差办事时应注意协调好与对方的关系。本着"把事情办好"的原则，尊重对方，注意"原则性与灵活性"相统一。

4 STEP 관련 어휘 및 표현 총정리

주제와 관련된 주요 중국어 표현을 한눈에 훑어보며 한중 통번역 실력을 보강해 봅시다.

出差	chūchāi	동 출장 가다
出公差	chūgōngchā	공무 출장 가다
长期出差	chángqīchūchāi	장기 출장
派驻人员	pàizhùrényuán	명 주재원
出差补助	chūchāibǔzhù	출장 수당
视察	shìchá	동 시찰하다
派遣	pàiqiǎn	동 파견하다
出差报告书	chūchāibàogàoshū	출장 보고서
开通漫游	kāitōngmànyóu	로밍하다, 로밍을 개통하다
商务考察	shāngwùkǎochá	비즈니스 시찰
奖励旅游	jiǎnglìlǚyóu	포상 여행
企业考察	qǐyèkǎochá	기업 시찰
出国考察	chūguókǎochá	해외 연수, 해외 시찰
公派	gōngpài	동 국가에서 파견하다, 국비로 파견하다
标杆学习	biāogānxuéxí	벤치마킹하다
产业园区	chǎnyèyuánqū	산업 단지
工业园区	gōngyèyuánqū	공업 단지, 공장 지대
保税区	bǎoshuìqū	명 보세 구역
签证	qiānzhèng	명 비자
免签证	miǎnqiānzhèng	무비자, 비자 면제
有效期	yǒuxiàoqī	명 유효 기간
行程	xíngchéng	명 노정, 여정, 스케줄
启程	qǐchéng	동 출발하다, 길을 나서다

 비즈니스 회의 및 접대

 **알짜배기 문장으로 통번역 준비 운동!**

주제별 핵심 구문 및 어휘를 학습한 뒤 문장의 빈칸에 알맞은 어휘를 채우며 몸을 가볍게 풀어 봅시다.

- 即将 곧, 머지않아 예 请大家注意, 会议即将开始。
- 讨论……的问题 ~문제에 대해 토론하다 예 这次会议要讨论关于签订协议书的问题。
- 意见一致 의견이 일치하다 예 由于意见不一致, 我们要进行投票。
- 提出异议 이견을 제시하다 예 关于会议结果, 我提出异议。
- 圆满 원만하다, 훌륭하다 예 会议圆满结束。
- 邀请宴会 연회에 초대하다 예 非常感谢邀请我们参加盛大的宴会。
- 谨 정중히, 삼가 예 我谨代表我们公司, 对各位表示感谢。
- 表示欢迎 환영하다 예 我代表我们公司表示热烈欢迎!
- 召开 (회의를) 열다, 개최하다 예 于8月9日将会召开产品交易会。
- 引见 인사시키다, 소개하다 예 引见介绍客人时, 需要注意顺序。
- 举杯 잔을 들다 예 大家一起为10年辛苦换来的成果, 举杯吧。

01 안내 말씀 드립니다. 회의가 곧 시작되니 휴대폰을 꺼 주시거나 무음 모드로 바꿔 주십시오.

请大家注意, 会议＿＿＿＿＿＿, 请各位将手机＿＿＿＿＿＿＿＿＿＿＿＿。

02 이번 회의에서는 신제품 마케팅 전략에 관해 논의하고자 합니다.

这次会议我们要讨论＿＿＿＿＿＿＿＿＿＿＿＿。

03 회의는 1시간 정도 소요될 예정이며, 중간에 5분의 휴식 시간이 있습니다.

会议大概需要一个小时, ＿＿＿＿＿＿＿＿＿＿＿＿。

04 의견 일치가 되지 않았기 때문에 투표를 하겠습니다.

＿＿＿＿＿＿＿＿＿＿, 所以我们要进行投票。

05 제시하신 방안에 대해서는 현실적인 문제가 있기 때문에 이의를 제기합니다.

关于您提出的方案有现实的问题存在，所以_____。

06 시간이 괜찮으시다면 회의를 다음 주 화요일 오후 2시로 변경했으면 합니다.

如果时间可以的话，我希望会议时间_____。

07 회의를 마친 후 저희 직원의 안내에 따라 저녁 식사 장소로 이동해 주시기 바랍니다.

_____，请在我们职员的指引下_____。

08 이번 회의를 성공적으로 마칠 수 있어서 기쁘게 생각합니다.

很高兴这次会议_____。

09 이번 기회를 빌려, 10년간의 고생으로 얻은 성과를 위해 함께 건배합시다.

借此机会，大家一起_____，举杯吧。

10 성대한 만찬에 초대해 주셔서 감사합니다.

感谢邀请我参加_____。

11 손님을 접대할 때 일반적으로 주인이 출입문을 마주보는 자리에 앉고 두 번째 주인은 그 맞은편에 앉습니다. 가장 중요한 손님은 주인의 오른쪽에 앉습니다.

宴请客人，一般主陪在_____，副陪在主陪的对面，最重要客人在_____。

12 삼가 한국 무역 협회를 대표하여 저희의 환영회에 오신 여러분들을 진심으로 환영합니다!

我_____韩国贸易协会，对各位朋友光临我们的_____，表示热烈欢迎！

정답 확인

01 即将开始 ‖ 调至关机或静音状态
02 关于新产品的营销战略
03 中间有5分钟的休息时间
04 由于意见不一致
05 提出异议
06 变更到下周二下午两点
07 会议结束后 ‖ 前往晚餐地点
08 能够圆满结束
09 为10年辛苦换来的成果
10 盛大的晚宴
11 面对房门的位置 ‖ 主陪的右手
12 谨代表 ‖ 招待会

2 STEP 비즈니스 한중 통번역 연습하기

앞서 배운 문장을 바탕으로 하단에 제시된 어휘를 참고하여 통번역해 봅시다.

01 안내 말씀 드립니다. 회의가 곧 시작되니 휴대폰을 꺼 주시거나 무음 모드로 바꿔 주십시오. 협조해 주셔서 감사합니다.

请大家注意，会议即将开始，请各位将手机调至关机或静音状态，谢谢合作。

➡

注意 zhùyì 동 주의하다 | 即将 jíjiāng 부 곧, 머지않아 | 调 tiáo 동 조정하다 | 关机 guānjī 동 핸드폰을 끄다 | 静音状态 jìngyīnzhuàngtài 매너 모드, 무음 모드

02 이번 회의에서는 신제품 마케팅 전략에 관해 논의하고자 합니다.

这次会议我们要讨论关于新产品的营销战略。

➡

讨论 tǎolùn 동 토론하다 | 关于 guānyú 개 ~에 관해서 | 营销战略 yíngxiāozhànlüè 마케팅 전략

03 회의는 1시간 정도 소요될 예정이며, 중간에 5분의 휴식 시간이 있습니다.

会议大概需要一个小时，中间有5分钟的休息时间。

➡

大概 dàgài 부 아마, 대개 | 需要 xūyào 동 필요하다, 요구하다 | 休息时间 xiūxīshíjiān 휴식 시간

04 시간이 괜찮으시다면 회의를 다음 주 화요일 오후 2시로 변경했으면 합니다.

如果时间可以的话，我们希望会议时间变更到下周二下午两点。

➡

变更 biàngēng 동 변경하다, 바꾸다

05 제시하신 방안에 대해서는 현실적인 문제를 고려해야 하기 때문에 이의를 제기합니다.

> 关于您提出的方案，因为要考虑现实问题，所以我们提出异议。

➡ _____

提出 tíchū 동 제출하다, 제의하다 | 方案 fāng'àn 명 방안 | 考虑 kǎolǜ 동 고려하다, 생각하다 | 异议 yìyì 명 이의, 이견

06 다음은 제가 발표를 하겠습니다. 신제품 매출 현황은 나눠 드린 유인물을 봐주시기 바랍니다.

> 下面由我来发表，关于新产品的卖出情况，请看发给大家的资料。

➡ _____

卖出 màichū 동 매출하다 | 资料 zīliào 명 자료

07 내일 조찬 회의는 몇 시에 어디에서 시작합니까? 이번 조찬에는 정계와 금융계의 유명 인사가 대거 참석할 예정입니다.

> 明天的早餐会几点在哪里开始？这次早餐将会有大批政界与金融界人士参加。

➡ _____

早餐会 zǎocānhuì 조찬 회의 | 大批 dàpī 형 대량의 | 政界 zhèngjiè 명 정계 | 金融界 jīnróngjiè 금융계 | 人士 rénshì 명 인사

08 의견 일치가 되지 않았기 때문에 투표를 하겠습니다. 투표는 익명으로 진행할 예정이며 다수결로 결정하겠습니다.

> 由于意见不一致，所以我们要进行投票。投票将采取不记名式，按少数服从多数来决定。

➡ _____

由于 yóuyú 접 ~때문에 | 一致 yízhì 형 일치하다 | 投票 tóupiào 동 투표하다 | 采取 cǎiqǔ 동 채택하다, 취하다 | 不记名 bújìmíng 명 무기명, 익명 | 服从 fúcóng 동 따르다, 복종하다 | 决定 juédìng 동 결정하다

09 저희 회사의 규정에 따르면 과반수의 찬성을 얻어야 합니다.

按照我们公司的章程，要获得半数以上的赞成才行。

➡ _____

按照 ànzhào [개] ~에 따라 | 章程 zhāngchéng [명] 장정, 규정 | 赞成 zànchéng [동] 찬성하다, 동의하다

10 시간 관계상 회의는 여기서 마치겠습니다. 계속해서 토론을 하고 싶으시면 쉬는 시간에 다과를 들면서 하시면 됩니다.

由于时间的关系，会议到此结束，想继续讨论的话可以在休息时间边吃茶点边说。

➡ _____

结束 jiéshù [동] 끝나다, 마치다 | 继续 jìxù [동] 계속하다, 끊임없이 하다 | 边……边…… biān……biān…… [동] ~하면서 ~하다 | 茶点 chádiǎn [명] 다과, 차와 과자

11 끝까지 경청해 주셔서 감사합니다. 내년 5월 회의에서 다시 뵙겠습니다.

感谢各位坚持听到最后，明年五月会议再见。

➡ _____

感谢 gǎnxiè [동] 고맙다, 감사하다 | 坚持 jiānchí [동] 견지하다, 유지하다

12 11월 8일 오전 11시 회의실에서 세미나를 개최하오니 참석해 주시기 바랍니다.

定于11月8日上午11时在会议室召开研讨会，敬请光临。

➡ _____

定于 dìngyú [동] ~에 예정하다, 정하다 | 召开 zhàokāi [동] (회의를) 열다, 개최하다 | 研讨会 yántǎohuì [명] 세미나, 연구 토론회 | 敬请 jìngqǐng [동] 공경히 청하다

13 회의를 마친 후 저희 직원의 안내에 따라 저녁 식사 장소로 이동해 주시기 바랍니다.

会议结束后，请在我们职员的指引下，前往晚餐地点。

➡ _____

_____

指引 zhǐyǐn 동 인도하다, 안내하다

14 이번 연회에 참석해 주셔서 감사합니다. 이 기회를 빌려 10년간의 고생으로 얻은 성과를 위해서 함께 건배합시다. 건배!

感谢各位参加这次晚会。借此机会，大家一起为10年辛苦换来的成果，举杯吧。干杯！

➡ _____

_____

晚会 wǎnhuì 명 파티, 만찬 | 辛苦 xīnkǔ 형 고생스럽다, 수고롭다 | 成果 chéngguǒ 명 성과, 결과 | 举 jǔ 동 들다, 들어올리다 | 干杯 gānbēi 동 건배하다

15 이번 회의를 성공적으로 마칠 수 있어서 기쁘게 생각합니다. 성대한 만찬에 초대해 주셔서 감사합니다. 다음에는 저희에게 대접할 수 있는 기회를 주십시오.

很高兴这次会议能够圆满结束。感谢邀请我们参加盛大的晚宴，下次请给我们接待的机会。

➡ _____

_____

圆满 yuánmǎn 형 원만하다, 훌륭하다 | 邀请 yāoqǐng 동 초청하다, 초대하다 | 晚宴 wǎnyàn 명 저녁 연회, 만찬 | 接待 jiēdài 동 접대하다

3 STEP 비즈니스 한중 통번역 실전 트레이닝

모범 답안 130p | 161~176

다양한 난이도의 문장들을 통번역해 보며 실력을 한 단계 높여 보도록 합시다.

01 회의가 곧 시작되니 휴대폰을 꺼 주시거나 무음 모드로 바꿔 주십시오. 협조해 주셔서 감사합니다.

02 회의는 1시간 정도 소요될 예정이며, 중간에 5분의 휴식 시간이 있습니다.

03 시간이 괜찮으시다면 회의를 다음 주 화요일 오후 2시로 변경했으면 합니다.

04 의견 일치가 되지 않았기 때문에 투표를 하겠습니다.

05 투표는 익명으로 진행할 예정이며 다수결로 결정하겠습니다.

06 저희 회사의 규정에 따르면 과반수의 찬성을 얻어야 합니다.

07 시간 관계상 회의는 여기서 마치겠습니다.

08 끝까지 경청해 주셔서 감사합니다.

09 이번 회의를 성공적으로 마칠 수 있어서 기쁘게 생각합니다.

10 성대한 만찬에 초대해 주셔서 감사드리며, 다음에는 저희에게 대접할 수 있는 기회를 주십시오.

11 제가 한 잔 드리겠습니다. 귀하와 모든 분들의 친절한 환대에 감사드립니다.

|심화|
12 회의에서는 상품의 심각한 판매 부진과 재고 문제에 대해 집중적으로 연구하였습니다.

|심화|
13 비즈니스 접대를 할 때 회사 상황을 잘 소개해야 할 뿐만 아니라 안과 밖을 구별하여 회사의 업무기밀을 철저히 지켜야 합니다.

|심화|
14 접대하는 사람이 귀빈을 소개할 때는 순서에 주의해야 합니다. 일반적으로 주인을 먼저 소개하고 다음으로 손님을 소개합니다. 또 직위가 낮은 사람을 먼저 소개하고 직위가 높은 사람을 나중에 소개합니다.

심화

15 인터넷 화상 회의는 사용자의 음성, 영상, 데이터, 이미지, 프로그램 원격 쉐어에 대한 필요를 만족시킬 뿐만 아니라 이 시스템은 회의 관리와 회의 보조 기능도 갖추고 있습니다.

심화

16 오늘밤 각국의 친구들이 한 자리에 모였습니다. 중국과 외국의 동종 업계 분들께서는 교제하시면서 합작도 모색하는 등 즐거운 저녁 시간을 보내시길 바랍니다.

모범 답안

01　会议即将开始，请各位将手机调至关机或静音状态，谢谢合作。
02　会议大概需要一个小时，中间有5分钟的休息时间。
03　如果时间可以的话，我们希望会议时间变更到下周二下午两点。
04　由于意见不一致，所以我们要进行投票。
05　投票将采取不记名式，按少数服从多数来决定。
06　按照我们公司的章程要获得半数以上的赞成才行。
07　由于时间的关系，会议到此结束。
08　感谢各位坚持听到最后。
09　很高兴这次会议能够圆满结束。
10　感谢邀请我们参加盛大的晚宴，下次请给我们接待的机会。
11　我敬您一杯，感谢您和各位的热情招待！
12　会议专门研究了产品严重滞销、积压的问题。
13　商务接待中既要熟练介绍公司情况，又要内外有别，严守本公司商业机密。
14　接待人员引见介绍主宾时，要注意顺序：一般是要先介绍主人，后介绍客人；先介绍职务低者，后介绍职务高者。
15　互联网视频会议不仅可以满足用户音频、视频、数据、图像、程序远程共享的需求，系统同时具有强大的会议管理、会议辅助功能。
16　今晚，各国朋友欢聚一堂，我希望中外同行广交朋友，寻求合作，共同度过一个愉快的夜晚。

4 STEP 관련 어휘 및 표현 총정리

주제와 관련된 주요 중국어 표현을 한눈에 훑어보며 한중 통번역 실력을 보강해 봅시다.

会见	huìjiàn	통 회견하다, 만나다
与会	yùhuì	통 회의에 참가하다
项目启动会议	xiàngmùqǐdònghuìyì	킥 오프 미팅
财务报账	cáiwùbàozhàng	재무 결산 보고
业务培训	yèwùpéixùn	직무 연수
部门经理会议	bùménjīnglǐhuìyì	부서장 회의
紧急会议	jǐnjíhuìyì	긴급 회의
提议	tíyì	통 제의하다
议程	yìchéng	명 의사 일정, 아젠다
发言	fāyán	통 발언하다
咨询	zīxún	통 자문하다, 상의하다
议题	yìtí	명 의제
休会	xiūhuì	통 휴회하다
异议	yìyì	명 이의, 이견
表决	biǎojué	통 표결하다
否决	fǒujué	통 부결하다, 기각하다
投票	tóupiào	통 투표하다
一致通过	yízhìtōngguò	만장일치로 가결하다
提案	tí'àn	통 제안하다
主持人	zhǔchírén	명 사회자, 진행자
弃权	qìquán	통 기권하다
主办单位	zhǔbàndānwèi	명 주최자, 주최측
东道主	dōngdàozhǔ	명 주인, 주최측
主持	zhǔchí	통 주관하다, 사회를 보다
致词	zhìcí	통 인사말을 하다, 축사를 하다
祝词	zhùcí	명 축사

 # 시장 조사 및 기획

 알짜배기 문장으로 통번역 준비 운동!

주제별 핵심 구문 및 어휘를 학습한 뒤 문장의 빈칸에 알맞은 어휘를 채우며 몸을 가볍게 풀어 봅시다.

- 根据……可知　~을 통해 알 수 있다　예 根据统计数据可知，国内生产总值以6%的速度增长。
- 给……带来影响　~에게 영향을 주다　예 国际油价的变化给新能源汽车带来了乐观的影响。
- 占有率　점유율　예 我们公司的市场占有率会逐渐减少。
- 采取……的对策　~대책을 취하다　예 为了进入海外市场，需要采取相应的对策。
- 大幅/小幅　대폭/소폭　예 销售额大幅下降了。
- 随着……　~에 따라서　예 随着大数据应用范围的扩大，整个大数据市场将持续发展。
- 上涨/下跌　(수위·물가 등이) 오르다/떨어지다　예 物价不断上涨。
- 增长　증가하다, 늘어나다　예 销售额比上年增长3%。
- 前景　장래, 전망　예 金融业的发展趋势良好，前景可观。
- 不景气　불경기이다　예 经济不景气导致了销售停滞。
- 实体经济　실물 경제　예 实体经济已渐渐恢复。
- 达……　~에 도달하다, 이르다　예 截至2016年三季度，自媒体收入达117亿元。
- 反映出……　~을 반영하다　예 电商领域反映出了网红的巨大能量。

01 통계에 따르면 실물 경제가 점차 회복되고 있음을 알 수 있습니다.

　　　_____，实体经济已渐渐恢复。

02 경제 연구소의 분석에 따르면 실질 소득이 매년 3%의 속도로 증가하고 있음을 알 수 있습니다.

　　　根据经济研究所的分析可知，实际收入_____。

03 예정대로 진행될 경우 올해의 목표를 순조롭게 달성할 수 있을 것입니다.

　　　_____，今年的目标会顺利完成。

04 신기술 덕분에 생산 원가를 20% 절감했습니다.

　　　_____新技术，生产成本_____。

05 시장 조사에 따르면 저희 회사의 시장 점유율이 점차 줄어들 것으로 보입니다.

根据市场调查可以看出，我们公司的_____。

06 신용 등급 조사에 따르면 그 회사는 재정적으로 탄탄하다는 것을 알 수 있습니다.

_____可以看出，那家公司的财力雄厚。

07 저희 회사의 새로운 마케팅 전략은 판매 수입에 긍정적인 영향을 미쳤습니다.

我们公司_____给销售收入带来了_____。

08 앞서 지적한 바와 같이, 세계화로 인해 소비자 가격이 계속해서 낮아지고 있습니다.

_____，因为全球化进程，消费者价格_____。

09 경기 불황은 자동차 업계 전반에 걸친 매출 침체로 이어졌습니다.

经济不景气导致了整个汽车业的_____。

10 저는 지금 이때가 새로운 사업을 시작하기에 최적의 기회라고 생각합니다.

我认为现在正是开始新事业的_____。

11 중국 내륙의 고객에 대해 복잡한 환경조건을 연구하면서도 반드시 이에 상응하는 대책을 강구해야 합니다.

对中国内陆地区的客户，必须一边研究_____，一边采取_____。

12 시장 예측은 먼저 수요에 대해 예측해야 합니다. 예를 들면 시장에 이 상품에 대한 수요가 있는지, 수요 정도가 기업에게 기대하는 이익을 가져다 줄 수 있는지 등입니다.

市场预测，首先要对需求进行预测，比如市场_____，需求程度_____等。

정답 확인

01 据统计可知
02 正在以每年3%的速度增长
03 在按预期进行的情况下
04 多亏了 ‖ 节省了20%
05 市场占有率会逐渐减少
06 根据信用等级的调查
07 新的营销战略 ‖ 乐观的影响
08 如上所述 ‖ 正在持续降低
09 销售停滞
10 最好时机
11 复杂的环境条件 ‖ 相应的对策
12 是否存在对这种产品的需求 ‖ 是否可以给企业带来所期望的利益

2 STEP 비즈니스 한중 통번역 연습하기

앞서 배운 문장을 바탕으로 하단에 제시된 어휘를 참고하여 통번역해 봅시다.

01 통계에 따르면 실물 경제가 점차 회복되고 있음을 알 수 있습니다.

据统计可知，实体经济已渐渐恢复。

➡ _____

据统计 jùtǒngjì 통계에 따르면 | 可知 kězhī 동 알 수 있다 | 实体经济 shítǐjīngjì 명 실물 경제 | 渐渐 jiànjiàn 부 점점, 점차 | 恢复 huīfù 동 회복하다, 회복되다

02 경제 연구소의 분석에 따르면 실질 소득이 매년 3%의 속도로 증가하고 있음을 알 수 있습니다.

根据经济研究所的分析可知，实际收入正在以每年3%的速度增长。

➡ _____

研究所 yánjiūsuǒ 명 연구소 | 实际收入 shíjìshōurù 실질 소득 | 速度 sùdù 명 속도 | 增长 zēngzhǎng 동 증가하다, 늘어나다

03 예정대로 진행될 경우 올해의 목표를 순조롭게 달성할 수 있을 것입니다.

如果按预期进行，今年的目标会顺利完成。

➡ _____

预期 yùqī 동 예기하다, 미리 기대하다 | 顺利 shùnlì 형 순조롭다 | 完成 wánchéng 동 완성하다, 끝내다

04 저희 회사는 신기술 덕분에 생산 원가를 20% 절감해서, 지난해 사상 최대의 매출을 기록했습니다.

我们公司多亏了新技术，生产成本节省了20%，去年还打破了有史以来最高销售记录。

➡ _____

多亏 duōkuī 동 은혜를 입다, 덕택이다 | 生产成本 shēngchǎnchéngběn 생산 원가 | 节省 jiéshěng 동 아끼다, 절약하다 | 打破 dǎpò 동 타파하다, 깨다 | 有史以来 yǒushǐyǐlái 정 유사 이래로 | 销售记录 xiāoshòujìlù 매출 기록

05 시장 조사에 따르면 저희 회사의 시장 점유율이 점차 줄어들 것으로 보입니다.

根据市场调查可以看出，我们公司的市场占有率会逐渐减少。

➡ _____

市场调查 shìchǎngdiàochá 시장 조사 | 占有率 zhànyǒulǜ 명 점유율 | 逐渐 zhújiàn 부 점점, 점차 | 减少 jiǎnshǎo 동 감소하다, 줄다

06 신용 등급 조사에 따르면 그 회사는 재정적으로 탄탄하다는 것을 알 수 있습니다.

根据信用等级的调查可以看出，那家公司的财力雄厚。

➡ _____

财力 cáilì 명 재력, 재정적인 힘 | 雄厚 xiónghòu 형 풍부하다, 충분하다

07 저희 회사의 새로운 마케팅 전략은 판매 수입에 긍정적인 영향을 미쳤습니다.

我们公司新的营销战略给销售收入带来了乐观的影响。

➡ _____

营销战略 yíngxiāozhànlüè 마케팅 전략 | 销售收入 xiāoshòushōurù 판매 수입 | 乐观 lèguān 형 낙관적이다

08 앞서 지적한 바와 같이, 세계화로 인해 소비자 가격이 계속해서 낮아지고 있습니다.

如上所述，因为全球化进程，消费者价格正在持续降低。

➡ _____

如上所述 rúshàngsuǒshù 상술한 바와 같이 | 全球化 quánqiúhuà 국제화, 세계화 | 进程 jìnchéng 명 경과, 진행 과정 | 持续 chíxù 동 지속하다 | 降低 jiàngdī 동 내려가다, 내리다

09 경기 불황은 자동차 업계 전반에 걸친 매출 침체로 이어졌습니다.

> 经济不景气导致了整个汽车业的销售停滞。

→ _____

不景气 bùjǐngqì [형] 불경기이다, 경기가 좋지 않다 | 导致 dǎozhì [동] 야기하다, 초래하다 | 业界 yèjiè [명] 업계 | 停滞 tíngzhì [동] 정체되다, 침체하다

10 판매 실적이 올해 목표치에 근접했습니다. 저는 지금 이때가 새로운 사업을 시작하기에 최적의 기회라고 생각합니다.

> 销售业绩已经接近了今年的目标值，我认为现在正是开始新事业的最好时机。

→ _____

销售业绩 xiāoshòuyèjì 판매 실적 | 接近 jiējìn [동] 접근하다, 가까이 가다 | 时机 shíjī [명] 시기, 기회

11 국제 유가의 변화로 인해서 국내 시장은 크게 위축되어 한 달간 매출이 대폭 감소했습니다.

> 因为国际油价的变化国内市场正在大面积萎缩，一个月内销售额大幅下降了。

→ _____

国际油价 guójìyóujià 국제 유가 | 萎缩 wěisuō [형] 위축되다, 활기를 잃다 | 大幅 dàfú [형] 대폭의, 대폭적인 | 下降 xiàjiàng [동] 하강하다, 떨어지다

12 수출 시장이 새로운 국면을 열었기 때문에 수출량이 꾸준한 증가세에 있습니다.

> 由于出口市场打开了新局面，出口量有持续增长的趋势。

→ _____

由于 yóuyú [접] ~때문에, ~으로 인하여 | 局面 júmiàn [명] 국면, 양상 | 趋势 qūshì [명] 추세

13 판매가 소폭 증가했지만, 저희 회사는 아직까지 손실을 보고 있습니다.

> 虽然销售有小幅增长，但是我们公司目前还是在亏损。

➡ _____

亏损 kuīsǔn 동 결손나다, 적자 나다

14 제조업은 신규 투자 부족으로 서서히 기반을 잃어가고 있습니다.

> 制造业因为新投资不足，正在慢慢地失去基础。

➡ _____

制造业 zhìzàoyè 제조업 | 投资 tóuzī 명 투자(금) | 失去 shīqù 동 잃다, 잃어버리다 | 基础 jīchǔ 명 기초, 기반

15 사업 계획에 따르면 매출 총수익이 50% 성장할 것입니다.

> 按照事业企划来看，销售总收入会上涨50%。

➡ _____

企划 qǐhuà 동 기획하다 | 上涨 shàngzhǎng 동 (수위·물가 등이) 오르다

3 STEP 비즈니스 한중 통번역 실전 트레이닝

다양한 난이도의 문장들을 통번역해 보며 실력을 한 단계 높여 보도록 합시다.

01 판매가 소폭 증가했지만, 저희 회사는 아직까지 손실을 보고 있습니다.

02 제조업은 신규 투자 부족으로 서서히 기반을 잃어가고 있습니다.

03 통계에 따르면 실물 경제가 점차 회복되고 있음을 알 수 있습니다.

04 경제 연구소의 분석에 따르면 실질 소득이 매년 3%의 속도로 증가하고 있음을 알 수 있습니다.

05 예정대로 진행될 경우 올해의 목표를 순조롭게 달성할 수 있을 것입니다.

06 저희 회사는 신기술 덕분에 생산 원가를 20% 절감했습니다.

07 저희 회사의 새로운 마케팅 전략은 판매 수입에 긍정적인 영향을 미쳤습니다.

08 경기 불황은 가전 업계 전반에 걸친 매출 침체로 이어졌습니다.
___

09 국제 유가의 변화로 인해서 국내 시장은 크게 위축되어 한 달간 매출이 감소했습니다.
___

10 수출 시장이 새로운 국면을 열었기 때문에 수출량이 꾸준한 증가세에 있습니다.
___

심화 11 시장 예측은 시장 현황 정리, 경쟁 업체 소개, 타겟 고객과 타겟 상점, 본사 상품의 시장 내 지위, 시장의 분위기와 특징 등의 내용을 포함해야 합니다.
___

심화 12 조사에 따르면 대학생들이 핸드폰을 선택할 때 가장 중시하는 것은 핸드폰의 모양, 크기, 두께, 재료, 색깔 등과 같은 외적 디자인이라고 65%가 응답했습니다.
___

심화 13 중국 정보 산업 연구원의 데이터에 따르면 2015년 중국 빅데이터 시장 규모는 약 116억 위안으로서 전년 대비 38%가 성장했다고 합니다. 앞으로 몇 년간 응용 효과가 점차 드러남에 따라 중국 빅데이터 시장 규모는 40% 정도의 고성장을 유지할 것으로 예상됩니다.
___

심화

14 2014년 중국 디지털 음악 시장 규모는 491.2억 위안으로 전년보다 11.5%가 성장했습니다.

심화

15 계산을 통해 2005년부터 2015년까지 평균 성장률이 58.08%에 달했습니다. 이를 통해 우리나라 자본 시장 규모가 안정적으로 확대되고 있으며 금융업의 전체적인 성장세가 좋아서 전망이 밝습니다.

모범 답안

01 虽然销售有小幅增长，但是我们公司目前还是在亏损。
02 制造业因为新投资不足，正在慢慢地失去基础。
03 据统计可知，实体经济已渐渐恢复。
04 根据经济研究所的分析可知，实际收入正在以每年3%的速度增长。
05 如果按预期进行，今年的目标会顺利完成。
06 我们公司多亏了新技术，生产成本节省了20%。
07 我们公司新的营销战略给销售收入带来了乐观的影响。
08 经济不景气导致了整个家电业的销售停滞。
09 因为国际油价的变化国内市场正在大面积萎缩，一个月内销售额下降了。
10 由于出口市场打开了新局面，出口量有持续增长的趋势。
11 市场预测应包括以下内容：市场现状综述；竞争厂商概览；目标顾客和目标商场；本企业产品的市场地位；市场风格和特征等等。
12 在调查中表明，大学生选择手机时最看重的是手机的外观设计，如形状、大小、厚薄、材料、颜色等，占65%。
13 根据中国信息产业研究院的数据显示，2015年中国大数据市场规模约为116亿元，同比增长38%；预计未来几年，随着应用效果的逐步显现，中国大数据市场规模还将维持40%左右的高增长。
14 2014年，中国数字音乐的市场规模达491.2亿元，比上年增长11.5%。
15 经计算，从2005年到2015年，平均增长率达58.08%。由此可见，我国资本市场规模稳步扩张，金融业总体发展态势良好，前景可观。

4 STEP 관련 어휘 및 표현 총정리

주제와 관련된 주요 중국어 표현을 한눈에 훑어보며 한중 통번역 실력을 보강해 봅시다.

实体经济	shítǐjīngjì	실물 경제
实际收入	shíjìshōurù	실소득, 실질 소득
市场调查	shìchǎngdiàochá	시장 조사
占有率	zhànyǒulǜ	몡 점유율
信用等级	xìnyòngděngjí	신용 등급
销售收入	xiāoshòushōurù	판매 수입, 판매 수익
不景气	bùjǐngqì	혱 불경기이다, 경기가 좋지 않다
目标值	mùbiāozhí	목표치
趋势	qūshì	몡 추세
下降	xiàjiàng	통 내리다, 떨어지다
上涨	shàngzhǎng	통 (수위·물가 등이) 오르다
递减	dìjiǎn	통 점점 줄다, 점차 감소하다
递增	dìzēng	통 점점 늘다, 점차 증가하다
问卷调查	wènjuàndiàochá	설문 조사
满意度调查	mǎnyìdùdiàochá	만족도 조사
统计分析报告	tǒngjìfēnxībàogào	통계 분석 보고
传销	chuánxiāo	통 다단계 판매
销售价格	xiāoshòujiàgé	판매 가격
批零差价	pīlíngchājià	도소매 간의 가격 차이, 중간 유통 마진
连锁经营	liánsuǒjīngyíng	몡 체인 경영, 프렌차이즈
电话销售	diànhuàxiāoshòu	몡 전화 판매, 텔레 마케팅
版权	bǎnquán	몡 저작권
提成费(=专利费)	tíchéngfèi(=zhuānlìfèi)	로열티
专利	zhuānlì	몡 특허, 특허권
策划案	cèhuà'àn	기획안

13 CHAPTER 제품 소개 및 마케팅

STEP 1 알짜배기 문장으로 통번역 준비 운동!

주제별 핵심 구문 및 어휘를 학습한 뒤 문장의 빈칸에 알맞은 어휘를 채우며 몸을 가볍게 풀어 봅시다.

- 宣传 홍보하다 예 为了企业宣传制作宣传视频。
- 利基市场 틈새시장 예 我们应该进入利基市场。
- 进行营销 마케팅을 하다 예 我们公司决定进行网红营销。
- 把……放在…… ~을 ~에 놓다 예 公司要把焦点放在顾客身上。
- A和B相结合 A와 B를 결합하다 예 我们将稳定的图像质量和节能功能相结合，融入到该产品中。
- 采用 채택하다 예 我们采用了全新的手势操作界面来提高可操作性。
- 进攻型营销 공격적 마케팅 예 一汽丰田2017年向进攻型营销转变。
- 病毒营销 바이럴 마케팅 예 听说最近病毒营销的效果很好。
- 促销活动 판촉 활동 예 为了宣传新产品，本公司准备进行促销活动。
- 网红 왕홍 예 利用网红的营销方式正在引人注目。
- 植入式广告 간접 광고, PPL 예 植入式广告是随着电影、电视等的发展而兴起的一种广告形式。
- 取向 성향, 취향 예 公司要看透不断变化的消费者取向。
- 满……减…… ~가 넘으면 ~을 빼다 예 所有顾客满1,000元可以减100元。
- 满足 만족시키다 예 我们采用触摸操作界面，满足可视性和操控性的需求。

01 이번에 저희 회사는 기업 홍보를 위해서 3분짜리 홍보 영상 하나를 제작하려고 합니다.

这次我们公司_____，准备制作一个三分钟的_____。

02 최근에는 바이럴 마케팅이 효과가 좋다고 들었습니다.

听说最近_____的效果很好。

03 대학생 홍보 대사는 세계 대학생 축제에 참가해서 각자의 역량을 발휘할 예정입니다.

大学生宣传大使会参加世界大学生大会，_____。

04 저희는 블로거에게 제품을 보내주고 체험 후 리뷰를 작성하도록 할 것입니다.

我们会把产品发给博客博主，_____。

05 인터넷은 직접적인 마케팅 매개체로 활용 가능성이 무궁무진합니다.

_____，活用的可能性无穷无尽。

06 이번에 출시되는 신제품 홍보를 위해 프로모션을 계획하고 있습니다.

为了宣传这次面市的新产品，_____。

07 최근 중국에서는 왕홍을 이용한 마케팅이 주목 받고 있습니다.

最近在中国_____正在引人注目。

08 저희 회사는 이번에 중국 시장 마케팅을 강화하기 위해 왕홍 마케팅을 하기로 했습니다.

我们公司这次_____，决定进行网红营销。

09 지난달에 진행된 판촉 행사가 성공을 이룬 덕분에 매출액이 50% 증가하였습니다.

上个月进行的_____的成功，使_____增加了50%。

10 저희는 제품의 품질과 서비스 향상을 위해 고객의 의견에 귀 기울여왔습니다.

我们为了提高产品的品质和服务，_____。

11 간접 광고는 영화와 텔레비전과 게임에서 판매자의 상품 및 서비스를 의도적으로 삽입하는 것으로 무의식중에 홍보 효과를 줍니다.

_____是指在影视剧情、游戏中刻意插入商家的产品或服务，以达到潜移默化的_____。

정답 확인

01 为了企业宣传 ‖ 宣传视频
02 病毒营销
03 发挥出自己的力量
04 让他们体验后来写评论
05 互联网作为直接的营销媒介
06 正在准备促销活动
07 利用网红营销方式
08 为了强化中国市场的营销
09 促销活动 ‖ 销售额
10 一直认真倾听顾客的意见
11 植入式广告 ‖ 宣传效果

STEP 2 비즈니스 한중 통번역 연습하기

앞서 배운 문장을 바탕으로 하단에 제시된 어휘를 참고하여 통번역해 봅시다.

01 이번에 저희 회사는 기업 홍보를 위해서 3분짜리 홍보 영상 하나를 제작하려고 합니다.

> 这次我们公司为了企业宣传，准备制作一个三分钟的宣传视频。

➡ _____

宣传 xuānchuán 동 선전하다, 홍보하다 | 制作 zhìzuò 동 제작하다, 만들다 | 视频 shìpín 명 영상

02 우리는 틈새시장을 공략해 공격적인 마케팅을 해야 합니다.

> 我们应该打入利基市场，进行进攻型营销。

➡ _____

打入 dǎrù 동 (상품 등이) 들어가다, 진입하다 | 利基市场 lìjīshìchǎng 틈새시장 | 进攻型营销 jìngōngxíngyíngxiāo 공격적 마케팅

03 저희 회사는 대학생 홍보 대사를 모집하고 있습니다. 대학생 홍보 대사는 세계 대학생 축제에 참가해서 각자의 역량을 발휘할 예정입니다.

> 我们公司正在招聘大学生宣传大使，大学生宣传大使会参加世界大学生大会，会发挥出自己的力量。

➡ _____

大使 dàshǐ 명 대사 | 大会 dàhuì 명 대회 | 发挥 fāhuī 동 발휘하다 | 力量 lìliang 명 능력, 역량

04 저희는 블로거에게 제품을 보내주고 체험 후 리뷰를 작성하도록 할 예정입니다.

> 我们会把产品发给博客博主。让他们体验后来写评论。

➡ _____

博主 bózhǔ 명 블로거 | 体验 tǐyàn 동 체험(하다) | 写评论 xiěpínglùn 리뷰를 작성하다

05 인터넷은 직접적인 마케팅 매체로 활용 가능성이 무궁무진합니다.

> 互联网作为直接的营销媒介，活用的可能性无穷无尽。

➡ _____

互联网 hùliánwǎng 명 인터넷 | 直接 zhíjiē 형 직접적인 | 媒介 méijiè 명 매개자, 매체 | 无穷无尽 wúqióngwújìn 성 무궁무진하다, 한이 없다

06 이번에 출시되는 신제품 홍보를 위해 프로모션을 계획하고 있습니다.

> 为了宣传这次面市的新产品，正在准备促销活动。

➡ _____

促销活动 cùxiāohuódòng 판촉 활동

07 최근 중국에서는 왕홍을 이용한 마케팅이 주목 받고 있습니다. 그래서 저희 회사는 이번에 중국 시장 마케팅을 강화하기 위해 왕홍 마케팅을 하기로 했습니다.

> 最近在中国利用网红的营销方式正在引人注目。所以我们公司这次为了强化中国市场的营销，决定进行网红营销。

➡ _____

利用 lìyòng 동 이용하다, 활용하다 | 网红 wǎnghóng 왕홍, 인터넷 스타 | 引人注目 yǐnrénzhùmù 성 사람들의 주목을 끌다 | 强化 qiánghuà 동 강화하다, 강하고 공고하게 하다

08 타깃 마케팅을 하여 성공적으로 일본 관광객을 유치하였습니다.

> 通过目标营销的实施，成功招引了日本游客。

➡ _____

目标营销 mùbiāoyíngxiāo 타깃 마케팅 | 实施 shíshī 동 실시하다, 실행하다 | 招引 zhāoyǐn 끌어당기다 | 游客 yóukè 명 여행객, 관광객

09 저희는 제품의 품질과 서비스 향상을 위해 고객의 의견에 귀를 기울여왔습니다.

我们为了提高产品的品质和服务，一直认真倾听顾客的意见。

➡

提高 tígāo 동 향상시키다 | 品质 pǐnzhì 명 품질 | 倾听 qīngtīng 동 귀를 기울여 듣다, 경청하다

10 최근 인터넷 사용이 급증하면서 바이럴 마케팅이 효과가 좋아서, 저희 회사에서는 광고 대행사를 통해서 바이럴 마케팅을 하려고 합니다.

随着最近互联网的使用量迅速增长，病毒营销的效果很好，所以我们公司准备通过广告代理公司来进行病毒营销。

➡

随着 suízhe 동 ~에 따라서 | 迅速 xùnsù 형 신속하다 | 病毒营销 bìngdúyíngxiāo 바이럴 마케팅 | 效果 xiàoguǒ 명 효과

11 SNS 마케팅을 한 이후로 고객들의 반응이 아주 좋습니다.

使用SNS营销以后顾客的反应非常好。

➡

反应 fǎnyìng 명 반응

12 그래프로 알 수 있듯이, 저희 회사 매출액은 1분기에 1억 달러를 기록했고, 2분기에는 1억 5천 달러까지 증가하였습니다. 하지만 3분기에는 매출이 9백만 달러까지 대폭 떨어진 것을 볼 수 있습니다.

从曲线图可以看出，我们公司在第一季度销售额创造了1亿美元的记录，第二季度增长到了1亿5,000美元，但是第三季度销售额大幅下降到了900万美元。

➡

曲线图 qūxiàntú 명 그래프 | 季度 jìdù 명 분기 | 销售额 xiāoshòu'é 명 매출액 | 创造 chuàngzào 동 창조하다, 만들다 | 亿 yì 수 억 | 美元 měiyuán 명 미국 달러

13 효과적인 마케팅은 고객과 장기적인 관계를 발전시켜나가는 것입니다. 회사는 고객에게 포커스를 맞추고 변화하는 소비자의 취향을 꿰뚫고 있어야 합니다.

效果好的营销必须是与顾客有着长期发展的关系。公司要把焦点放在顾客身上，要看透不断变化的消费者取向。

➡ _____

有着 yǒuzhe 동 있다, 존재하다 | 焦点 jiāodiǎn 명 초점, 집중 | 看透 kàntòu 동 간파하다, 꿰뚫어 보다 | 取向 qǔxiàng 명 방향, 취향

14 지난달에 진행된 판촉 행사가 성공을 이룬 덕분에 매출액이 50% 증가하였습니다.

上个月进行的促销活动的成功，使销售额增加了50%。

➡ _____

成功 chénggōng 동 성공하다 | 增加 zēngjiā 동 증가하다, 더하다

15 그 지역의 많은 소비자들에게 저희 제품의 품질과 스타일을 알게 하기 위해서 저희 회사는 다양한 모델과 스타일의 제품을 가지고 그 곳에 가서 운동화 전시회를 열려고 합니다. 전시회에서는 그 지역의 고객들에게 소재가 마모에 강하고 흡습이 좋으며 바람이 잘 통하는 등의 다양한 성능을 현장에서 과학적으로 시연해 드리고자 합니다.

为使贵地广大消费者了解我产品的质量和样式，我公司打算携带各种型号、样式的产品去贵地举办一次运动鞋展示会，会上向贵地用户做原料耐磨、吸潮、透气等各种性能的实地科学演示。

➡ _____
_____
_____
_____

样式 yàngshì 명 양식, 스타일 | 携带 xiédài 동 휴대하다, 지니다 | 型号 xínghào 명 모델, 사이즈 | 耐磨 nàimó 형 마모에 강하다 | 吸潮 xīcháo 습기를 흡수하다 | 透气 tòuqì 공기가 통하다 | 实地 shídì 부 실제로, 현장에서 | 演示 yǎnshì 동 시연해 보이다, 시범을 보이다

3 STEP 비즈니스 한중 통번역 실전 트레이닝

다양한 난이도의 문장들을 통번역해 보며 실력을 한 단계 높여 보도록 합시다.

01 우리는 틈새시장을 공략해 공격적인 마케팅을 해야 합니다.

02 저희 회사는 대학생 홍보 대사를 모집하고 있습니다.

03 블로거에게 제품을 보내주고 체험 후 리뷰를 작성하도록 할 예정입니다.

04 인터넷은 직접적인 마케팅 매개체로 활용 가능성이 무궁무진합니다.

05 이번에 출시되는 신제품 홍보를 위해 프로모션을 계획하고 있습니다.

06 저희 회사는 중국 시장 마케팅을 강화하기 위해 왕홍 마케팅을 하기로 했습니다.

07 타깃 마케팅을 하여 성공적으로 일본 관광객을 유치하였습니다.

08 저희 회사는 광고 대행사를 통해서 바이럴 마케팅을 하려고 합니다.

09 지난달에 진행된 판촉 행사가 성공을 이룬 덕분에 매출액이 50% 증가하였습니다.

[심화]
10 소비자의 니즈를 제대로 파악하기 위해서 빅데이터가 아닌 스몰데이터를 봐야 합니다.

[심화]
11 간접 광고를 할 수 있는 공간은 매우 넓은데, 영화나 드라마 및 오락 프로그램에서는 적합한 간접 광고물과 방식을 많이 찾을 수 있습니다. 자주 사용되는 간접 광고물로는 상품, 로고, VI, CI 및 브랜드 명칭 등이 있습니다.

[심화]
12 저희 가게에 오셔서 물건을 구매하시는 모든 고객분들에게 100위안을 쓰시면 10위안을 할인해 드리고, 또 20%의 할인 혜택을 받으실 수 있습니다.

[심화]
13 올림푸스 내시경 시스템 EVIS LUCERA ELITE은 두 가지 장점이 있습니다. 먼저 가시성이 우수하다는 것이며, 그 다음으로 조작 속도가 빠르다는 것입니다.

심화

14 저희는 이러한 성능의 필요와 안정적인 영상 품질, 다양한 지류 지원 기능 및 절전 기능을 결합하여 최신 ApeosPort-V 시리즈를 탄생시켰습니다. 또한 최신형 조작 인터페이스로 조작 성능을 향상시켜 여러분께 고성능, 고효율에 대한 필요를 만족시켜 드릴 것입니다.

심화

15 만일 인터넷을 마케팅 도구로 삼으려면 원가, 속도, 다양성 등 여러 장점을 분명히 이해해야 합니다.

모범 답안

01 我们应该打入利基市场，进行进攻型营销。
02 我们公司正在招聘大学生宣传大使。
03 我们会把产品发给博客博主，让他们体验后来写评论。
04 互联网作为直接的营销媒介，活用的可能性无穷无尽。
05 为了宣传这次面市的新产品，正在准备促销活动。
06 我们公司为了强化中国市场的营销，决定进行网红营销。
07 通过目标营销的实施，成功地招引了日本游客。
08 我们公司准备通过广告代理公司来进行病毒营销。
09 上个月进行的促销活动的成功，使销售额增加了50%。
10 要正确掌握消费者的需求不是通过大数据，而是要通过小数据来看。
11 植入式广告的表现空间十分广阔，在影视剧和娱乐节目中可以找到诸多适合的植入物和植入方式，常见的广告植入物有：商品、标识、VI、CI以及品牌名称等等。
12 所有光临本店购买商品的顾客满100元可减10元，并且还可以享受八折优惠。
13 奥林巴斯内镜系统EVIS LUCERA ELITE，其优点集中在两个方面：一是优良的可视性；二是便捷的操控性。
14 我们将这种性能需求和稳定的图像质量、广泛的纸张支持功能以及节能功能相结合，融入到设备的新ApeosPort-V 系列中，并采用了全新的手势操作界面来提高可操作性，满足您对真正高性能和真实效率的需求。
15 如果将网络作为营销工具，那么就要弄清楚网络的种种优势，成本、速度、多样性等。

 **관련 어휘 및 표현 총정리**

주제와 관련된 주요 중국어 표현을 한눈에 훑어보며 한중 통번역 실력을 보강해 봅시다.

营销策略	yíngxiāocèlüè	마케팅 전략
病毒营销	bìngdúyíngxiāo	바이럴 마케팅
网红营销	wǎnghóngyíngxiāo	왕훙 마케팅
促销活动	cùxiāohuódòng	판촉 활동
宣传大使	xuānchuándàshǐ	홍보 대사
进攻型营销	jìngōngxíngyíngxiāo	공격적 마케팅
目标营销	mùbiāoyíngxiāo	타킷 마케팅
买一送一	mǎiyīsòngyī	원 플러스 원
礼品	lǐpǐn	명 선물
奖品	jiǎngpǐn	명 상품, 경품
以旧换新	yǐjiùhuànxīn	옛것을 새것으로 바꿔주다, 보상 판매
面世	miànshì	동 세상에 나오다, 세상에 선을 보이다
面市	miànshì	동 출시하다, 내놓다
上市(=亮相)	shàngshì	동 출시되다, 물건이 시장에 나오다
投放市场	tóufàngshìchǎng	시장에 내놓다
适销对路	shìxiāoduìlù	동 소비자의 기호에 맞다
试营业	shìyíngyè	동 시험 영업하다
试销	shìxiāo	동 시험 판매하다
招商	zhāoshāng	동 기업의 투자를 유치하다
直销市场	zhíxiāoshìchǎng	직거래 장터
畅销	chàngxiāo	형 잘 팔리다
代销	dàixiāo	동 대리 판매하다
赊销	shēxiāo	동 외상으로 팔다
内销	nèixiāo	동 국내 판매를 하다
外销	wàixiāo	동 해외 판매하다, 수출하다

협상 및 거래

STEP 1 알짜배기 문장으로 통번역 준비 운동!
주제별 핵심 구문 및 어휘를 학습한 뒤 문장의 빈칸에 알맞은 어휘를 채우며 몸을 가볍게 풀어 봅시다.

- 发盘 오퍼를 내다 예 朴经理，对我们昨天的发盘还满意吗？
- 装船 선적하다, 선박에 적재하다 예 第一批货物本月下旬装船。
- 交货 납품하다 예 贵公司什么时候可以交货？
- 接受要求 요구를 받아들이다 예 我们决定接受贵公司的要求。
- 延长 연장하다 예 付款的期限可以延长一个月吗？
- 达成交易/协议 거래/협의를 달성하다 예 我们终于达成了交易。
- 由于…… ~때문에, ~으로 인하여 예 由于贵方的全力合作，双方顺利达成协议。
- 感谢配合 협조에 감사하다 예 非常感谢贵公司的配合。
- 经过……后 ~을 거친 후 예 经过深思熟虑后，我们决定接受贵公司的要求。
- 让步 양보하다 예 非常感谢贵公司在价格上让步。
- 做调整 조정하다 예 对于交易和运输方式我们希望能做一些调整。
- 签署协议 협의를 체결하다 예 我们全盘接受，决定签署协议。
- 订货 주문하다, 발주하다 예 向贵方订货如下。

01 박 부장님, 그간 별고 없으셨습니까? 어제 저희가 보내드린 오퍼는 괜찮으신가요?

朴经理，别来无恙？对＿＿＿＿＿＿＿＿还满意吗？

02 귀사에서 가격을 양보해 주셔서 정말 감사합니다. 거래 조건은 대부분 다 만족합니다.

非常感谢＿＿＿＿＿＿＿＿＿＿＿＿。大部分的交易条件我们都很满意。

03 첫 번째 물품은 원래 8월 하순에 선적하기로 했는데, 8월 중순으로 앞당겨 주셨으면 합니다.

第一批货物＿＿＿＿＿＿＿＿，希望能提前到8月中旬。

04 저희의 오퍼 가격은 FOB 옌타이 가격인데, 이 부분에 대해서는 잘 알고 계시죠?

＿＿＿＿＿＿＿＿＿＿＿＿，这点贵公司很清楚吧？

05 이 부장님, 이번에 저희가 귀사에서 수입하는 가구를 최대한 빠르게 언제쯤 납품 받을 수 있을까요?

李经理，这次从贵公司进口的家具_____？

06 최대한 빨리 9월 말 전에 선적이 가능합니다. 납품 시기에 대해 특별한 요구 사항이 있으신가요?

_____，贵公司对交货期有什么特别要求吗？

07 이렇게 좋은 기회를 놓치신다면 귀사 입장에서는 정말 안타까운 일이 아닐 수 없습니다.

_____，从贵公司立场来看真的是很惋惜的事。

08 인천항은 큰 항구라 선박과 화물이 많아서 평택항에 비해서 선적하는 데 시간이 더 필요합니다.

_____，船多货多，相对于平泽港，装船所需的周期要长一些。

09 귀사의 협조에 감사드립니다. 저희는 선적항은 평택항으로 하고, 도착항은 웨이하이항으로 하겠습니다.

非常感谢贵公司配合。我们就将_____，目的港定为威海港。

10 심사숙고한 끝에 귀사의 요청을 수락하기로 결정했습니다.

经过深思熟虑后，我们决定_____。

11 만일 지불 기한을 한 달 연장해 주시고 저희에게 3% 우대한 가격으로 주신다면 저희는 귀하의 조건을 받아들일 수 있습니다.

如果_____，加上给我们3%的优惠价格，我们公司_____。

12 양측의 노력으로 드디어 거래가 성사되었습니다. 이것이 저희에게 좋은 출발점이 되기를 바랍니다.

由于双方的共同努力，我们_____，希望这是我们双方之间的_____。

정답 확인

01 我们昨天的发盘
02 贵公司在价格上让步
03 原定8月下旬装船
04 我们的报价是烟台离岸价
05 最快什么时候可以交货
06 最快我们可以9月底之前装船
07 如果错过了这么好的机会
08 由于仁川港是大码头
09 装运港定为平泽港
10 接受贵公司的要求
11 付款的期限延长一个月 ‖ 可以接受贵方的条件
12 终于达成了交易 ‖ 良好开端

2 STEP 비즈니스 한중 통번역 연습하기

앞서 배운 문장을 바탕으로 하단에 제시된 어휘를 참고하여 통번역해 봅시다.

01 박 부장님, 그간 별고 없으셨습니까? 어제 저희가 보내드린 오퍼는 괜찮으신가요?

> 朴经理，别来无恙？对我们昨天的发盘还满意吗？

➡ _____

经理 jīnglǐ 몡 경영 관리 책임자, 매니저 | 别来无恙 biéláiwúyàng 셩 그간 별고 없으십니까? | 发盘 fāpán 동 오퍼를 내다 몡 오퍼 | 满意 mǎnyì 혱 만족하다, 만족스럽다

02 귀하의 문의에 대해 감사드리며, 저희도 진심으로 귀하와 거래하기를 바랍니다.

> 感谢您的询问，我们很诚挚地希望跟您做生意。

➡ _____

询问 xúnwèn 동 알아보다, 문의하다 | 诚挚 chéngzhì 혱 성실하고 진실하다, 진지하다 | 做生意 zuòshēngyi 동 장사를 하다, 사업을 하다

03 첫 번째 물품은 원래 8월 하순에 선적하기로 했는데, 8월 중순으로 앞당겨 주셨으면 합니다. 두 번째 물품은 8월 말에 납품해 주시고 항공편으로 보내주셨으면 합니다.

> 第一批货物原定8月下旬装船，希望能提前到8月中旬。第二批货8月末交货，希望贵公司可以安排空运。

➡ _____
_____
_____

批 pī 양 거액의, 대량의 | 原定 yuándìng 동 원래 정하다 | 下旬 xiàxún 명 하순 | 装船 zhuāngchuán 동 선박에 적재하다, 선적하다 | 中旬 zhōngxún 명 중순 | 交货 jiāohuò 동 물품을 인도하다, 납품하다 | 空运 kōngyùn 동 항공 보급하다

04 이 부장님, 이번에 저희가 귀사에서 수입하는 가구를 최대한 빠르게 언제쯤 납품 받을 수 있을까요?

> 李经理，这次从贵公司进口的家具最快什么时候可以交货？

➡ _____
_____

家具 jiājù 〔명〕 가구

05 최대한 빨리 9월 말 전에 선적이 가능합니다. 납품 시기에 대해 특별한 요구 사항이 있으신가요?

> 最快我们可以9月底之前装船，贵公司对交货期有什么特别要求吗？

➡ _____
_____

月底 yuèdǐ 〔명〕 월말 | 交货期 jiāohuòqī 〔명〕 물품 인도 기일 | 要求 yāoqiú 〔동〕〔명〕 요구(하다)

06 인천항은 큰 항구라 선박과 화물이 많아서 평택항에 비해서 선적하는 데 시간이 더 필요합니다. 그래서 이번 거래는 평택항에서 선적하는 게 훨씬 유리할 거라고 생각합니다.

> 由于仁川港是大码头，船多货多，相对于平泽港，装船所需的周期要长一些。因此就这笔交易来讲，平泽港装船具有无可比拟的优势。

➡ _____
_____
_____

码头 mǎtou 〔명〕 부두, 항구 | 相对于 xiāngduìyú ~에 상대적으로 | 周期 zhōuqī 〔명〕 주기 | 笔 bǐ 〔양〕 몫, 건 | 无可比拟 wúkěbǐnǐ 〔형〕 비할 바가 없다 | 优势 yōushì 〔명〕 우세, 우위

07 귀사의 협조에 감사드립니다. 그럼 저희는 선적항을 평택항으로 하고, 도착항은 웨이하이항으로 하겠습니다.

> 非常感谢贵公司的配合。那我们就将装运港定为平泽港，目的港定为威海港。

➡ _____
_____

配合 pèihé 〔동〕 협력하다 | 装运港 zhuāngyùngǎng 선적항 | 目的港 mùdìgǎng 도착항 | 威海 Wēihǎi 〔지명〕 웨이하이, 위해

08 심사숙고한 끝에 귀사의 요청을 수락하기로 결정했습니다.

经过深思熟虑后，我们决定接受贵公司的要求。

➡ _____

_____

经过 jīngguò 동 경유하다, 경험하다, 거치다 | 深思熟虑 shēnsīshúlǜ 정 심사숙고하다 | 接受 jiēshòu 동 받아들이다, 수락하다

09 납기일을 앞당기는 일은 생산팀과 조율해서 최대한 맞춰 드리겠습니다. 협의를 해보고 결정나는 대로 바로 연락드리겠습니다.

交货期提前我们可以跟生产部协调，尽量满足贵公司的要求。我们协调一下，一有结果就马上给贵公司答复。

➡ _____

_____

提前 tíqián 동 앞당기다 | 生产部 shēngchǎnbù 생산팀 | 协调 xiétiáo 동 어울리게 하다, 조화롭게 하다 | 答复 dáfù 동 회답하다, 답변하다

10 이 부장님같이 중국과 오래 거래한 경험이 풍부한 분과 함께 일하게 되어 정말 영광입니다.

李经理与中国做生意多年，经验丰富，这次能与您合作，我感到非常荣幸。

➡ _____

_____

丰富 fēngfù 형 풍부하다, 넉넉하다 | 合作 hézuò 동 합작하다, 협력하다 | 荣幸 róngxìng 형 매우 영광스럽다

11 아직 논의해야 할 문제가 남아있기는 하지만, 앞으로도 계속적으로 원만한 업무 관계를 이어나갈 수 있었으면 합니다.

虽然还有需要讨论的问题，但是希望以后还能继续保持圆满的工作关系。

➡ _____

_____

需要 xūyào 동 필요하다, 요구되다 | 讨论 tǎolùn 동 토론하다 | 希望 xīwàng 동 희망하다, 바라다 | 圆满 yuánmǎn 형 원만하다, 훌륭하다

12 어제 팩스로 보내주신 오퍼 잘 보았습니다. 귀사에서 가격을 양보해 주셔서 정말 감사합니다. 거래 조건은 대부분 다 만족합니다. 그러나 납품일과 운송 방법은 조정할 수 있길 바랍니다.

> 昨天贵公司传真过来的发盘我们已经看过。非常感谢贵公司在价格上让步。大部分的交易条件我们都很满意，但是对于交货期和运输方式我们希望能做一些调整。

➡ _____
_____

传真 chuánzhēn 명 팩스 | 让步 ràngbù 동 양보하다 | 运输 yùnshū 동 운송하다 | 调整 tiáozhěng 동 조정하다, 조절하다

13 시간이 촉박한 관계로 귀사의 빠른 결정이 필요합니다. 이렇게 좋은 기회를 놓치신다면 귀사 입장에서는 정말 안타까운 일이 아닐 수 없습니다.

> 因为时间紧迫的关系，我们迫切需要贵公司的决定。错过这么好的机会从贵公司的立场来看是很惋惜的事。

➡ _____
_____

紧迫 jǐnpò 형 급박하다, 긴박하다 | 迫切 pòqiè 형 절박하다, 다급하다 | 错过 cuòguò 동 놓치다, 엇갈리다 | 立场 lìchǎng 명 입장, 태도 | 惋惜 wǎnxī 동 안타까워하다, 아쉬워하다

14 저희는 되도록 귀사가 9월 10일 전에 발송해 주셨으면 합니다. 가을은 집 인테리어를 하기에 좋은 계절이기도 하고 특히 10월 1일 국경절 기간은 가구 판매 성수기이기 때문입니다. 따라서 저희는 9월 하순에 맞춰서 시장에 제품을 출시해야 합니다.

> 我们希望贵公司能尽量在9月10日之前发货。因为秋天是装修房子的好季节，特别是10月1日国庆节期间是家具的销售旺季。因此我们需赶在9月下旬将产品投放市场。

➡ _____
_____

尽量 jǐnliàng 부 가능한 한, 되도록 | 发货 fāhuò 동 화물을 발송하다 | 装修 zhuāngxiū 동 (가옥을) 장식하고 꾸미다 | 季节 jìjié 명 계절, 절기 | 国庆节 guóqìngjié 명 국경절 | 旺季 wàngjì 명 성수기 | 投放市场 tóufàngshìchǎng 시장에 내놓다, 시판하다

3 STEP 비즈니스 한중 통번역 실전 트레이닝

다양한 난이도의 문장들을 통번역해 보며 실력을 한 단계 높여 보도록 합시다.

모범 답안 160p | 207~222

01 심사숙고한 끝에 귀사의 요청을 수락하기로 결정했습니다.

02 귀사에서 가격을 양보해 주셔서 정말 감사합니다.

03 거래 조건 대부분은 다 만족합니다. 그러나 납품일과 운송 방법은 조정할 수 있길 바랍니다.

04 두 번째 물품은 8월 말에 납품해 주시고, 항공편으로 보내 주셨으면 합니다.

05 이 부장님. 이번에 저희가 귀사에서 수입하는 가구를 최대한 빠르게 언제쯤 납품 받을 수 있을까요?

06 최대한 빨리 9월 말 전에 선적이 가능합니다. 납품 시기에 대해 특별한 요구 사항이 있으신가요?

07 인천항은 큰 항구라 선박과 화물이 많아서 평택항에 비해서 선적하는 데 시간이 더 필요합니다.

08 귀사의 문의에 대해 감사드리며, 저희도 진심으로 귀하와 거래하기를 바랍니다.
_____
_____

09 납품일을 앞당기는 것은 생산팀과 조율해서 최대한 맞춰 드리겠습니다.
_____
_____

10 앞으로도 계속적으로 원만한 업무 관계를 이어나갈 수 있었으면 합니다.
_____
_____

11 왕 선생님. 선생님과 합작하는 것은 제게 영광입니다. 오늘 협약을 이룰 수 있어서 매우 기쁩니다.
_____
_____

[심화]
12 처음으로 상대측과 거래를 할 때는 반드시 신용을 지켜야 좋은 협력 관계를 맺을 수 있습니다.
_____
_____

[심화]
13 국제 경제 교류에서 기업 간의 상담 및 협상 활동은 기업과 기업의 관계를 반영할 뿐만 아니라, 국가와 국가 간의 관계를 나타냅니다. 서로 간의 요구는 각자의 권리와 국격을 존중하는 기초 위에서 하고, 평등하게 무역 및 경제 협력 업무를 진행해야 합니다.
_____
_____

[심화]
14 좋습니다. 저희는 귀하의 의견을 받아들여서 5% 할인하여 컨테이너 하나당 30,000달러로 낮추겠습니다. 저희 쪽의 양보가 현재의 국면을 타개할 수 있기를 바랍니다.
_____
_____

심화
15 아주 기쁜 마음으로 귀하께 알려드립니다. 귀사의 오퍼에 대해 저희는 모두 받아들이고 정식 협의에 서명하기로 했습니다. 저희는 귀사의 자산과 신용, 그리고 견본과 상품이 완전히 일치한다고 믿습니다. 여기에 저희 회사의 구매 확인서를 같은 양식으로 두 부 동봉하오니 서명하신 후 저희가 보관할 한 부를 보내 주시길 바랍니다.

_____

_____

심화
16 귀하께서 5% 가격 인하 요구를 받아들여 주셔서 매우 감사드립니다. 귀하의 전적인 협조를 통해 원가를 수정하여 양측이 순조롭게 협의를 이루게 되었습니다. 저희는 귀하의 수정된 가격을 받아들이며, 주문하는 내용은 다음과 같습니다.

_____

_____

모범 답안

01 经过深思熟虑后，我们决定接受贵公司的要求。
02 非常感谢贵公司在价格上的让步。
03 大部分的交易条件我们都很满意，但是对于交货期和运输方式我们希望能做一下调整。
04 第二批货8月末交货，希望贵公司可以安排空运。
05 李部长，这次从贵公司进口的家具最快什么时候可以交货？
06 最快我们可以9月底之前装船，贵公司对交货期有什么特别要求吗？
07 由于仁川港是大码头，船多货多，相对于平泽港，装船所需的周期要长一些。
08 感谢您的询问，我们很诚挚地希望跟您做生意。
09 交货期提前我们可以跟生产部协调，尽量满足贵公司的要求。
10 我们希望以后还能持续有圆满的工作关系。
11 王先生，跟您合作是我的荣幸，很高兴今天的合约能成功。
12 第一次与对方做生意，一定要守信用，这样才能建立起良好的合作关系。
13 在国际经济往来中，企业间的洽谈协商活动不仅反映着企业与企业的关系，还体现了国家与国家的关系，相互间要求在尊重各自权利和国格的基础上，平等地进行贸易与经济合作事务。
14 好吧。我们接受您的意见，我们准备削价5%，降到一个集装箱30,000美元。希望我方的这一让步能打开局面。
15 现欣喜地告知贵方，对于贵公司的报盘，我们全盘接受，并乐意签署正式协议，我们相信贵公司的资信，样品和商品会完全一致。现寄上我公司购货确认书一式两份，望即签退一份，以备我方查存。
16 感谢贵方接受减价5%的要求，由于贵方的全力合作，对原价作了修正，双方才顺利达成协议，我们接受贵方的修正价，向贵方订货如下。

 **관련 어휘 및 표현 총정리**

주제와 관련된 주요 중국어 표현을 한눈에 훑어보며 한중 통번역 실력을 보강해 봅시다.

发盘	fāpán	동 오퍼를 내다 명 오퍼
交货期	jiāohuòqī	동 물품 인도 기일
交货	jiāohuò	동 물품을 인도하다, 납품하다
运输方式	yùnshūfāngshì	운송 방식
空运	kōngyùn	동 항공 운송하다
海运	hǎiyùn	동 해상 운송하다
装船	zhuāngchuán	동 선박에 적재하다
销售旺季	xiāoshòuwàngjì	판매 성수기
装运港	zhuāngyùngǎng	선적항
目的港	mùdìgǎng	도착항
水渍险	shuǐzìxiǎn	해손 담보, 분손 보험
投保	tóubǎo	동 보험에 가입하다
保障期间	bǎozhàngqījiān	보장 기간
支票	zhīpiào	명 수표
汇票	huìpiào	명 환어음
电汇	diànhuì	명 전신환
本票	běnpiào	자기앞 수표
银行支票	yínhángzhīpiào	은행 수표, 자기앞 수표
汇款	huìkuǎn	동 돈을 부치다
转账	zhuǎnzhàng	동 계좌 이체하다
退款	tuìkuǎn	동 환불하다
协商	xiéshāng	동 협상하다, 협의하다
协作	xiézuò	동 협동하다, 협력하다
双赢	shuāngyíng	동 양측 모두 이익을 얻다, 윈윈
互利	hùlì	동 서로 이익을 주다

CHAPTER 15 제품 문의 및 업무상 요청

STEP 1 알짜배기 문장으로 통번역 준비 운동!

주제별 핵심 구문 및 어휘를 학습한 뒤 문장의 빈칸에 알맞은 어휘를 채우며 몸을 가볍게 풀어 봅시다.

- 希望　희망하다, 바라다　例 希望贵公司能给我们发几个样品。
- 关于……的要求　~의 요구에 관해　例 关于贵公司的要求，我会和负责人商量后给您联系。
- 请随时联系。언제든지 연락 주세요.　例 如果有疑问事项，请随时跟我们联系。
- 享受折扣　할인 혜택을 받다　例 如果订购200台以上，可享受5%的折扣。
- 包括　포함하다, 포괄하다　例 其内容包括所有型号的插图、尺寸、性能等信息。
- 能否提供……？　~을 제공할 수 있나요?　例 贵公司能否给我们提供业绩和产品样本？
- 询价　가격 문의, 가격 조회　例 请列出商品清单，正式询价。
- 敬请告知。알려 주십시오.　例 敬请贵公司将优惠价格和条件告知我方。
- 投保　보험에 가입하다　例 我们应该投保平安险吗？
- 咨询　문의하다　例 上周我们收到了您对我们的咨询内容。
- 按……要求　~요구에 따라　例 按贵公司要求，随函附上产品目录一份。

01 저희는 귀사가 이번에 출시한 신제품에 대해 관심이 많습니다.

我们对＿＿＿＿＿＿＿＿＿＿＿＿＿＿＿＿非常感兴趣。

02 귀사의 요청과 관련하여 담당자와 상의한 후 내일 다시 연락드리겠습니다.

关于贵公司的要求，我们会＿＿＿＿＿＿＿＿＿＿＿＿＿＿，明天再给您联系。

03 귀사가 말씀하신 추가 샘플 요청은 다음 주까지 10개를 더 보내드리겠습니다.

＿＿＿＿＿＿＿＿＿＿＿＿＿＿＿，我们下周之前会再发送十个。

04 요청하신 대로 최신 카탈로그와 거래 조건을 포함한 가격표를 첨부해 드리겠습니다.

根据您的要求，我们会附上＿＿＿＿＿＿＿＿＿＿＿＿＿＿＿＿＿＿＿＿＿。

05 우연한 기회에 회사 홈페이지를 통해서 귀사에 대해 알게 되었습니다.

在一个偶然的机会，_____了解到了贵公司。

06 저희 회사의 제품 카달로그를 보내드릴 수 있게 되어 기쁘게 생각합니다.

我们非常高兴_____。

07 더 문의하실 사항이 있으시면 언제든지 저희에게 연락 주십시오. 성심껏 답변해 드리겠습니다.

_____，请随时跟我们联系，我们会诚心诚意地给您答复。

08 저희 회사의 현재 수출 가능한 의류 목록을 첨부해 드립니다.

现随函附上我们公司_____的服装目录一份。

09 최근 주문량이 많은 관계로 본 확정 오퍼 조건을 장기간 유지할 수 없는 점 양해바랍니다.

_____，所以我方对此实盘不能保留太久，请谅解。

10 제품 단가는 20달러이며 최저 주문량은 100개입니다. 만약 200개 이상 구매하시면 5% 할인이 가능합니다.

该商品的单价为20美元，_____是100个。如果您订购200个以上，_____。

11 상품 카달로그에 있는 이 상품들이 귀사의 올해 봄철 의류 새 디자인인가요? 저는 이 스타일과 색깔이 아주 마음에 듭니다.

产品目录上的这些产品是_____吗？我非常喜欢这几款式样和颜色。

12 실례지만 귀사의 제품은 대량 생산입니까?

请问，贵公司的产品是_____吗？

정답 확인

01	贵公司这次上市的新产品	07	如果还有其他疑问事项
02	和负责人商量后	08	目前可供出口
03	关于贵公司提出的追加样品的要求	09	因为这几天我们的订单很多
04	最新的产品样本和包含交易条件的价目表	10	最低订购量 ‖ 可享受5%的折扣
05	通过企业网站	11	贵公司今年春装的新设计
06	能给您提供我们公司的产品目录	12	批量生产

2 STEP 비즈니스 한중 통번역 연습하기

앞서 배운 문장을 바탕으로 하단에 제시된 어휘를 참고하여 통번역해 봅시다.

01 저희는 귀사가 이번에 출시한 신제품에 관심이 많습니다. 신제품 샘플을 몇 개 보내주셨으면 합니다.

> 我们对贵公司这次上市的新产品非常感兴趣，希望能给我们发几个新产品的样品。

➡

上市 shàngshì 동 출시되다, 물건이 시장에 나오다 | 感兴趣 gǎnxìngqù 관심이 있다, 흥미가 있다 | 样品 yàngpǐn 명 샘플, 견본

02 귀사의 요청과 관련하여 담당자와 상의한 후 내일 다시 연락드리겠습니다.

> 关于贵公司的要求，我们会和负责人商量后，明天再给您联系。

➡

负责人 fùzérén 명 책임자 | 商量 shāngliang 동 상의하다, 의논하다

03 귀사에서 말씀하신 추가 샘플 요청은 다음 주 전까지 10개를 더 보내드리겠습니다.

> 关于贵公司提出的追加样品的要求，我们下周之前会再发送十个。

➡

追加 zhuījiā 동 추가하다, 더하다 | 发送 fāsòng 동 발송하다, 보내다

04 지난주 저희 쪽에 문의하신 내용 잘 받아 보았습니다. 요청하신 대로 최신 카탈로그와 거래 조건을 포함한 가격표를 첨부해 드리겠습니다.

> 上周我们收到了您对我们的咨询内容，根据您的要求，我们会附上最新的产品样本和包含交易条件的价目表。

➡

咨询 zīxún 동 상담하다, 문의하다 | 产品样本 chǎnpǐnyàngběn 제품 카탈로그 | 价目表 jiàmùbiǎo 명 가격표

05 우연한 기회에 회사 홈페이지를 통해서 귀사에 대해 알게 되었습니다. 귀사의 신제품에 대한 정보를 좀 더 얻고 싶습니다. 관련 자료를 제 이메일로 보내주시면 감사하겠습니다.

在一次偶然的机会，通过企业网站了解到了贵公司。我们想获得更多关于贵公司新产品的信息，希望您能将相关材料发到我的邮箱，非常感谢。

➡ _____

偶然 ǒurán 〔부〕 우연히, 뜻밖에 | 网站 wǎngzhàn 〔명〕 웹사이트 | 获得 huòdé 〔동〕 얻다 | 邮箱 yóuxiāng 〔명〕 우편함, 이메일

06 저희 회사의 제품 카탈로그를 보내드릴 수 있게 되어 기쁘게 생각합니다. PDF형식의 자료를 첨부 드렸습니다.

我们非常高兴能给您提供我们公司的产品目录，已经附上PDF格式的资料。

➡ _____

产品目录 chǎnpǐnmùlù 제품 카탈로그 | 格式 géshi 〔명〕 격식, 양식, 포맷

07 더 문의하실 사항이 있으시면 언제든지 저희에게 연락 주십시오. 성심껏 답변해 드리겠습니다. 또한 저희 홈페이지에 오시면 다른 제품에 대한 자세한 정보를 더 많이 보실 수 있습니다.

如果还有其他疑问事项，请随时跟我们联系，我们会诚心诚意的给您答复。登录我们的网站，还可以看到更多的关于其他产品的详细内容。

➡ _____

事项 shìxiàng 〔명〕 사항 | 诚心诚意 chéngxīnchéngyì 〔성〕 성심성의 | 登录 dēnglù 〔동〕 로그인하다 | 详细 xiángxì 〔형〕 상세하다, 자세하다

08 저희가 취급하는 제품에 대한 이해를 도울 수 있도록 저희 회사의 수출 가능한 의류 목록을 첨부해 드립니다. 만약 구매 의향이 있으시면 알려주시기 바랍니다.

为了使贵公司能了解我们经营的商品，现随函附上我们公司目前可供出口的服装目录一份。如若有意，敬请告知。

➡ _____

经营 jīngyíng 〔동〕 운영하다 | 如若 rúruò 〔접〕 만약, 만일 | 敬请 jìngqǐng 〔동〕 공경히 청하다

09 최근 주문량이 많아 본 확정 오퍼 조건을 장기간 유지할 수 없으며, 오퍼의 유효 기간은 일주일입니다. 하루빨리 주문해 주시기 바랍니다!

因为这几天我们的订单很多，所以我对此实盘不能保留太久，故该报盘的有效期为一个星期。敬请早日订购！

➡

这几天 zhèjǐtiān 대 요즘, 요 며칠 | 订单 dìngdān 명 주문서 | 实盘 shípán 확정 오퍼 | 保留 bǎoliú 동 보존하다, 남겨 두다 | 故 gù 접 그러므로, 그래서 | 有效期 yǒuxiàoqī 명 유효 기간 | 订购 dìnggòu 동 예매하다, 주문하다

10 제품 단가는 20달러이며, 최저 주문량은 100개입니다. 만약 200개 이상 구매하시면 5% 할인이 가능합니다. 샘플을 사용해 보시기 바라며, 귀사의 주문을 기대하겠습니다.

产品单价为20美元，最低订购量是100个。如果订购200个以上，可享受5%的折扣。希望贵方能试用样品，并期待贵方的订单。

➡

单价 dānjià 명 단가 | 享受 xiǎngshòu 동 누리다, 즐기다 | 折扣 zhékòu 명 할인 | 试用 shìyòng 동 사용하다, 시험삼아 쓰다

11 현재 공급 가능한 제품의 카탈로그를 보내드리겠습니다. 카탈로그에는 모든 사이즈의 A73 제품 사진과 자세한 설명, 그리고 사이즈 및 모양에 대한 정보가 담겨 있습니다.

现将我们可供货物的样本寄上。其内容包括所有型号A73的插图、仔细说明，以及尺寸、形状等信息。

➡

寄 jì 동 부치다, 보내다 | 包括 bāokuò 포함하다 | 型号 xínghào 명 모델, 사이즈 | 插图 chātú 명 삽화 | 尺寸 chǐcun 명 치수, 사이즈 | 形状 xíngzhuàng 명 형상, 외관

12 모든 가격은 첨부해 드리는 수출품 가격 리스트에 있으며, FOB부산항 본선 인도 가격으로 포장 비용이 포함되어 있습니다.

> 所有的价格均列在所附的出口价目单上，为FOB釜山港船上交货价，包括包装费在内。

➡

均 jūn 〔부〕 모두, 다 | 列 liè 〔동〕 배열하다, 늘어놓다 | 船上交货价 chuánshàngjiāohuòjià 선적 가격, 본선 인도 가격 | 包装费 bāozhuāngfèi 포장 비용

13 현재 귀사의 요청에 따라 치수별 아동복 카탈로그 한 부를 첨부해 드립니다.

> 兹按贵公司要求，随函附上儿童系列服装各种尺码目录一份。

➡

兹 cí 〔명〕 지금, 현재 | 随函附上 suíhánfùshàng 함께 동봉하여 보내다 | 儿童 értóng 〔명〕 아동, 어린이 | 系列 xìliè 〔명〕 계열, 시리즈 | 尺码 chǐmǎ 〔명〕 치수, 사이즈

14 귀사 제품에 대한 추가 정보를 요청하고자 합니다. 그리고 귀사의 실적 및 제품 카탈로그를 보내주실 수 있는지 궁금합니다.

> 我们要求得到贵公司产品的追加信息，另外，想知道能否给我们提供贵公司的业绩和产品样本。

➡

另外 lìngwài 〔접〕 이 외에, 이 밖에 | 业绩 yèjì 〔명〕 업적

15 저희 신제품에 대한 정보를 이메일에 첨부하였습니다. 요청하신 대로 저희 회사의 홍보 책자를 첨부해 드립니다.

> 邮件中已经附上关于我们新产品的信息，并按照您的要求还附上了我们公司的宣传小册子。

➡

小册子 xiǎocèzi 〔명〕 소책자, 팸플릿

3 STEP 비즈니스 한중 통번역 실전 트레이닝

모범 답안 170p | 223~238

다양한 난이도의 문장들을 통번역해 보며 실력을 한 단계 높여 보도록 합시다.

01 저희는 귀사에서 이번에 출시한 신제품에 대해 관심이 많습니다.

02 귀사의 신제품 샘플을 몇 개 보내주셨으면 합니다.

03 귀사의 요청과 관련하여 담당자와 상의한 후 내일 연락드리겠습니다.

04 요청하신 대로 최신 카탈로그와 거래 조건을 포함한 가격표를 첨부해 드리겠습니다.

05 저희 회사의 제품 카탈로그를 보내드릴 수 있게 되어 기쁘게 생각합니다.

06 더 문의하실 사항이 있으시면 언제든지 저에게 연락 주십시오. 성심껏 답변해 드리겠습니다.

07 저희 회사의 수출 가능한 의류 목록을 첨부해 드립니다. 만약 구매 의향이 있으시면 알려주시기 바랍니다.

08 샘플을 사용해 보시기 바라며, 귀사의 주문을 기대하겠습니다.

09 최근 주문량이 많아 본 확정 오퍼 조건을 장기간 유지할 수 없으니, 하루 빨리 주문해 주시길 바랍니다.

10 저희 신제품에 대한 정보를 이메일에 첨부하였습니다.

[심화]
11 귀측에서 보내주신 샘플은 이미 받았습니다. 저희 회사는 이번 달에 귀사의 샘플 테스트를 최대한 빨리 진행하고 결과를 알려드리겠습니다.

[심화]
12 무선 충전기의 외관이 점점 좋아질수록 가격도 올라갑니다. 하지만 성능은 어떤지 모르겠습니다.

[심화]
13 지난번 상품 박람회에서 언급했던 상품의 소개와 샘플을 저희에게 보내 주시기 바랍니다. 또한 최저 가격과 우대된 구매 조건도 알려 주십시오.

[심화]
14 만일 귀하께서 저희와 거래하길 원하신다면 상품 목록을 제시하여 주시고 정식으로 가격을 문의해 주십시오. 저희가 바로 오퍼를 드릴 것입니다.

심화

15 항공 운송 관련 문제에 대해 저희 회사는 선적 날짜를 2월 15일로 수정하고 또한 신용장 유효 기간을 2월 20일로 연기하길 바랍니다.

심화

16 귀사는 보험의 종류 및 보험 범위, 보험률, 처리 수속 서신을 저희 쪽에 알려 주시길 바랍니다. 또한 이 깨지기 쉬운 상품을 목적지까지 안전하게 운송하기 위해서 저희가 해상 운송 보험을 들어야 하는지 해상 운송 종합 보험을 들어야 하는지 아니면 손해 보험을 들어야 하는지도 알려 주십시오.

모범 답안

01 我们对贵公司这次上市的新产品非常感兴趣。
02 希望能给我们发几个新产品的样品。
03 关于贵公司的要求，我们会和负责人商量后，明天联系您。
04 根据您的要求，我们会附上最新的产品样本和包含交易条件的价目表。
05 我们非常高兴能给您提供我们公司的产品样本。
06 如果还有疑问事项，请随时跟我们联系，我们会诚心诚意的给您答复。
07 现随函附上我们公司目前可供出口的服装目录一份。如若有意，敬请告知。
08 希望贵方能试用样品，并期待贵方的订单。
09 因为这几天我们的订单很多，所以我方对此实盘不能保留太久，敬请早日订购！
10 邮件中已经附上关于我们新产品的信息。
11 贵方寄来的样品已收到，我们公司本月将尽早进行贵公司样品的测试，并尽快告知结果。
12 无线充电器外形越来越时尚，价格越来越高了。不过不知性能怎样？
13 请把在上次商品交易会上提及的产品说明和一份样品寄给我们，并说明最低价格和最优惠的购买条件。
14 如果您有意与我们交易，请列出商品清单，正式询价，我们会马上给您报价。
15 有关航运的问题，我们公司希望把装运日期改到2月15号，并把信用证有效期拖延到2月20号。
16 敬请贵公司将你们的险别及其保险范围、保险率、办理手续函告知我方，并请告知，为使此种易碎品平安运抵目的地，我方应投海运险还是海上运输一切险，还是投保平安险？

 **관련 어휘 및 표현 총정리**

주제와 관련된 주요 중국어 표현을 한눈에 훑어보며 한중 통번역 실력을 보강해 봅시다.

样品	yàngpǐn	명 샘플, 견본
价目表	jiàmùbiǎo	가격표
产品目录	chǎnpǐnmùlù	제품 목록, 제품 카탈로그
试用样品	shìyòngyàngpǐn	샘플을 사용하다
宣传小册子	xuānchuánxiǎocèzi	홍보 책자
模型	móxíng	명 모형, 모델
款式(=式样)	kuǎnshì(=shìyàng)	명 스타일, 양식
订单	dìngdān	명 주문서
单价	dānjià	명 단가
存货(=库存)	cúnhuò(=kùcún)	명 재고 상품
脱销	tuōxiāo	동 매진되다, 품절되다
询问	xúnwèn	동 알아보다, 문의하다
函询	hánxún	우편 문의
一口价	yìkǒujià	명 정가
定价	dìngjià	명 정가, 정찰가
报价	bàojià	명 제시 가격, 오퍼, 견적
报盘	bàopán	동 오퍼를 내다, 가격을 제시하다
询盘	xúnpán	매매 상담, 조회
卖盘	màipán	명 판매 가격, 소매 가격
实盘	shípán	확정 오퍼, 기한부 오퍼
还盘	huánpán	명 반대 신청, 카운터 오퍼
供不应求	gōngbùyìngqiú	성 공급이 수요를 따르지 못하다
供过于求	gōngguòyúqiú	성 공급이 수요를 초과하다

PART 2 주제별 집중 훈련

CHAPTER 16 가격 문의 및 조정

STEP 1 알짜배기 문장으로 통번역 준비 운동!

주제별 핵심 구문 및 어휘를 학습한 뒤 문장의 빈칸에 알맞은 어휘를 채우며 몸을 가볍게 풀어 봅시다.

- 优惠多少？　얼마나 우대해 줄 수 있습니까？　예 大量订购的话最高可以优惠多少？
- 协商价格　가격을 협의하다　예 关于价格已经没有协商的余地。
- 打折　가격을 깎다　예 大量订购的话可以打九折。
- 价格上升　가격이 오르다　예 最近原材料的价格上升了。
- 难以……　~하기 어렵다　예 贵公司的报价太高，我们难以接受。
- 给予……　~을 주다, 부여하다　예 若贵公司答应给予5%的优惠，我们将增加10%的订货量。
- 提高价格　가격을 올리다　예 我们把产品价格将提高3%。
- 降低价格　가격을 낮추다　예 希望贵方能降低价格。
- 价位　가격 수준, 가격대　예 您认为什么价位是可行的？
- 现货供应　현물 공급, 현물로 제공하다　예 如手机有现货供应，希望报最优惠实盘。
- 实盘　기한부 오퍼, 확인 오퍼　예 本盘为实盘，于2018年9月10日前有效。
- 打开销路　판로를 개척하다　예 以这样的价格，我们很难打开销路。
- 竞争企业　경쟁 업체　예 比起竞争企业我们的价格还是相当低的。

01 대량으로 주문을 하면 최대 얼마까지 할인받을 수 있습니까?

　　大量订购的话，_____？

02 죄송하지만 가격에 대해서는 더 이상 협상의 여지가 없습니다.

　　不好意思，关于价格已经没有_____了。

03 이 가격이 최저 가격이며 더 이상의 할인은 어렵습니다.

　　这个价格已经是最低价了，_____。

04 1,000개 이상 구입을 하면 10% 더 할인해 드릴 수 있습니다.

　　购买1,000个以上_____。

05 귀사 제품의 가격, 할인 및 수수료에 대한 자세한 내용을 보내주실 수 있나요?

您能发给我们_____的详细内容吗？

06 본사의 제공 가격은 공장 인도 조건의 예상 가격입니다.

本公司提供的价格是_____。

07 최근 원자재 가격 상승으로 인해 제품 가격 인상이 불가피합니다.

最近因为原材料价格上升，_____是不可避免的。

08 아쉽게도 귀사의 오퍼는 너무 높아서 받아들이기가 어렵습니다.

很可惜贵公司的报价太高，我们_____。

09 현금으로 지불하실 경우, 모든 제품을 5% 추가 할인해 드릴 수 있습니다.

现金支付的话，所有产品_____。

10 귀사의 제품 품질이 우수하기는 하지만, 이 가격으로는 판로를 개척하기 힘듭니다.

虽然贵公司所经营的产品质量不错，但以这样的价格，我们_____。

11 상품 카달로그에 열거된 가격은 도매가인가요?

在产品目录上列出的价格是_____吗？

12 귀하의 오퍼가 너무 높아서 저희가 가격을 흥정하기 어렵군요. 귀하께서 적극적으로 한 걸음 양보해 주셔서 차이를 줄여 주시면 좋겠습니다.

贵方报价太高，使我们_____，希望贵方采取_____，弥合差距。

정답 확인

01 最高可以优惠多少
02 协商的余地
03 不能再给您打折
04 可以再打九折
05 关于贵公司的产品价格、优惠和手续费
06 工厂交货条件的估价
07 产品价格的上升
08 难以接受
09 可以追加5%的折扣
10 很难打开销路
11 批发价
12 很难讨价还价 ‖ 主动让一步

2 STEP 비즈니스 한중 통번역 연습하기

앞서 배운 문장을 바탕으로 하단에 제시된 어휘를 참고하여 통번역해 봅시다.

01 대량으로 주문을 하면 얼마까지 할인받을 수 있습니까?

➡ _____

大量订购的话，最高可以优惠多少？

大量 dàliàng [형] 대량의, 다량의 | 订购 dìnggòu [동] 예매하다, 주문하다 | 优惠 yōuhuì [형] 우대의, 특혜의

02 죄송하지만 가격에 대해서는 더 이상 협상의 여지가 없습니다.

不好意思，关于价格已经没有协商的余地了。

➡ _____

不好意思 bùhǎoyìsi (인사말로) 죄송합니다 | 协商 xiéshāng [동] 협상하다, 협의하다 | 余地 yúdì [명] 여지

03 이 가격이 최저 가격이며 더 이상의 할인은 어렵습니다.

这个价格已经是最低价了，不能再给您打折。

➡ _____

低价 dījià [명] 저가, 헐값 | 打折 dǎzhé [동] 가격을 깎다, 할인하다

04 1,000개 이상 구입을 하면 10% 더 할인해 드릴 수 있습니다.

购买1,000个以上可以再打九折。

➡ _____

购买 gòumǎi [동] 사다, 구입하다

05 귀사 제품의 가격, 할인 및 수수료에 대한 자세한 내용을 보내주실 수 있나요?

> 您能发给我们关于贵公司的产品价格、优惠和手续费的详细内容吗?

➡ _____

手续费 shǒuxùfèi 명 수수료 | 详细内容 xiángxìnèiróng 자세한 내용

06 본사가 제공한 가격은 공장 인도 조건의 예상 가격입니다.

> 本公司提供的价格是工厂交货条件的估价。

➡ _____

提供 tígōng 동 제공하다, 공급하다 | 工厂交货条件 gōngchǎngjiāohuòtiáojiàn 공장 인도 조건 | 估价 gūjià 명 예상 가격

07 최근 원자재 가격의 상승으로 인해 제품 가격 인상이 불가피합니다.

> 最近因为原材料价格上升，产品价格的上升是不可避免的。

➡ _____

原材料 yuáncáiliào 명 원재료, 원자재 | 上升 shàngshēng 동 상승하다, 위로 올라가다 | 不可避免 bùkěbìmiǎn 성 피할 수 없다, 불가피하다

08 아쉽게도 귀사의 오퍼는 너무 높아서 받아들이기가 어렵습니다.

> 很可惜贵公司的报价太高，我们难以接受。

➡ _____

可惜 kěxī 형 아쉽다, 유감스럽다 | 报价 bàojià 명 오퍼, 견적 | 难以 nányǐ 부 ~하기 어렵다, 곤란하다 | 接受 jiēshòu 동 받아들이다, 수락하다

09 현금으로 지불하실 경우, 모든 제품을 5% 추가 할인해 드릴 수 있습니다.

现金支付的话，所有产品可以追加5%的折扣。

➡ _____

支付 zhīfù 동 지불하다, 내다 | 追加 zhuījiā 동 추가하다, 더하다 | 折扣 zhékòu 명 할인, 에누리

10 귀사의 제품 품질이 우수하기는 하지만, 저희는 이 가격으로 판로를 개척하기 힘들 것 같습니다. 만약 귀사가 가격을 10% 낮춰 주시면 저희는 주문량을 10% 늘려서 500톤을 주문하겠습니다.

虽然贵公司所经营的产品质量不错，但以这样的价格，我们很难打开销路。若贵公司答应给予10%的优惠，我们将增加10%的订货量，即订购500吨。

➡ _____

经营 jīngyíng 동 운영하다, 경영하다 | 质量 zhìliàng 명 질, 품질 | 以 yǐ 개 ~으로써, ~을 가지고 | 打开销路 dǎkāixiāolù 판로를 개척하다 | 答应 dāying 동 대답하다, 동의하다 | 订货量 dìnghuòliàng 명 주문량 | 吨 dūn 양 톤 (ton)

11 아시다시피 본사는 3년간 가격을 동결해 왔습니다. 하지만 유감스럽게도 수수료 인상이 불가피하게 되었습니다.

众所周知本公司三年来的价格都是冻结的，但是很遗憾提高手续费是不可避免的。

➡ _____

众所周知 zhòngsuǒzhōuzhī 성 모든 사람이 다 알고 있다 | 冻结 dòngjié 동 (자금·인원 등을) 동결하다 | 遗憾 yíhàn 동 유감이다 | 提高 tígāo 동 항상시키다, 높이다

12 지금 바로 구매 계약을 하시면 개당 10%씩 할인해 드리겠습니다.

如果现在马上签约的话，可以每个打九折。

➡ _____

签约 qiānyuē 동 서명하다

13 저희는 다음 달부터 모든 제품의 가격을 3%씩 인상할 예정입니다. 하지만 이런 가격 인상에도 불구하고 저희 가격은 경쟁 업체들에 비해 상당히 낮은 편입니다.

> 我们下个月开始所有产品的价格将提高3%。但是就算提高了价格，比起竞争企业，我们的价格还是相当低的。

➡

就算 jiùsuàn 접 설령 ~하더라도 | 比起 bǐqǐ ~와 비교하다 | 竞争企业 jìngzhēngqǐyè 경쟁 업체, 경쟁사 | 相当 xiāngdāng 부 상당히, 꽤

14 귀사의 의류는 종류도 다양하고 품질도 우수해 고객들의 구매 의사가 매우 높은 편입니다. 그러나 유감스럽게도 고객들은 귀사의 견적 가격이 다소 높은 편이라고 생각하고 있습니다.

> 贵公司的服装种类齐全，质量上乘，客户极有意购买。然而很遗憾，客户们认为贵方的报价偏高。

➡

种类 zhǒnglèi 명 종류 | 齐全 qíquán 형 완전히 갖추다, 완비하다 | 上乘 shàngchéng 명 상등, 높은 수준 | 然而 rán'ér 접 그러나, 하지만 | 偏高 piāngāo 형 너무 높다, 높은 편이다

15 이 때문에 현재의 가격으로는 저희가 받아들이기 힘들 것 같습니다. 저희가 고객을 설득해 거래가 이루어질 수 있도록 귀측이 적당히 가격을 낮춰 주셨으면 합니다.

> 因此目前的价格我们难以接受。希望贵方能适当地降低价格，以便我方能说服客户，达成交易。

➡

适当 shìdàng 형 적절하다, 알맞다 | 降低 jiàngdī 동 내리다, 낮추다 | 以便 yǐbiàn 접 ~하도록, ~하기 위하여 | 说服 shuōfú 동 설득하다 | 达成交易 dáchéngjiāoyì 거래를 성사시키다

3 STEP 비즈니스 한중 통번역 실전 트레이닝

다양한 난이도의 문장들을 통번역해 보며 실력을 한 단계 높여 보도록 합시다.

01 최근 원자재 가격 상승으로 인해 제품 가격 인상이 불가피합니다.

02 이 가격이 최저 가격이며 더 이상의 할인은 어렵습니다.

03 죄송하지만 가격에 대해서는 더 이상 협상의 여지가 없습니다.

04 대량으로 주문을 하면 얼마까지 할인받을 수 있습니까?

05 아쉽게도 귀사의 오퍼는 너무 높아서 받아들이기가 어렵습니다.

06 현금으로 지불하실 경우, 모든 제품을 5% 추가 할인해 드릴 수 있습니다.

07 이런 가격 인상에도 불구하고 저희 측 가격은 경쟁 업체들에 비해 상당히 낮은 편입니다.

08 유감스럽게도 고객들은 귀사의 견적 가격이 다소 높은 편이라고 생각하고 있습니다.

09 우리가 고객들을 설득해 거래가 이루어질 수 있도록 귀측이 적당히 가격을 낮춰 주셨으면 합니다.

10 지금 바로 구매 계약을 하시면 개당 10%씩 할인해 드리겠습니다.

[심화] **11** 귀사의 오퍼 가격은 비쌀 뿐만 아니라 지불 조건도 적절하지 않습니다. 저희는 가격이 3% 할인되길 바라는데 어떻게 생각하십니까?

[심화] **12** 상품의 견적 가격 외에도 저희 회사는 대량 주문 가격을 알고 싶습니다. 만일 대량 주문을 하고 현금으로 지불하면 귀사에서는 할인을 해줄 수 있으신지요?

[심화] **13** 아래 상품 카달로그의 견적가는 모두 FOB부산 가격입니다. 여기에는 5%의 수수료가 포함되어 있고, 보험료와 운송비는 모두 판매측이 대신 지불합니다.

[심화] **14** 이 선생님, 허심탄회하게 알려주십시오. 어느 정도 가격이면 거래할 수 있다고 보시는지요?

심화
15 저희에게 가장 우대된 확정 오퍼를 내 주시길 바랍니다. 만일 오퍼 가격이 한국 판매에 적합하다면 저희는 대량 주문을 할 수 있습니다.

심화
16 이제 귀하의 요구에 따라서 저희 회사는 가장 우대해 드린 가격으로 아래와 같이 오퍼를 내립니다. 이 오퍼는 확정 오퍼로 2018년 9월 10일까지 유효합니다.

모범 답안

01 最近因为原材料价格上升，产品价格的上升是不可避免的。
02 这个价格已经是最低价了，不能再给您打折。
03 不好意思，关于价格已经没有协商的余地了。
04 大量订购的话最高可以优惠多少？
05 很可惜贵公司的报价太高，我们难以接受。
06 现金支付的话，所有产品可以追加5%的折扣。
07 就算提高了价格，比起竞争企业，我们的价格也是相当低的。
08 很遗憾，客户们认为贵方的报价偏高。
09 希望贵方能适当地降低价格，以便我方能说服客户，达成交易。
10 如果现在马上签约的话，可以每个打九折。
11 贵公司的报价不仅偏高，而且付款条件也不合适。我们希望削价3%，您看如何？
12 除了产品估价外，我们公司也希望知道大量订购的价格。如果是大量订购而且以现金支付，贵公司提供折扣吗？
13 下列商品目录上的报价都是釜山FOB价格，其中包括包分之五的佣金在内，保险费和运费由卖方垫付。
14 李先生，请坦白地告诉我，你大概认为什么价位是可行？
15 希望报最优惠实盘。如所报价格适合销售韩国，我们可大宗订货。
16 现根据贵方的要求，我公司根据最惠价格，报盘如下。本盘为实盘，于2018年9月10日前有效。

관련 어휘 및 표현 총정리

주제와 관련된 주요 중국어 표현을 한눈에 훑어보며 한중 통번역 실력을 보강해 봅시다.

优惠	yōuhuì	형 우대의, 할인의
优惠价	yōuhuìjià	명 우대 가격
打折	dǎzhé	동 가격을 깎다, 할인하다
最低价	zuìdījià	최저가
手续费	shǒuxùfèi	명 수수료
现金支付	xiànjīnzhīfù	현금 지불
涨价	zhǎngjià	동 물가가 오르다, 가격을 인상하다
提价	tíjià	동 가격을 올리다
减价	jiǎnjià	동 값을 내리다, 가격을 인하하다
降价	jiàngjià	동 가격을 낮추다, 할인하다
物价	wùjià	명 물가
高价	gāojià	명 고가, 비싼 값
廉价	liánjià	명 염가, 싼 값
起价	qǐjià	명 최저 가격
特价	tèjià	명 특가, 특별 할인 가격
议价	yìjià	명 협상 가격 동 가격을 협상하다
平价	píngjià	명 적정 가격, 공정 가격
估价	gūjià	명 예상 가격
讲价	jiǎngjià	물건 값을 깎다
砍价	kǎnjià	동 값을 깎다, 흥정하다
讨价还价	tǎojiàhuánjià	성 값을 흥정하다
物美价廉	wùměijiàlián	성 상품의 질이 좋고 값도 저렴하다
货真价实	huòzhēnjiàshí	성 품질도 믿을 만하고 가격도 공정하다
抬价	táijià	동 가격을 올리다
调价	tiáojià	동 가격을 조정하다
划算	huásuàn	형 수지가 맞다, 계산이 맞다
合算	hésuàn	형 수지가 맞다

제품 주문 및 배송

STEP 1 알짜배기 문장으로 통번역 준비 운동!

주제별 핵심 구문 및 어휘를 학습한 뒤 문장의 빈칸에 알맞은 어휘를 채우며 몸을 가볍게 풀어 봅시다.

- 订购　예약하여 구입하다, 주문하다　**예** 您订购的商品已发货。
- 试购　시험 주문　**예** 非常感谢您的试购。
- 希望能在……前收到。　~전에 받을 수 있기를 바랍니다.　**예** 我们希望能在2月末之前收到订购的产品。
- 发货　출하하다, 화물을 발송하다　**예** 您的产品会本月底之前发货。
- 大批量　대규모 생산량　**예** 我方将拟定大批量向贵方订货。
- 缺货　물건이 부족하다, 품절되다　**예** 您要求的商品目前缺货了。
- 装货　화물을 적재하다　**예** 您的商品已经做好装货准备。
- 一……就……　~하자마자 ~하다　**예** 我们一收到信用证就马上发货。
- 送货延误　배송 지연　**예** 我们送货延误非常抱歉。
- 物流　물류　**예** 请告诉我们物流状态。
- 尚未　아직 ~하지 않다　**예** 我方至今尚未得到任何装船信息。
- 空运　항공 운수　**예** 为了按时到达，请发空运。
- 海外直购　해외 직구　**예** 使用海外直购的人数一直在增加。
- 交货期　물품 인도 기일, 납품일　**예** 合同的交货期是5月底之前。
- 受保人　보험 계약자, 보험 수령인　**예** 受保人可以向保险公司提出索赔。

01 지난 5월 3일 저희 회사의 의료 기기를 시험 주문해 주신 것에 매우 감사드립니다.

非常感谢您5月3日＿＿＿＿＿＿＿＿我们公司的医疗器械。

02 귀하께서 주문하신 상품은 5월 15일까지 차질 없이 발송할 예정입니다.

您订购的商品＿＿＿毫无差池地在5月15日之前＿＿＿＿＿。

03 약속한 날짜에 배송 받을 수 있도록 최선을 다해 주시길 부탁드립니다.

请尽最大努力能让我们＿＿＿＿＿＿＿＿＿＿。

04 만약 소비자들의 반응이 좋으면 저희는 대량으로 주문할 예정입니다.

_____，我方将拟定大批量向贵方订货。

05 최근 주문이 쇄도하여 요청하신 상품이 품절되었습니다.

_____导致您要求的商品缺货了。

06 주문하신 상품은 이미 선적 준비가 완료되었으며, 신용장을 수령하는 대로 발송할 예정입니다.

您订购的商品_____，一收到信用证就马上发货。

07 귀하께서 주문하신 상품은 다음 주 초에 배송될 예정입니다.

您订购的商品_____。

08 귀하께서 주문하신 상품은 이미 발송되었습니다. 송장 번호는 123456입니다.

您订购的商品已发货，_____是123456。

09 귀하께서 원하시는 모델은 이미 생산이 중단되었으며, 올 초부터 새로운 모델로 교체되었습니다.

您想要的型号已经_____，今年年初已经_____。

10 배송 지연에 사과드립니다. 사과의 뜻으로 할인 쿠폰을 함께 드립니다.

因为_____，我们会附上优惠券以表示歉意。

11 서신에서 언급하신 조건에 따라 저희 회사는 아래에 열거한 물품을 시험 주문하기로 했습니다. 다만 귀사는 반드시 이번 달 말까지 저희 회사에 보내 주셔야 합니다.

根据来函所提的条件，我公司决定_____，但你公司必须保证在本月底运到我公司。

12 저희 회사는 귀측의 상품 품질과 가격에 모두 만족합니다. 따라서 오퍼 가격과 현물 공급하는 조건에서 물건을 주문하고 싶습니다.

我们公司对贵方商品的品质和价格均感满意，并愿_____订购货物。

정답 확인

01 试购了
02 会 ‖ 发货
03 在预定日期收到货
04 如果消费者反应良好
05 最近接连不断的订单
06 已经做好装货准备
07 下周初会发货
08 快递单号
09 中断生产 ‖ 更换为新型号
10 送货延误非常抱歉
11 试订下列货品
12 在报盘价格和供应现货的条件下

2 STEP 비즈니스 한중 통번역 연습하기

앞서 배운 문장을 바탕으로 하단에 제시된 어휘를 참고하여 통번역해 봅시다.

01 지난 5월 3일 저희 회사의 의료 기기를 시범 주문해 주신 것에 매우 감사드립니다.

> 非常感谢您5月3日试购了我们公司的医疗器械。

➡ _____

试购 shìgòu 시험 주문, 트라이얼 오더 | 医疗器械 yīliáoqìxiè 명 의료 기기

02 귀하께서 주문하신 상품은 5월 15일 전까지 차질 없이 발송할 예정입니다.

> 您订购的商品会毫无差池地在5月15日之前发货。

➡ _____

毫无差池 háowúchāchí 차질 없이, 한 치의 실수도 없이

03 저희가 주문한 제품을 2월 말까지 받아볼 수 있었으면 합니다. 약속한 날짜에 배송 받을 수 있도록 최선을 다해 주시길 부탁드립니다.

> 我们希望能在2月末之前收到订购的产品，请尽最大努力能让我们在约定日期收到货。

➡ _____

月末 yuèmò 명 월말 | 尽最大努力 jìnzuìdànǔlì 최선의 노력을 다하다 | 约定日期 yuēdìngrìqī 약속한 날짜 | 收货 shōuhuò 동 물품을 받다

04 저희가 귀사의 샘플을 검토해 보고 마케팅 방안을 세울 수 있도록 관련 자료를 첨부해 주시기 바랍니다.

> 为了我们研究贵公司的样品后做好营销方案，请附上有关的资料。

➡ _____

样品 yàngpǐn 명 샘플, 견본 | 营销方案 yíngxiāofāng'àn 명 마케팅 방안 | 资料 zīliào 명 자료

05 만약 소비자들의 반응이 좋다면 저희는 대량으로 주문할 예정입니다. 구체적인 사항은 차후 연락을 드리겠습니다. 이번 일에 관심을 가져 주셔서 감사드립니다.

如果消费者反应良好，我方将拟定大批量向贵方订货。具体事宜日后联系。感谢贵公司对此事的关照。

➡

消费者 xiāofèizhě 명 소비자 | 拟定 nǐdìng 동 입안하다, 초안을 세우다 | 批量 pīliàng 부 대량으로, 대규모 | 事宜 shìyí 명 일, 사항 | 关照 guānzhào 동 돌보다, 보살피다

06 최근 주문이 쇄도하여 요청하신 상품이 품절되었습니다.

最近连续不断的订单导致您要求的商品缺货了。

➡

连续不断 liánxùbúduàn 계속하여 끊이지 않다 | 导致 dǎozhì 동 야기하다, 초래하다, 가져오다 | 缺货 quēhuò 동 물건이 부족하다, 품절되다

07 주문하신 상품은 이미 선적 준비가 완료되었으며, 신용장을 수령하는 대로 발송할 예정입니다.

您订购的商品已经做好装货准备，一收到信用证就马上发货。

➡

装货 zhuānghuò 동 화물을 적재하다 | 一……就…… yī……jiù…… ~하자마자 ~하다, ~하기만 하면 ~하다 | 信用证 xìnyòngzhèng 명 신용장

08 그저께 이미 주문서를 보냈는데, 왜 계속 '발송 예정'으로 나옵니까?

前天就已经下单了，为什么一直显示"即将发货"呢？

➡

前天 qiántiān 명 그저께 | 下单 xiàdān 동 주문서를 보내다, 주문하다 | 显示 xiǎnshì 동 뚜렷하게 나타내 보이다, 보여주다

PART 2 주제별 집중 훈련 **185**

09 귀하께서 주문하신 상품은 이미 발송되었습니다. 송장 번호는 123456입니다.

> 您订购的商品已发货，快递单号是123456。

➡ _____

_____

快递单号 kuàidìdānhào 송장 번호

10 귀하께서 원하시는 모델은 이미 생산이 중단되었으며, 올 초부터 새로운 모델로 교체되었습니다.

> 您想要的型号已经中断生产，今年年初已经更换为新型号。

➡ _____

_____

型号 xínghào 명 모델, 사이즈 | 中断 zhōngduàn 동 중단하다, 중단되다 | 年初 niánchū 명 연초 | 更换 gēnghuàn 동 바꾸다, 교체하다

11 배송 지연에 사과드립니다. 사과의 뜻으로 할인 쿠폰을 함께 보내 드리니, 다음 번 상품 구매 시 이용하시기 바랍니다.

> 因为送货延误非常抱歉，我们会附上优惠券以表示歉意。请在下次购买商品时使用。

➡ _____

_____

送货延误 sònghuòyánwù 배송 지연 | 优惠券 yōuhuìquàn 할인권, 쿠폰 | 歉意 qiànyì 명 미안한 마음

12 정말 죄송하게도 귀사에서 주문하신 제품이 재고가 부족합니다. 생산 공장에 연락하여 제품이 언제 들어오는지 확인해 보고, 바로 귀사에 알려 드리겠습니다.

> 真是对不起，您订购的产品目前缺货，我会与工厂联系什么时候能补上，并将立即告知你。

➡ _____

_____

补上 bǔshàng 동 보충하다, 보태다 | 立即 lìjí 부 곧, 즉시

13 저희가 주문한 상품이 3월 5일까지 매장에 입고될 수 있도록 항공 화물로 발송해 주시기 바랍니다.

> 为了保障我们订购的商品能在3月5号以前到达卖场，请发空运。

➡ _____

保障 bǎozhàng 동 보장하다, 보증하다 | 到达 dàodá 동 도달하다, 도착하다 | 卖场 màichǎng 명 매장, 판매장 | 空运 kōngyùn 동 항공 운송하다

14 주문한 상품을 아직 받지 못했습니다. 배송 상황이 어떤지 알려 주시기 바랍니다.

> 我们还没有收到订购的商品，请告诉我们物流状态。

➡ _____

物流 wùliú 명 물류 | 状态 zhuàngtài 명 상태

15 가격이 저렴하고 상품의 종류가 다양하기 때문에 해외 직구를 이용하는 사람이 꾸준히 증가하고 있습니다.

> 因为价格便宜、商品种类多样，使用海外直购的人数一直在增加。

➡ _____

多样 duōyàng 형 다양하다 | 海外直购 hǎiwàizhígòu 해외 직구 | 人数 rénshù 명 사람 수

3 STEP 비즈니스 한중 통번역 실전 트레이닝

다양한 난이도의 문장들을 통번역해 보며 실력을 한 단계 높여 보도록 합시다.

01 귀하께서 주문하신 상품은 5월 15일까지 차질 없이 발송할 예정입니다.

02 저희가 주문한 제품을 2월 말까지 받아볼 수 있었으면 합니다.

03 만약 소비자들의 반응이 좋다면 저희는 대량으로 주문할 예정입니다.

04 최근 주문이 쇄도하여 요청하신 상품이 품절되었습니다.

05 귀하께서 주문하신 상품은 이미 발송되었습니다. 송장 번호는 123456입니다.

06 귀하께서 원하시는 모델은 이미 생산이 중단되었으며, 올 초부터 새로운 모델로 교체되었습니다.

07 배송 지연에 사과드립니다. 사과의 뜻으로 할인 쿠폰을 함께 보내 드립니다.

08 가격이 저렴하고 상품 종류가 다양해서 해외 직구를 이용하는 사람이 꾸준히 증가하고 있습니다.

09 주문한 상품을 아직 받지 못했습니다. 배송 상황이 어떤지 알려 주시기 바랍니다.

10 약속한 날짜에 배송 받을 수 있도록 최선을 다해 주시길 부탁드립니다.

[심화]
11 이상의 주문하고자 하는 화물은 이번 달 말까지 운송한다는 조건 하에서만 저희는 주문할 수 있습니다. 만일 기한이 지났는데도 도착하지 않는다면 저희 회사는 주문서를 취소하고 화물의 수령을 거절할 권리가 있습니다.

[심화]
12 저희 쪽 주문에서 계약서상의 납품 기한은 5월 말까지인데, 현재까지 저희는 귀측의 어떠한 선적 소식도 받지 못했습니다. 계약서상의 납품 기한에 따르면 이미 15일이 지났습니다. 이에 대해 저희는 귀측이 유의해 주실 것을 당부 드립니다.

[심화]
13 만일 운송 도중에 불가항력적 사유로 화물의 손실이 발생했다면 판매자는 어떠한 책임도 질 필요가 없으며 보험 수령자가 보험 회사에 손해 배상을 요청할 수 있습니다.

심화

14 귀사의 오퍼와 샘플을 모두 잘 받아 보았습니다. 귀사에서 저희 쪽 가격 문의에 대해 이렇게 신속하게 처리해 주셔서 매우 감사드립니다. 따라서 귀측의 오퍼를 받아들여 이 서신과 함께 주문서를 동봉하오니 주문 사항에 따라 물품을 발송해 주시길 바랍니다.

심화

15 저희 회사는 해상 운송에서 해상 운송 보험, 분손 보험, 해상 운송 종합 보험을 담당하고 있습니다. 해상 운송 종합 보험은 비용이 다소 높아서 신고 가격의 110% 정도 됩니다.

모범 답안

01 您订购的商品5月15日之前会毫无差池的发货。
02 我们希望能在2月末之前收到订购的产品。
03 如果消费者反映良好，我方将向贵方拟定大批量订货。
04 最近接连不断的订单导致您要求的商品缺货了。
05 您订购的商品已发货，快递单号是123456。
06 您想要的型号已经中断生产，今年年初已经更换为新型号。
07 因为送货延误非常抱歉，我们会附上优惠券以表示歉意。
08 因为价格便宜、商品种类多样，使用海外直购的人数一直在增加。
09 我们还没有收到订购的商品，请告诉我们物流状态。
10 请尽最大努力能让我们在约定日期收到货。
11 以上所订货物只有在本月底运到的条件下我方能订货，逾期不到，我们公司保留取消订单、拒收货物的权利。
12 关于我方订单，合同的交货期是5月底以前，但我方至今尚未得到贵方任何装船信息。按合同的交货期，已过期半个月。对此，我方不得不提请贵方注意。
13 如果在运输途中，由于不可抗力造成货物的损失，卖方不需负任何责任，而受保人可以向保险公司提出索赔。
14 贵公司的报盘及样品已收悉，十分感谢贵方对我们询盘如此迅速处理。愿接受贵方报盘。现随函寄去订单，谨希按订单细则发货。
15 本公司对海运承办海上运输险、水渍险和海上运输一切险。海上运输一切险，费率略高一点儿，为申报价值的110%。

STEP 4 관련 어휘 및 표현 총정리

주제와 관련된 주요 중국어 표현을 한눈에 훑어보며 한중 통번역 실력을 보강해 봅시다.

试购	shìgòu	시험 주문
订购	dìnggòu	동 예매하다, 주문하다
订货	dìnghuò	동 주문하다, 발주하다
订单	dìngdān	명 주문서, 주문 명세서
存货	cúnhuò	명 재고 상품
缺货	quēhuò	동 물건이 부족하다, 품절되다
下单	xiàdān	동 주문서를 보내다, 주문하다
送货延误	sònghuòyánwù	배송 지연
快递单号	kuàidìdānhào	송장 번호
海外直购	hǎiwàizhígòu	해외 직구
成交价	chéngjiāojià	명 거래가
折扣	zhékòu	명 할인, 에누리
名牌	míngpái	명 유명 브랜드
品牌	pǐnpái	명 상표, 브랜드
知名度	zhīmíngdù	명 지명도
价位	jiàwèi	명 가격 수준, 가격대
配送	pèisòng	동 배송하다, 배달하다
清仓	qīngcāng	동 재고 조사를 하다
运费	yùnfèi	명 운송비, 운임
运价	yùnjià	명 운임, 운송비
实时	shíshí	부 즉시, 실시간으로
届时	jièshí	동 정한 기일이 되다
过时	guòshí	동 시한을 넘기다, 시대에 뒤떨어지다
过期	guòqī	동 기한을 넘기다
按期	ànqī	부 기한 내에, 기한대로
为期	wéiqī	동 기한으로 하다
先期	xiānqī	명 기한 날짜 이전, 사전

CHAPTER 18 대금 결제 및 독촉

STEP 1 알짜배기 문장으로 통번역 준비 운동!

주제별 핵심 구문 및 어휘를 학습한 뒤 문장의 빈칸에 알맞은 어휘를 채우며 몸을 가볍게 풀어 봅시다.

- 付款　돈을 지불하다　예 当付款完成，我将立即发货。
- 发货单　인보이스, 송장　예 收到发货单后，我们会马上付款。
- 结账期限　결제 기한　예 结账期限已到期了。
- 余款　잔금, 잔고　예 您还没有支付余款。
- 退款　돈을 돌려주다, 환불하다　예 按照合同规定，我们不能给您全额退款。
- 分期付款　분할 납부하다, 할부　예 商品金额可以分期付款三个月。
- 汇款　송금하다, 돈을 부치다　예 请把样品金额汇款给我。
- 到账　입금되다　예 货款今天不到账的话，交易将会被取消的。
- 催款函　독촉장　예 我们已经发了三次催款函。
- 信用证　신용장　예 从卖方来看，信用证结算方式是最安全的手段。
- 望……，以便……　~도록 ~기를 바라다　예 望贵方尽快付清货款，以便按时结账。
- 一旦……，将……　일단 ~한다면 ~할 것이다　예 一旦我们确认您的付款，我们将及时发货。
- 建议……方式　~방식을 제안하다　예 我公司建议货款用托收方式支付。
- 拖延　(시간을) 연기하다, 늦추다　예 货款支付拖延了一个星期，支付完成后商品马上发货。

01 저희는 귀하의 주문서는 받았는데, 대금 결제가 아직 안 된 것 같습니다.

我们已收到您的订单，但订单_____。

02 결제가 완료되는 즉시 바로 상품을 준비하여 발송하겠습니다. 감사합니다!

当付款完成，我_____。谢谢！

03 저희는 약속대로 3일 내에 상품을 발송할 예정이며, 상품 발송 후 송장 번호를 알려드리겠습니다.

我们将在承诺的3天内发货，发货后我们_____。

04 귀하의 송장을 수령하는 대로 결제 금액을 보내드리겠습니다.

_____，我们会马上付款。

05 미지불 금액의 결제 기한을 1주일 연장해 드리겠습니다.

未支付余款的_____给您_____至一个星期。

06 죄송하지만 계약서에 따르면 귀하께 전액 환불해 드리는 것은 불가합니다.

非常抱歉，_____不能给您全额退款。

07 상품 금액은 수수료 없이 3개월 할부로 결제가 가능합니다.

商品金额可以无手续费_____。

08 신용장 결제는 수입자 입장에서 수수료가 높고 번거롭습니다.

_____结算从进口商立场来看，_____。

09 저희 회사에서 가장 많이 쓰는 결제 수단은 송금입니다.

我们公司最常用的结账手段是_____。

10 수출 대금 전액을 선적 전에 송금해 주시기 바랍니다.

请在装货前_____。

11 계약의 중대성에 따라 정해진 때에 정산할 수 있도록 귀하께서는 조속히 물품 대금을 지급해 주시기 바랍니다.

为维护合同的严肃性，望贵方_____，以便按时结账。

12 현재 국제 무역 업무에서 사용하는 결제 방법은 주로 세 가지인데, 송금환, 추심 그리고 신용장입니다.

目前，在国际贸易业务中，所使用的付款方式主要有三种，即_____、_____以及_____。

정답 확인

01	似乎未付款	07	分期付款三个月
02	将立即备货并发货	08	信用证 ‖ 手续费又高又麻烦
03	将告知你快递单号	09	汇款
04	收到发货单后	10	将全额出口货款汇款
05	结账期限 ‖ 延长	11	尽快付清货款
06	按照合同规定	12	汇付 ‖ 托收 ‖ 信用证

STEP 2 비즈니스 한중 통번역 연습하기

앞서 배운 문장을 바탕으로 하단에 제시된 어휘를 참고하여 통번역해 봅시다.

01 저희는 귀하의 주문서는 이미 받았지만, 대금 결제가 아직 안 된 것 같습니다.

> 我们已收到您的订单，但订单似乎未付款。

➡

收到 shōudào 동 받다, 수령하다 | 似乎 sìhū 부 마치 ~인 것 같다 | 付款 fùkuǎn 동 돈을 지불하다

02 결제가 완료되는 즉시 상품을 준비하여 발송하겠습니다. 언제든지 연락 주세요. 감사합니다!

> 当付款完成，我将立即备货并发货。请随时与我联系。谢谢！

➡

完成 wánchéng 동 완성하다, 끝내다 | 立即 lìjí 부 곧, 즉시 | 备货 bèihuò 동 상품을 준비하다 | 随时 suíshí 부 수시로, 아무 때나

03 귀하께서 주문서 일련 번호 123456에 대해 지불한 금액을 받았습니다. 저희는 약속대로 3일 내에 상품을 발송할 예정이며, 상품 발송 후 송장 번호를 알려 드리겠습니다.

> 您的订单编号为123456的款项已收到，我们将在承诺的3天内发货，发货后我们将告知您快递单号。

➡

编号 biānhào 명 일련 번호 | 款项 kuǎnxiàng 명 비용, 경비 | 承诺 chéngnuò 동 승낙하다, 대답하다 | 告知 gàozhī 동 알리다, 고지하다 | 快递单号 kuàidìdānhào 송장 번호

04 입금을 확인하는 대로 즉시 상품을 발송하겠습니다.

> 一旦我们确认您的付款，我们将及时发货。

➡

一旦 yídàn 부 일단 ~한다면 | 确认 quèrèn 동 확인하다, 명확히 인정하다 | 及时 jíshí 부 즉시, 곧바로

05 결제 금액 200달러를 지금 바로 입금해 주시길 부탁드립니다.

请马上把结账金额200美元汇款给我。

➡

结账金额 jiézhàngjīn'é 결제 금액

06 귀하의 송장을 수령하는 대로 결제 금액을 보내 드리겠습니다.

收到发货单后，我们会马上付款。

➡

发货单 fāhuòdān 명 화물 송장, 인보이스

07 잔금의 결제 기한을 1주일 연장해 드리겠습니다.

未支付余款的结账期限给您延长至一个星期。

➡

余款 yúkuǎn 명 잔금, 잔고 | 结账 jiézhàng 동 결산하다, 계산하다 | 延长 yáncháng 동 연장하다, 늘이다

08 죄송하지만 계약서에 따르면 귀하께 전액 환불을 해드리는 것은 불가합니다.

非常抱歉，按照合同规定不能给您全额退款。

➡

规定 guīdìng 명 규정, 규칙 | 全额 quán'é 명 전액 | 退款 tuìkuǎn 동 돈을 돌려주다, 환불하다

09 상품 금액은 수수료 없이 3개월 할부로 결제가 가능합니다.

货款可以无手续费分期付款三个月。

➡

货款 huòkuǎn 명 상품 대금, 물건 값 | 分期付款 fēnqīfùkuǎn 동 할부, 분할 납부하다

PART 2 주제별 집중 훈련 **195**

10 오늘까지 결제 대금이 입금되지 않으면 주문이 취소됩니다.

> 结算货款今天不到账的话，交易将会被取消的。

➡

结算货款 jiésuànhuòkuǎn 대금 결제 | 到账 dàozhàng 동 입금되다 | 交易 jiāoyì 명 장사, 거래 | 取消 qǔxiāo 동 취소하다

11 대금 지급이 1주일 연체되었습니다. 대금 지급이 완료되는 대로 상품이 발송될 예정입니다.

> 货款支付拖延了一个星期，支付完成后商品将会马上发送。

➡

拖延 tuōyán 동 (시간을) 끌다, 연기하다 | 支付 zhīfù 동 지불하다, 내다 | 发送 fāsòng 동 보내다, 발송하다

12 저희가 세 번의 독촉장을 보내 드렸음에도 불구하고 귀하 측 요금이 아직까지 미결제 상태입니다.

> 我们已经发了三次催款函，可是到现在为止贵方还是未结账状态。

➡

催款函 cuīkuǎnhán 명 독촉장 | 到现在为止 dàoxiànzàiwéizhǐ 지금까지

13 저희 회사에서 가장 많이 쓰는 결제 수단은 송금입니다. 바이어가 계약 시 50%를 송금하고, 나머지 50%는 선적 후 선적 서류 사본 확인 후 송금합니다.

> 我们公司用得最多的付款方式是汇款，买家在签约时会付款50%，剩下50%会在装货后确认装货文件复印件后汇款。

➡

买家 mǎijiā 명 사는 쪽, 바이어 | 签约 qiānyuē 동 서명하다 | 剩下 shèngxià 동 남다, 남기다 | 复印件 fùyìnjiàn 명 복사본

14 신용장 결제는 수출자 입장에서는 가장 안전한 결제 수단이지만, 수입자 입장에서는 수수료가 높고 번거롭기 때문에 꺼려합니다.

信用证结算从出口商立场来看，是最安全的结账手段，但是从进口商立场来看，因为手续费又高又麻烦，所以很忌讳。

➡ _____

出口商 chūkǒushāng 명 수출상 | 立场 lìchǎng 명 입장 | 安全 ānquán 형 안전하다 | 忌讳 jìhuì 동 금기하다, 꺼리다

15 저희 회사는 사전 송금 방식을 원칙으로 하고 있습니다. 수출 대금 전액을 선적 전에 송금해 주시기 바랍니다.

我们公司的原则是先付款，出口货款全额请在装货前汇款。

➡ _____

原则 yuánzé 명 원칙

16 계약에 따라 70%의 물품 대금은 신용장으로 지불하고 나머지 10%는 구매자가 물품을 수령한 이후에 지불합니다.

根据我们的合同，百分之七十的货款是信用证支付，而剩下的百分之十的余款要等买方收到货物后才付清。

➡ _____

剩下 shèngxià 동 남다, 남기다 | 余款 yúkuǎn 명 잔금, 잔고

3 STEP 비즈니스 한중 통번역 실전 트레이닝

다양한 난이도의 문장들을 통번역해 보며 실력을 한 단계 높여 보도록 합시다.

01 결제가 완료되는 즉시 상품을 준비하여 발송하겠습니다.

02 입금을 확인하는 대로 즉시 상품을 발송하겠습니다.

03 저희는 약속대로 3일 내에 상품을 발송할 예정이며, 상품 발송 후 송장 번호를 알려 드리겠습니다.

04 귀하의 송장을 수령하는 대로 결제 금액을 보내 드리겠습니다.

05 죄송하지만 계약서에 따르면 귀하께 전액 환불을 해 드리는 것은 불가합니다.

06 저희 회사는 물품 대금을 추심으로 지불하기를 제안합니다. 어음을 받고 20일 내에 결제하는 것입니다. 귀사에서 이 조건에 동의하시는지 알려 주시기 바랍니다.

07 대금 지급이 1주일 연체되었습니다. 대금 지급이 완료되는 대로 주문한 상품이 발송될 예정입니다.

08 저희가 세 번의 독촉장을 보내드렸음에도 불구하고 귀하 측 요금이 아직까지 미결제 상태입니다.

09 저희 회사는 바이어가 계약 시 50%를 송금하고, 나머지 50%는 선적 후 송금합니다.

10 신용장 결제는 수입자 입장에서 수수료가 높고 번거롭기 때문에 꺼립니다.

[심화]
11 신용장은 은행이 수입자의 요청과 요구에 따라 수출자에게 발행하는 일종의 대금 지불 약속에 대한 서면 문서입니다. 은행의 지불 약속이 있기 때문에 수출자는 안전하게 대금을 회수할 수 있습니다. 물품 대금을 신속하게 회수할 수 있어서 자금을 융통할 수 있기 때문에 수출자에게 유리한 방식입니다.

[심화]
12 추심 방식은 수출자가 화물을 적재한 후에 상업 어음을 발행하여 전체 화물 운송 증빙 서류와 함께 수출지 은행에 위탁합니다. 이것을 통해 수입지 은행 지점 또는 대리 은행에서 수입자로부터 물품 대금을 받습니다. 추심은 두 가지인데, 지급 인도 방식과 인수 인도 방식이 있습니다.

[심화]
13 일람불 지급 인도 방식은 수출자가 일람불환어음을 발행하면 수입자는 어음을 받은 즉시 돈을 지불하는 것으로 돈을 지불하면서 서류를 인도받는 것입니다.

심화 14 인수 인도 방식은 수입자가 어음을 인수하면 은행으로부터 화물 운송 증빙 서류를 받고 어음의 만기일까지 돈을 지불하면 됩니다. 지급 인도 방식이든 인수 인도 방식이든지 모두 수출자에게 불리합니다. 왜냐하면 일단 수입자가 대금 지불을 늦게 하면 수출자는 이미 화물을 발송했기 때문에 손실을 입게 되기 때문입니다.

심화 15 송금환 방식은 일반적으로 물품 대금을 선지급하는 경우(사전 송금, cash with order), 주문서와 함께 현금 지급하는 경우(서류 상환, cash against document), 물건을 납품받으며 현금 지급하는 경우(현물 상환, cash on delivery)와 청산 결제(외상 거래, open account) 등의 업무에 사용됩니다. 앞의 두 가지는 모두 먼저 돈을 지불하고 이후에 물건을 받는 것이기 때문에 판매자에게 크게 유리합니다. 청산 결제는 먼저 납품하고 나서 돈을 받는 것이기 때문에 구매자에게 유리합니다. 따라서 송금환은 소액 거래를 하는 계약 시에만 사용합니다.

모범 답안

01 当付款完成，我将立即备货并发货。
02 一旦我们确认您的付款，我们将及时发货。
03 我们将在承诺的3天内发货，发货后我们将通知你快递单号。
04 收到发货单后，我们会马上付款。
05 非常抱歉，按照合同规定不能给您全额退款。
06 我公司建议货款用托收方式支付，见汇票20天内付款。贵公司是否同意这一条件，敬希告知我方。
07 货款支付拖延了一个星期，支付完成后商品将马上发货。
08 我们已经发了三次催款函，可是到现在为止贵方还是未结账状态。
09 我们公司买手在签约时会付款50%，剩下50%会在装货后汇款。
10 信用证结算，从进口商立场来看，因为手续费又高又麻烦，所以很忌讳。
11 信用证是银行根据进口人的请求和要求，向出口人开立的一种承诺付款的书面文书。由于有了银行的付款诺言，能保证出口人安全收汇。可迅速收回货款，有利于资金周转，对出口人有利。
12 托收方式是出口人装出货物后，开出商业汇票，连同全套货运单据，委托出口地银行，通过它在进口地分行或代理银行向进口人收取货款。托收分两种；即付款交单和承兑交单。
13 即期付款交单是由出口人开出即期汇票，进口人见到汇票，立即付款，即一手交钱一手交单。
14 承兑交单是进口人承兑汇票，就可以向银行取得货运单据，等汇票到期日再付款。不论付款交单还是承兑交单，都对出口人不利。因为一旦进口人迟付货款，出口人由于货已经运出而将蒙受损失。
15 汇付方式通常用于预付货款、随订单付现、交货付现和记账交易等业务。前两者都是先付钱，后交货，对卖方大为有利；记账交易是先交货后收钱，对买方有利。因此，汇付方式只在小金额交易的合同中使用。

4 STEP 관련 어휘 및 표현 총정리

주제와 관련된 주요 중국어 표현을 한눈에 훑어보며 한중 통번역 실력을 보강해 봅시다.

付款	fùkuǎn	동 돈을 지불하다
未付款	wèifùkuǎn	미지급하다
发货	fāhuò	동 출하하다, 화물을 발송하다
送货	sònghuò	동 상품을 집까지 배달하다
款项	kuǎnxiàng	명 비용, 경비
清单	qīngdān	명 명세서, 목록
订单编号	dìngdānbiānhào	주문 번호
结账	jiézhàng	동 계산하다, 결산하다
货款	huòkuǎn	명 상품 대금, 물건 값
分期付款	fēnqīfùkuǎn	분할 지급하다
可转让信用证	kězhuǎnràngxìnyòngzhèng	양도 가능 신용장
不可转让信用证	bùkězhuǎnràngxìnyòngzhèng	양도 불능 신용장
可撤销信用证	kěchèxiāoxìnyòngzhèng	취소 가능 신용장
不可撤销信用证	bùkěchèxiāoxìnyòngzhèng	취소 불능 신용장
即期信用证	jíqīxìnyòngzhèng	일람불 신용장, 즉시 지불 신용장
结算方式	jiésuànfāngshì	결제 방법
离岸价	lí'ànjià	본선 인도 가격(FOB)
到岸价	dào'ànjià	운임 보험료 포함 가격(CIF)
货到付款	huòdàofùkuǎn	물건 도착 후 지불
现款交货	xiànkuǎnjiāohuò	현금 지불 후 납품
挂账付款	guàzhàngfùkuǎn	외상 지급, 외상 판매
委托开证银行	wěituōkāizhèngyínháng	신용장 매입 은행
通知银行	tōngzhīyínháng	통지 은행
议付银行	yìfùYínháng	네고 은행
付款银行	fùkuǎnyínháng	지급 은행
电汇	diànhuì	명 전신환(T/T)
信汇	xìnhuì	명 우편환(M/T)
票汇	piàohuì	동 송금환으로 송금하다(D/D)

CHAPTER 19 제품 결함 및 서비스 문제

STEP 1 알짜배기 문장으로 통번역 준비 운동!
주제별 핵심 구문 및 어휘를 학습한 뒤 문장의 빈칸에 알맞은 어휘를 채우며 몸을 가볍게 풀어 봅시다.

- 由……负责 ~가 책임지다 예 上述问题应由卖方负责。
- 由于……导致/造成…… ~때문에 ~을 야기하다 예 由于包装不良导致了严重破损。
- 货物残损 화물 파손 예 货物残损、缺失应由卖方负责。
- 退货 반품하다 예 受损产品我们会退货。
- 残次品 불량품 예 我们领取的产品中包含一部分残次品。
- 发生……的情况 ~의 상황이 발생하다 예 如果发生货物重量短缺的情况，由谁承担责任？
- 遗憾地发现…… 유감스럽게도 ~을 발견하다 예 经过检查，我们遗憾地发现包装问题。
- 保修 무상으로 보증 수리하다 예 已经过了保修期，不能免费保修。
- 向……投诉 ~에 불만 신고를 하다 예 如发现商品的质量问题，您可以向交易平台投诉。
- 应该……，以免…… ~하지 않도록 ~해야 하다 예 货物包装应该适合长途运输，以免包装遗漏导致货物短缺。
- 召回产品 상품을 리콜하다 예 我们公司决定召回产品。
- 把……定为…… ~을 ~으로 정하다 예 我们公司把提高客服质量定为首要任务。
- 提请注意。 주의하시기 바랍니다. 예 在此提请贵方注意。

01 화물 포장 불량으로 인해 발생하는 파손이나 분실은 모두 판매자가 책임져야 합니다.

_____货物残损、缺失，应由卖方负责。

02 포장이 제대로 되지 않아서 일부 물품이 심각하게 파손되었습니다.

由于包装不良导致了一部分物品_____。

03 물품 하역 과정에서 잘못 취급하여 물품이 손상되었습니다.

_____，由于操作不当造成了货物受损。

04 손상된 제품은 반품해 드리겠습니다.

受损产品我们_____。

05 저희가 수령한 제품 중에 일부 불량품이 포함되어 있습니다.

我们领取的产品中包含一部分_____。

06 앞으로도 계속해서 불량품이 발견된다면 저희로서는 다른 업체와 거래할 수밖에 없습니다.

以后如果继续发现残次品，_____。

07 지난주 귀하의 매장에서 구매한 외장 하드가 작동하지 않아서 사용상 문제가 있습니다.

上周在你们卖场购买的移动硬盘不能启动，_____。

08 고객 센터에 접수된 불만 건수가 우려할 만한 수준입니다.

_____已经到了令人担心的程度。

09 고객들로부터 수많은 불만이 접수되었습니다.

我们收到了_____。

10 저희 회사는 고객 서비스 품질을 향상시키는 것을 최우선 과제로 삼고 있습니다.

我们公司_____作为首要任务。

11 만일 화물이 파손되거나 중량이 미달되는 상황이 발생하면 누가 책임을 집니까?

如果_____，那么到底由谁承担责任？

12 검사를 해보니 유감스럽게도 대략 20%의 화물 포장이 훼손된 것을 발견했습니다.

经过检查，我们_____大约20%货物的包装已破损。

정답 확인

01 由于货物包装不良而造成的
02 严重破损
03 在货物装卸过程中
04 将为您退货
05 残次品
06 我们只能与别的企业交易了
07 在使用上有问题
08 客服中心接到的投诉量
09 很多顾客们的投诉
10 把提高顾客服务质量
11 发生货物受损或是重量短缺的情况
12 遗憾地发现

2 STEP 비즈니스 한중 통번역 연습하기

앞서 배운 문장을 바탕으로 하단에 제시된 어휘를 참고하여 통번역해 봅시다.

01 화물 포장 불량으로 인해 발생하는 파손이나 분실은 모두 판매자가 책임져야 합니다.

> 由于货物包装不良而造成的货物残损、缺失，应由卖方负责。

➡ _____

包装不良 bāozhuāngbùliáng 포장 불량 | 造成 zàochéng [동] 형성하다, 조성하다 | 残损 cánsǔn [형] 파손되다, 부서지다 | 缺失 quēshī [동] 부족하다, 잃어버리다

02 포장이 제대로 되지 않아서 일부 물품이 심각하게 파손되었습니다.

> 由于包装不良导致了一部分物品严重破损。

➡ _____

导致 dǎozhì [동] 야기하다, 초래하다 | 破损 pòsǔn [형] 파손되다, 손상되다

03 물품 하역 과정에서 잘못 취급하여 물품이 손상되었습니다. 손상된 제품은 반품하도록 하겠습니다.

> 在货物装卸过程中，由于操作不当造成了货物受损。受损货物我们会退货。

➡ _____

装卸 zhuāngxiè [동] 하역하다 | 受损 shòusǔn [동] 손실을 입다, 손해를 보다 | 退货 tuìhuò [동] 물건을 물리다, 반품하다

04 저희가 수령한 제품 중에 일부 불량품이 포함되어 있습니다.

> 我们领取的产品中包含一部分残次品。

➡ _____

领取 lǐngqǔ [동] 받다, 수령하다 | 残次品 cáncìpǐn [명] 불량품

05 불량품을 교환해주실 것을 요청합니다. 대단히 감사합니다.

我们要求更换残次品，不胜感谢。

➡

更换 gēnghuàn 동 바꾸다, 교체하다

06 앞으로도 계속해서 불량품이 발견된다면 저희로서는 다른 업체와 거래할 수밖에 없습니다.

以后如果继续发现残次品，我们只能与别的企业交易了。

➡

继续 jìxù 동 계속하다, 끊임없이 하다 | 发现 fāxiàn 동 발견하다, 알아차리다

07 지난주 귀하의 매장에서 구매한 외장 하드가 작동되지 않아서 사용상 문제가 있습니다.

上周在你们卖场购买的移动硬盘不能启动，在使用上有问题。

➡

移动硬盘 yídòngyìngpán 명 외장 하드 | 启动 qǐdòng 동 작동을 시작하다, 시동을 걸다

08 고객들로부터 수많은 불만이 접수되었습니다. 고객센터에 접수된 불만 건수가 우려할 만한 수준입니다.

我们收到了很多来自顾客们的投诉。客服中心接到的投诉量已经到了令人担心的程度。

➡

投诉 tóusù 동 신고하다, 불평하다 | 客服中心 kèfúzhōngxīn 고객 센터 | 程度 chéngdù 명 정도, 수준

09 저희 회사는 고객 서비스 품질 강화를 최우선 과제로 삼고 있습니다.

我们公司把提高顾客服务质量作为首要任务。

➡ _____

质量 zhìliàng 명 질, 품질 | 作为 zuòwéi 동 ~으로 여기다, ~으로 삼다 | 首要 shǒuyào 형 가장 중요하다

10 저희 회사는 일부 부품의 결함을 발견하여 리콜을 결정하였습니다.

我们公司发现了一部分零件的缺陷，决定召回产品。

➡ _____

零件 língjiàn 명 부속품 | 缺陷 quēxiàn 명 결함, 결점 | 召回 zhàohuí 동 불러들이다, 회수하다, 리콜하다

11 저는 불만 고객에 대한 대응이 적절하지 못했다고 생각합니다.

我认为对投诉顾客的回复不够恰当。

➡ _____

回复 huífù 동 회신하다, 답신하다 | 恰当 qiàdàng 형 알맞다, 타당하다

12 총파업으로 공장의 생산 라인이 중단되었습니다.

因为大罢工，工厂的生产线已经中断。

➡ _____

大罢工 dàbàgōng 총동맹 파업 | 生产线 shēngchǎnxiàn 명 생산 라인 | 中断 zhōngduàn 동 중단하다, 중단되다

13 저희 회사는 제품에 결함이 발견되었을 경우 1년 동안 무상 수리를 해드리고 있습니다.

如果发现我们公司产品缺陷的情况下，一年之内我们提供免费保修。

➡ _____

保修 bǎoxiū 동 무상으로 보증 수리하다, 애프터 서비스하다

14 보증 수리 기간이 지났기 때문에 무상 수리가 안 됩니다.

> 因为已经过了保修期，所以不能免费保修。

➡ _____

保修期 bǎoxiūqī 보증 수리 기간 | 免费 miǎnfèi 图 무료로 하다

15 저희 회사는 AS센터가 전국 각지에 있어서 편리하게 서비스를 받으실 수 있습니다.

> 我们公司的售后服务中心在全国各地都有，所以可以接受便利的服务。

➡ _____

售后服务 shòuhòufúwù 图 애프터 서비스 | 接受 jiēshòu 图 받아들이다, 받다 | 便利 biànlì 图 편리하다

3 STEP 비즈니스 한중 통번역 실전 트레이닝

다양한 난이도의 문장들을 통번역해 보며 실력을 한 단계 높여 보도록 합시다.

모범 답안 210p | 285~299

01 포장이 제대로 되지 않아서 일부 물품이 심각하게 훼손되었습니다.

02 물품 하역 과정에서 잘못 취급하여 물품이 손상되었습니다.

03 화물 포장 불량으로 인해 발생하는 파손이나 분실은 모두 판매자가 책임져야 합니다.

04 저희 회사는 제품에 결함이 발견되었을 경우 1년 동안 무상 수리를 해 드리고 있습니다.

05 앞으로도 계속해서 불량품이 발견된다면 저희로서는 다른 업체와 거래할 수밖에 없습니다.

06 고객 센터에 접수된 불만 건수가 우려할 만한 수준입니다.

07 저희 회사는 고객 서비스 품질을 향상시키는 것을 최우선 과제로 삼고 있습니다.

08 저희 회사는 일부 부품의 결함을 발견하여 리콜을 결정하였습니다.
___
___

09 저는 불만 고객에 대한 대응이 적절하지 못했다고 생각합니다.
___
___

10 보증 수리 기간이 지났기 때문에 무상 수리가 안됩니다.
___
___

[심화] 11 귀사에서 주의해 주시길 바랍니다. 이후에는 화물 포장 누락으로 중량 미달이 발생하지 않도록 화물의 포장은 반드시 장거리 운송에 맞는 것으로 해 주셔야 합니다.
___
___

[심화] 12 저희 회사가 주문한 프린터기가 며칠 전에 항구에 도착해서 어제 양륙지에서 상자 개봉 검사를 실시하였는데 10개의 포장 박스가 파손되었습니다.
___
___

[심화] 13 귀하께서 통화 중에 말씀하신 여성 가방을 저희가 직접 테스트해 본 결과 이 여성 가방 화물에 명확한 품질 문제가 발견되었습니다. 추적 조사를 해 보니 일부 제조 기계가 고장이 난 것을 알게 되었습니다.
___
___

[심화] 14 1년 전에 저는 에어컨 한 대를 샀는데, 지금 이 에어컨의 전원 플라스틱 덮개가 깨져서 손으로도 뜯어질 정도입니다. 특약 수리점에서는 부품이 없다고 하여 현재까지 계속 수리하지 못하고 있습니다.
___
___

심화

15 만일 상품에 심각한 품질 문제가 발견되면 거래한 곳에 불만 신고할 수 있습니다. 거래한 곳에 불만 신고를 하면서 가지고 있는 증빙 서류들, 즉 실제 물건, 대화 기록, 영수증, 거래 기록 등을 제출합니다.

___

모범 답안

01 由于包装不良导致了一部分物品严重破损。

02 在货物装卸过程中，由于操作不当造成了货物受损。

03 由于货物包装不良而造成的货物残损、缺失，应由卖方负责。

04 如果发现我们公司产品缺陷的情况下，一年之内我们提供免费保修。

05 以后如果继续发现残次品，我们只能与别的企业交易了。

06 客服中心接到的投诉量已经到了令人担心的程度。

07 我们公司把提高顾客服务质量定为首要任务。

08 我们公司发现了一部分零件的缺陷，决定召回产品。

09 我认为对投诉顾客的回复不够恰当。

10 因为已经过了保修期，所以不能免费保修。

11 在此提请贵方注意，以后货物的包装应该适合长途运输，以免包装遗漏导致货物短缺。

12 我公司订购的打印机前两天刚刚到达港口，昨天在卸货港开箱检查的结果是有10个包装箱破损。

13 我方亲自测试了贵方通话中提及的女包，发现该批女包货物的确存在质量问题。经追查，有一部制造机器出现了故障。

14 一年前我买了一台空调。现在，这台空调的控制开关塑料外壳发脆，用手就能剥下来。特约维修部说没零件，到目前都修不好。

15 如发现商品存在严重的质量问题，您可以向交易平台投诉。向交易平台提出投诉，并提供自己所掌握的证据，包括实物、聊天记录、发票、交易记录等。

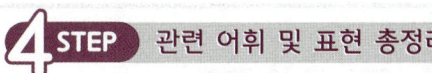

4 STEP 관련 어휘 및 표현 총정리

주제와 관련된 주요 중국어 표현을 한눈에 훑어보며 한중 통번역 실력을 보강해 봅시다.

残损	cánsǔn	형 파손되다, 부서지다
缺失	quēshī	동 부족하다, 잃어버리다
严重破损	yánzhòngpòsǔn	심각하게 파손되다
装卸	zhuāngxiè	동 하역하다
受损	shòusǔn	동 손실을 입다, 손해를 보다
退货	tuìhuò	동 반품하다
残次品	cáncìpǐn	명 불량품, 결함품
差错	chācuò	명 착오, 실수
投诉	tóusù	동 신고하다, 불평하다
客服中心	kèfúzhōngxīn	고객 센터
顾客名单	gùkèmíngdān	고객 리스트
客户	kèhù	명 고객, 거래처
回头客(=老顾客, 常客)	huítóukè(=lǎogùkè, chángkè)	명 단골 손님
缺陷	quēxiàn	명 결함, 결점
召回	zhàohuí	동 회수하다, 리콜하다
保修期	bǎoxiūqī	보증 수리 기간
保质期	bǎozhìqī	명 품질 보증 기간
免费保修	miǎnfèibǎoxiū	무상 보증 수리
破损险	pòsǔnxiǎn	파손 보험
知识产权	zhīshichǎnquán	명 지식 재산권
专利权	zhuānlìquán	명 특허권
盗版	dàobǎn	명 해적판
商标权	shāngbiāoquán	명 상표권
注册商标	zhùcèshāngbiāo	등록 상표

재테크 및 경제 트렌드

 알짜배기 문장으로 통번역 준비 운동!

주제별 핵심 구문 및 어휘를 학습한 뒤 문장의 빈칸에 알맞은 어휘를 채우며 몸을 가볍게 풀어 봅시다.

- 老龄化 고령화 예 随着老龄化不断加速, 为晚年做准备的理财非常紧迫。
- 理财 재테크 예 很多银行都推出了各种各样的理财产品。
- 投资 투자하다 예 如果有闲置资金, 那么应该用什么理财方式投资？
- 风险 위험, 리스크 예 股市投资的风险太大。
- 收益性 수익성 예 在众多理财方式中不动产投资的收益性最高。
- 备受瞩目 주목받다 예 通过基金进行的投资正备受瞩目。
- 共享经济 공유 경제 예 共享经济是物品或空间、服务等互相借用、分享的经济模式。
- 发生变化 변하다, 변화가 생기다 예 未来有前途的行业正在发生巨大的变化。
- 最应该做的…… 가장 해야 하는 것은~ 예 为了退休后做准备, 最应该做的就是加入养老保险。
- 对……有影响 ~에 영향을 주다 예 油价下跌会对我们的经济有什么影响呢？
- 面临 (문제·상황에) 직면하다 예 第四次工业革命成为以后全世界都要面临的话题。
- 是指…… ~을 뜻하다 예 工业4.0是指以人工智能、机器人技术等尖端技术为主导的下一代革命。
- 兼顾 동시에 돌보다, 아울러 고려하다 예 在选取理财产品时, 要兼顾到自己的投资偏好和理财需求。

01 사회 초년생은 재테크를 어떻게 시작해야 합니까?

社会新手_____呢？

02 한국사회의 고령화가 가속화되면서 노후 준비를 위한 재테크가 시급해졌습니다.

_____, 为晚年做准备的理财非常紧迫。

03 많은 은행에서 다양한 재테크 상품을 내놓았습니다.

很多银行都推出了_____。

04 주식 투자는 리스크가 너무 큽니다.

股市投资的_____。

05 최근 경기 침체로 주식 투자에 대한 열기가 식었습니다.

最近因为＿＿＿＿＿＿＿＿，＿＿＿＿＿＿＿＿的热潮也冷却下来了。

06 여러 재테크 방법 중에 부동산 투자의 수익성이 가장 높습니다.

在众多理财方式中，＿＿＿＿＿＿＿＿最高。

07 최근에는 부동산 투자도 직접 투자가 아닌 펀드를 통한 간접 투자가 각광을 받고 있습니다.

最近不是直接投资不动产，而是＿＿＿＿＿＿进行的间接投资＿＿＿＿＿＿。

08 4차 산업 혁명 시대가 오면서 미래의 유망 직종이 크게 변하고 있습니다.

＿＿＿＿＿＿＿＿＿＿，未来有前途的行业正在发生巨大的变化。

09 세계 경제 포럼에서는 4차 산업 혁명이 향후 세계가 직면할 화두가 되었습니다.

在世界经济论坛上，第四次工业革命成为＿＿＿＿＿＿＿＿＿＿。

10 중국의 경제 성장률에 세계가 주목하고 있습니다.

＿＿＿＿＿＿＿＿在全世界都举世瞩目。

11 암호 기법을 기반으로 한 설계가 비트코인을 진짜 소유자에 의해서만 전달되거나 지불될 수 있도록 하였습니다.

基于密码学的设计可以使＿＿＿＿＿＿只能被真实的拥有者＿＿＿＿＿＿＿＿。

12 주식과 펀드에 비해서 은행 재테크 상품은 문턱이 높고 유동성이 떨어진다는 특징이 있습니다.

与＿＿＿＿＿＿＿＿相比，＿＿＿＿＿＿＿＿具有门槛高和流动性略差的特点。

정답 확인

01　如何开始理财	07　通过基金 ‖ 正备受瞩目
02　随着韩国社会的老龄化不断加速	08　随着第四次工业革命时代的到来
03　各种各样的理财产品	09　以后全世界都要面临的话题
04　风险太大	10　中国的经济增长率
05　经济不景气 ‖ 股市投资	11　比特币 ‖ 转移或支付
06　不动产投资的收益性	12　股票和基金 ‖ 银行理财产品

2 STEP 비즈니스 한중 통번역 연습하기

앞서 배운 문장을 바탕으로 하단에 제시된 어휘를 참고하여 통번역해 봅시다.

01 사회 초년생의 재테크를 위해서 많은 은행에서 재테크를 위한 다양한 상품을 내놓았습니다.

> 很多银行都推出了为社会新手理财准备的各种各样的理财产品。

➡ _____

推出 tuīchū 〔동〕 (신상품 또는 신기술을) 내놓다, 출시하다 | 社会新手 shèhuìxīnshǒu 사회 초년생 | 理财 lǐcái 〔동〕 재산을 관리하다, 재테크하다 | 各种各样 gèzhǒnggèyàng 〔성〕 여러 종류, 각종

02 한국 사회의 고령화가 가속화되면서 노후 준비를 위한 재테크가 시급해졌습니다. 퇴직 후를 대비해서 무엇보다 연금 보험에 가입해야 합니다.

> 随着韩国社会的老龄化不断加速，为晚年做准备的理财非常紧迫。为了退休后做准备最应该做的就是加入养老保险。

➡ _____

老龄化 lǎolínghuà 〔동〕 고령화하다 | 加速 jiāsù 〔동〕 가속하다, 속도를 내다 | 晚年 wǎnnián 〔명〕 만년, 노년 | 紧迫 jǐnpò 〔형〕 급박하다, 긴박하다 | 退休 tuìxiū 〔동〕 퇴직하다, 은퇴하다 | 养老保险 yǎnglǎobǎoxiǎn 〔명〕 연금 보험, 실버 보험

03 여유 자금이 있으면 어떤 재테크 방법으로 투자를 해야 합니까?

> 如果有闲置资金，那么应该用什么理财方式投资？

➡ _____

闲置资金 xiánzhìzījīn 여유 자금 | 投资 tóuzī 〔동〕 투자하다, 자금을 투입하다

04 여러 재테크 방법 중에 부동산 투자의 수익성이 가장 높습니다. 최근에는 부동산 투자도 직접 투자가 아닌 펀드를 통한 간접 투자가 각광을 받고 있습니다.

> 在众多理财方式中不动产投资的收益性最高。最近不是直接投资不动产，而是通过基金进行的间接投资正备受瞩目。

➡ _____

众多 zhòngduō 휑 아주 많다 | 不动产 búdòngchǎn 휑 부동산 | 收益性 shōuyìxìng 수익성 | 基金 jījīn 휑 기금, 펀드 | 间接 jiànjiē 휑 간접적인 | 备受瞩目 bèishòuzhǔmù 주목되다

05 4차 산업 혁명 시대를 맞아 공유 경제가 주목을 받고 있습니다.

迎接第四次工业革命时代，共享经济正在备受瞩目。

→ _____

迎接 yíngjiē 동 맞이하다, 영접하다 | 第四次工业革命 dìsìcìgōngyègémìng 제4차 산업 혁명 | 共享经济 gòngxiǎngjīngjì 공유 경제

06 공유 경제란 물건이나 공간, 서비스를 빌리고 나눠 쓰는 사회적 경제 모델입니다.

共享经济是物品或空间、服务等互相借用、分享的社会化经济模式。

→ _____

借用 jièyòng 동 차용하다, 빌려서 쓰다 | 分享 fēnxiǎng 동 함께 나누다 | 经济模式 jīngjìmóshì 명 경제 모델

07 최근 경기 침체로 주식 투자에 대한 열기가 식었습니다.

最近因为经济不景气，股市投资的热潮也冷却下来了。

→ _____

不景气 bùjǐngqì 형 불경기이다. 경기가 좋지 않다 | 股市 gǔshì 명 주식 시장, 주가 | 热潮 rècháo 명 열기, 붐 | 冷却 lěngquè 동 냉각하다, 냉각되다

08 4차 산업 혁명 시대가 도래함에 따라 미래의 유망 직종이 크게 변하고 있습니다.

随着第四次工业革命时代的到来，未来有前途的行业正在发生巨大的变化。

→ _____

到来 dàolái 동 도래하다, 닥쳐오다 | 前途 qiántú 명 전도, 전망 | 行业 hángyè 명 직업, 직종 | 巨大 jùdà 형 아주 크다

09 세계 경제 포럼에서는 4차 산업 혁명이 향후 세계가 직면할 화두가 되었습니다.

> 在世界经济论坛上，第四次工业革命成为以后全世界都要面临的话题。

➡ _____

世界经济论坛 shìjièjīngjìlùntán 세계 경제 포럼(World Economic Forum) | 面临 miànlín 동 (문제 · 상황에) 직면하다, 당면하다

10 주식 투자는 리스크가 너무 크니 좀 더 신중해야 합니다.

> 股市投资的风险太大，所以要慎重。

➡ _____

风险 fēngxiǎn 명 위험, 모험 | 慎重 shènzhòng 형 신중하다

11 중국의 경제 성장률에 세계가 주목하는 것은 국제 경제에 영향을 미치기 때문입니다.

> 中国经济增长率备受瞩目的原因是对国际经济产生了影响。

➡ _____

经济增长率 jīngjìzēngzhǎnglǜ 경제 성장률 | 影响 yǐngxiǎng 동 영향을 주다 명 영향

12 세액 공제, 비과세 상품 등 세테크에 대한 관심이 높아지고 있습니다.

> 对扣除税额、非应税品等税务理财的关注度正在提高。

➡ _____

扣除税额 kòuchúshuìé 세금 공제, 세액 공제 | 非应税品 fēiyīngshuìpǐn 비과세품 | 税务理财 shuìwùlǐcái 세무 재테크, 세테크 | 关注度 guānzhùdù 관심도

13 유가 하락이 우리 경제에 어떤 영향을 미치게 될까요?

油价下跌会对我们的经济有什么影响呢？

→ _____

_____

油价 yóujià 명 유가 | 下跌 xiàdiē 동 하락하다

14 4차 산업 혁명은 인공 지능, 로봇 기술, 생명 과학, 가상현실 등 첨단 과학 기술이 주도하는 차세대 혁명을 말합니다.

第四次工业革命是指以人工智能、机器人技术、生命科学、虚拟现实等尖端科学技术为主导的下一代革命。

→ _____

_____

人工智能 réngōngzhìnéng 명 인공 지능 | 机器人 jīqìrén 명 로봇 | 生命科学 shēngmìngkēxué 생명 과학 | 虚拟现实 xūnǐxiànshí 명 가상현실 | 尖端科学技术 jiānduānkēxuéjìshù 첨단 과학 기술 | 主导 zhǔdǎo 형 주도의 | 下一代 xiàyídài 명 다음 세대, 차세대

15 우리나라는 의료 로봇 분야 기술 개발 투자가 확대됨에 따라 재활 로봇과 수술 로봇이 이미 상용화 단계에 도달하였습니다.

随着我国对医疗机器人技术开发的投资加大，已经达到了康复机器人和手术机器人普及化的阶段。

→ _____

_____

医疗 yīliáo 명 의료 | 加大 jiādà 동 확대하다, 증가하다 | 康复 kāngfù 동 건강을 회복하다 | 普及化 pǔjíhuà 보편화, 상용화 | 阶段 jiēduàn 명 단계

3 STEP 비즈니스 한중 통번역 실전 트레이닝

모범 답안 220p | 300~314

다양한 난이도의 문장들을 통번역해 보며 실력을 한 단계 높여 보도록 합시다.

01 유가 하락이 세계 경제에 어떤 영향을 미치게 될까요?
_____
_____

02 한국 사회의 고령화가 가속화되면서 퇴직 후를 대비해서 무엇보다 연금 보험에 가입해야 합니다.
_____
_____

03 여러 재테크 방법 중에 부동산 투자의 수익성이 가장 높습니다.
_____
_____

04 공유 경제란 물건이나 공간, 서비스를 빌리고 나눠 쓰는 사회적 경제 모델입니다.
_____
_____

05 4차 산업 혁명 시대가 도래함에 따라 미래의 유망 직종이 크게 변하고 있습니다.
_____
_____

06 주식 투자는 리스크가 너무 크니 좀 더 신중해야 합니다.
_____
_____

07 중국의 경제 성장률에 세계가 주목하는 것은 국제 경제에 영향을 미치기 때문입니다.
_____
_____

08 사회 초년생의 재테크를 위해서 많은 은행에서 재테크를 위한 다양한 상품을 내놓았습니다.
_____
_____

09 첨단 과학 기술의 급속한 발전에 따라, 재활 로봇과 수술 로봇이 이미 상용화 단계에 도달하였습니다.
_____
_____

10 4차 산업 혁명 시대가 도래함에 따라 공유 경제가 주목을 받고 있습니다.
_____
_____

[심화]
11 전자상거래 생방송은 2015년 하반기에 시작되어 "생방송+왕훙"이라는 두 가지 바람을 타고 전자상거래 APP의 표준 기능이 되었습니다. 최초의 크로스보더 전자 상거래 보뤄미로부터 쥐메이요우핀, 모구찌에, 타오바오, 티엔마오, 동징 등이 생방송 분야에 뛰어들었습니다.
_____
_____

[심화]
12 핀테크는 영어 단어 Fintech에서 번역된 것으로 이것은 금융이라는 'Finance'와 과학 기술이라는 'Technology' 두 단어가 합성된 것입니다. 핀테크는 주로 전통적인 금융 서비스 방식을 탈피한 첨단 기술을 말합니다.
_____
_____

[심화]
13 대부분의 화폐와 다르게 비트코인은 특정 화폐 기구에서 발행하지 않습니다. 이것은 특별한 알고리즘에 따라 대량의 계산을 통해 생산됩니다. 비트코인 경제는 전체 P2P네트워크 중 수많은 노드로 구성된 분포식 데이터베이스를 사용하여 모든 거래 행위를 확인하고 기록합니다. 또한 암호 기법을 사용한 설계로 인해 화폐가 유통되는 각 부분에서 안정성을 보장합니다.
_____
_____
_____

심화

14 주식과 펀드와 비교해보면 은행 재테크 상품은 문턱이 높고 유동성이 다소 떨어지는 특징이 있습니다. 재테크 상품을 선택할 때 자신의 투자 선호도와 재테크 수요를 모두 살펴야 하며 또한 시장이라는 외적인 요소가 재테크 상품의 '조류'에 가지고 올 영향도 함께 적절하게 고려해야 합니다.

심화

15 주식 시장의 가장 큰 특징은 바로 불확실성인데 기회와 위험이 모두 함께 공존한다는 것입니다. 때문에 투자자는 계속 신중한 태도를 유지하면서 시기를 정확하게 보고 투자해야 합니다.

모범 답안

01 油价下跌会对全球经济有什么影响呢?

02 随着韩国社会的老龄化不断加速，为了退休后做准备最应该做的就是加入养老保险。

03 在众多理财方式中不动产投资的收益性最高。

04 共享经济是物品或空间、服务等互相借用、分享的社会化经济模式。

05 随着第四次工业革命时代的到来，未来有前途的行业正在发生巨大的变化。

06 股市投资的风险太大，所以要慎重。

07 中国经济增长率备受瞩目的原因是对国际经济产生了影响。

08 很多银行都推出了为社会新手理财准备的各种各样的理财产品。

09 随着科技技术的迅速发展，已经达到了康复机器人和手术机器人普及化的阶段。

10 随着第四次工业革命时代的到来，共享经济正在备受瞩目。

11 电商直播起源于2015年下半年，伴随着"直播+网红"两个风口，快速成为电商APP标配功能，从最初的跨境电商波罗蜜，到聚美优品、蘑菇街、淘宝、天猫、京东等都进入了直播领域。

12 金融科技，由英文单词Fintech翻译而来，Fintech则是由金融"Finance"与科技"Technology"两个词合成而来。金融科技，主要是指代那些可用于撕裂传统金融服务方式的高新技术。

13 与大多数货币不同，比特币不依靠特定货币机构发行，它依据特定算法，通过大量的计算产生，比特币经济使用整个P2P网络中众多节点构成的分布式数据库来确认并记录所有的交易行为，并使用密码学的设计来确保货币流通各个环节安全性。

14 与股票和基金相比，银行理财产品具有门槛高和流动性略差的特点。在选取理财产品时，要兼顾到自己的投资偏好和理财需求，同时也要适当地考虑到市场这个外在因素对理财产品"潮流"所带来的影响。

15 股市的最大特点就是不确定性，机会与风险是并存的。因此，投资者应继续保持谨慎态度，看准时机再进行投资。

관련 어휘 및 표현 총정리

주제와 관련된 주요 중국어 표현을 한눈에 훑어보며 한중 통번역 실력을 보강해 봅시다.

第四次工业革命	dìsìcìgōngyègémìng	제4차 산업 혁명
共享经济	gòngxiǎngjīngjì	공유 경제
人工智能	réngōngzhìnéng	명 인공 지능
机器人技术	jīqìrénjìshù	로봇 기술
虚拟现实	xūnǐxiànshí	명 가상 현실
无人机	wūrénjī	드론
物联网	wùliánwǎng	명 사물 인터넷
附加税	fùjiāshuì	명 부가세
所得税	suǒdéshuì	명 소득세
偷税	tōushuì	동 탈세하다
收税	shōushuì	세금을 거두다
税款	shuìkuǎn	명 세금
税额抵扣(=扣除税额)	shuì'édǐkòu(=kòuchúshuì'é)	세금 공제, 세액 공제
纳税	nàshuì	동 세금을 납부하다
减税	jiǎnshuì	동 감세하다, 세수를 줄이다
炒股	chǎogǔ	동 주식 투자를 하다
散户	sǎnhù	명 개인 투자자, 소액 투자자
大户	dàhù	명 거액 투자자, 큰손
熊市	xióngshì	명 베어 마켓(bear market), 하락장
牛市	niúshì	명 상승세인 주식 시장
股市	gǔshì	명 주식 시장, 주가
股票	gǔpiào	명 주, 주식, (유가) 증권
股息	gǔxī	명 주식 배당금
股票经纪人	gǔpiàojīngjìrén	증권 중개인
分红	fēnhóng	동 이익을 분배하다
套利	tàolì	명 상거래에서 얻는 차익, 매매 차익

계약서 작성

 알짜배기 문장으로 통번역 준비 운동!

주제별 핵심 구문 및 어휘를 학습한 뒤 문장의 빈칸에 알맞은 어휘를 채우며 몸을 가볍게 풀어 봅시다.

- 本着……原则 ~의 원칙에 입각하여 예 本着等价有偿、平等自愿的原则, 达成如下合同。
- 经 ~을 거쳐 예 经双方协商一致, 达成合同。
- 以……形式约定 ~의 형식으로 약정하다 예 乙方以交易清单的形式与甲方约定如下的条款。
- 具有约束力 구속력을 가지다 예 经双方约定, 本合同具有同等约束力。
- 以……为基本原则 ~을 기본 원칙으로 삼다 예 甲方定价以市场价格为基本原则。
- 不得 불가능하다, ~해서는 안 된다 예 不得以任何理由推托。
- 视为 여기다, 간주하다 예 如乙方未结清当天金额, 视为乙方违约。
- 承担责任 책임을 지다 예 甲方应承担由此引起的一切赔偿责任。
- 符合规定 규정에 부합하다 예 如果发现产品的要求不符合规定, 甲方应该承担责任。
- 有权…… ~할 권리(권한)가 있다 예 乙方有权要求甲方违约金。
- 向……起诉 ~에 기소하다 예 协商不成, 任何一方有权向○○市有管辖权的法院起诉。
- 可行 실행할 수 있다, 가능하다 예 自行约定包装标准应具体可行。
- 有效期为…… 유효기간을 ~으로 하다 예 信用证有效期为装船后15天。
- 凡 무릇, 모든 예 凡因执行本合同有关事项所发生的一切争执, 应由双方协商解决。

01 갑과 을은 양측의 협상을 거쳐 관련 규정에 근거하여 아래와 같은 계약을 체결한다.

甲方和己方, 经双方协商一致, 根据相关规定, _____。

02 구매 계획 : 을은 모든 거래에서 거래 명세서의 형식으로 갑과 구체적인 물품 규격, 수량, 품질 요구, 검수 기준과 방법, 납품 기한, 납품 장소, 운송 방식 등의 조항을 약정한다.

采购计划：乙方就每一批次_____与甲方约定具体的品种规格、数量、质量要求、_____、交货期限、交货地点、运输方式等条款。

03 정가 원칙 : 갑이 을에게 판매하는 상품의 가격은 시장 가격을 기준으로 한다.

定价原则：甲方向乙方销售产品的定价_____。

04 결제 방법 : 갑의 물품 대금에 대해 을은 반드시 당일에 전액 결산해야 하고 어떠한 이유로도 미뤄서는 안 된다.

结算方式：甲方货款乙方必须＿＿＿＿＿＿＿＿＿＿＿＿，不得＿＿＿＿＿＿＿＿＿＿＿＿。

05 품질 보장 : 만일 상품에 품질 결함이 있어 을에게 손해를 입힌 경우, 갑은 반드시 이로 인해 야기된 일체의 배상을 해야 한다.

＿＿＿＿＿＿＿：如因产品存在品质缺陷导致乙方受损的，甲方应承担＿＿＿＿＿＿＿＿＿＿。

06 불가항력 : 어느 한 쪽이 불가항력적 사유로 계약을 이행할 수 없을 경우 불가항력적 사건이 종결된 이후 상대측에 알려야 한다.

不可抗力：任何一方＿＿＿＿＿＿＿＿＿＿＿＿时，应在不可抗力事件结束后向对方通报。

07 위약에 대한 책임 : 만일 갑이 규정된 기간에 해당 거래 명세서에서 정한 납품 수량을 채우지 못하였고 기한을 15일 이상 초과하였을 경우, 을은 갑에게 이에 대해 해당 거래에서 미달된 화물 총가치의 3%의 위약금을 요구할 권리가 있다. 또한 해당 명세서의 남은 물품을 취소할 권리가 있다.

违约责任：若甲方未在规定时间完成＿＿＿＿＿＿＿＿＿＿＿＿，超期15天以上的，乙方有权要求甲方就其本批次清单未完成部分＿＿＿＿＿＿＿＿＿＿＿，并有权取消该批清单余下的供货量。

08 계약서의 변경과 해지 : 아래와 같은 상황이 발생할 경우 협상을 통해 본 계약을 변경하거나 해지할 수 있다.

合同的变更和解除：发生下列情况之一时，＿＿＿＿＿＿，可＿＿＿＿＿＿本合同。

09 법률 적용과 분쟁 해결 : 본 계약서와 각 항목에 대한 모든 거래 명세서의 체결, 이행, 변경 및 해지는 ○○법률을 적용한다.

＿＿＿＿＿＿＿＿＿＿：本合同及其项下各批次清单的＿＿＿＿、＿＿＿＿、变更和解除适用○○法律。

10 계약 효력 발생 : 본 계약서는 양측이 서명 날인한 후에 효력이 발생한다.

合同生效：本合同＿＿＿＿＿＿＿＿＿＿后生效。

정답 확인

01 达成如下框架合同
02 以交易清单的形式 ‖ 验收标准和方法
03 以市场价格为基本原则
04 当天给予全部结清 ‖ 以任何理由推托
05 品质担保 ‖ 由此引起的一切赔偿责任
06 由于不可抗力原因不能履行合同
07 批次清单规定的进货数量 ‖ 货物总值支付3%的违约金
08 经协商一致 ‖ 变更或解除
09 法律适用和争议解决 ‖ 订立 ‖ 履行
10 经双方签字盖章

2 STEP 비즈니스 한중 통번역 연습하기

앞서 배운 문장을 바탕으로 하단에 제시된 어휘를 참고하여 통번역해 봅시다.

01
판매자: (이하 '갑'이라 한다)
구매자: (이하 '을'이라 한다)
갑과 을이 장기적으로 안정적인 호혜 무역 관계를 발전시켜 나가기 위해서 동등 보상과 자발적 평등의 원칙에 입각하여 양측의 협상을 거쳐 관련 규정에 근거한 아래와 같은 계약을 체결한다.

卖方：（以下简称"甲方"）
买方：（以下简称"乙方"）
为发展甲、乙双方长期、稳定、互惠的贸易合作关系，本着等价有偿、平等自愿的原则，经双方协商一致，根据相关规定，达成如下框架合同。

➡

卖方 màifāng 명 판매측 | 买方 mǎifāng 명 구매측 | 简称 jiǎnchēng 동 간단하게 부르다, 약칭하다 | 稳定 wěndìng 형 안정되다 | 互惠 hùhuì 동 서로 혜택을 주고받다 | 本着 běnzhe 개 ~에 의거하여, ~에 입각하여 | 等价有偿 děngjiàyǒucháng 동등 보상 | 平等自愿 píngděngzìyuàn 자발적 평등 | 经协商 jīngxiéshāng 협상을 거치다 | 达成 dáchéng 동 달성하다, 얻다 | 框架 kuàngjià 명 골격, 구성, 구조

02
1. 구매 계획
을은 갑으로부터 여러 차례에 걸쳐 상품을 구매하는데 을은 모든 거래 시 거래 명세서의 형식으로 갑과 구체적인 물품 규격, 수량, 품질 요구 사항, 검수 기준과 방법, 납품 기한, 납품 장소, 운송 방식 등의 조항을 약정한다. 이 조항들을 양측이 약정하면 본 계약은 동등한 법적 구속력을 갖는다.

一、采购计划
乙方向甲方分批次采购产品，乙方就每一批次以交易清单的形式与甲方约定具体的品种规格、数量、质量要求、验收标准和方法、交货期限、交货地点、运输方式等条款。该等条款一经双方约定，本合同具有同等约束力。

➡

批次 pīcì 명 차, 차수 (제품을 대량으로 생산하는 횟수를 나타내는 말) | 交易清单 jiāoyìqīngdān 거래 명세서 | 品种 pǐnzhǒng 명 품종, 제품의 종류 | 规格 guīgé 명 표준, 규격 | 验收标准 yànshōubiāozhǔn 검수 기준 | 交货 jiāohuò 동 물품을 인도하다, 납품하다 | 运输方式 yùnshūfāngshì 운송 방식 | 条款 tiáokuǎn 명 (법규·조약·규정·계약 등의) 조항, 조목 | 同等 tóngděng 형 동등하다, 같다 | 约束力 yuēshùlì 명 구속력

03 2. 정가 원칙

갑이 을에게 판매하는 상품의 가격은 시장 가격을 기준으로 한다. 구체적인 가격을 정할 때 갑은 지역 시장, 수량, 지불 조건 등을 종합하여 판매 가격을 정한다. 같은 조건일 경우 갑이 을에게 제공하는 가격과 조건이 제3자에게 제공하는 동일한 물품의 가격 또는 조건과 다르면 안 된다.

二、定价原则
甲方向乙方销售的产品的定价以市场价格为基本原则。具体执行时，由甲方结合地区市场、批量、付款条件等确定销售价格。同等条件下，甲方提供给乙方的价格或条件不应偏离其提供给第三人同样货物的价格或条件。

➡ _____
_____
_____

定价 dìngjià 명 정가, 정찰가 동 가격을 매기다(정하다) | 市场价格 shìchǎngjiàgé 시장 가격 | 执行 zhíxíng 동 집행하다, 실시하다 | 结合 jiéhé 동 결합하다, 결부하다 | 批量 pīliàng 부 대량으로, 대규모로 | 付款条件 fùkuǎntiáojiàn 지급 조건 | 销售价格 xiāoshòujiàgé 판매 가격 | 偏离 piānlí 동 빗나가다, 벗어나다 | 第三人 dìsānrén 제3자 | 同样 tóngyàng 형 서로 같다, 다름없다

04 3. 결제 방법

1) 갑의 물품 대금에 대해 을은 반드시 당일 전액 결산해야 하고 어떠한 이유로도 미뤄서는 안 된다. 만일 을이 갑에게 당일 결산하지 않으면 을의 위약으로 간주하여 위약금을 그날 물품 대금의 3% 체납금으로 배상한다.

2) 을이 위약했다면 갑은 익일 물품 대금을 결제하는 방식으로 해결할 권한이 있다.

三、结算方式
1) 甲方货款乙方必须当天给予全部结清，不得以任何理由推托，如乙方未向甲方结清当天金额，视为乙方违约，违约金按当天货款的3%的滞纳金赔付。
2) 在乙方违约的前提下，甲方有权处理第二天的货款结算方式。

➡ _____
_____
_____

结算方式 jiésuànfāngshì 결제 방법 | 货款 huòkuǎn 명 상품 대금, 물건값 | 必须 bìxū 부 반드시 ~해야 한다 | 当天 dàngtiān 명 당일, 그 날 | 给予 jǐyǔ 동 주다, 부여하다 | 结清 jiéqīng 동 청산하다, 결산하다 | 不得 bùdé 동 불가능하다, ~해서는 안 된다 | 推托 tuītuō 동 핑계를 대서 거절하다, 회피하다 | 视为 shìwéi 동 여기다, 간주하다 | 违约 wéiyuē 동 약속을 어기다, 계약을 위반하다 | 滞纳金 zhìnàjīn 체납금 | 赔付 péifù 동 (배상금을) 지불하다 | 前提 qiántí 명 전제, 전제 조건 | 处理 chǔlǐ 동 처리하다, (문제를) 해결하다

05 4. 품질 보장

1) 갑은 을에게 제공하는 상품이 을이 모든 거래 시 작성한 명세서의 각각의 요구 사항에 부합함을 보장해야 한다.

2) 만일 갑이 납품한 물품의 규격, 수량, 품질 요구 사항이 규정 및 약정과 맞지 않았으나 을이 사용할 것을 동의한 경우 품질에 따라서 가격을 다시 정해야 한다. 만일 을이 사용할 수 없다고 하는 경우 구체적인 상황에 근거하여 갑은 책임 지고 교환을 해주거나 반품하도록 하여 실제 비용을 지불한다.

3) 만일 상품에 품질 결함이 있어 을에게 손해를 입힌 경우, 갑은 반드시 이로 인해 야기된 일체의 배상을 해야 한다.

四、品质担保

1、甲方应保证提供给乙方的产品符合乙方在各批次清单里所载明的各项要求。

2、如甲方所交货物规格、数量、品质要求不符合规定或约定,但乙方同意使用,应按质论价。乙方不能使用,应根据具体情况,由甲方负责包换或退货而支付实际费用。

3、如因产品存在品质缺陷导致乙方受损的,甲方应承担由此引起的一切赔偿责任。

➡

品质 pǐnzhì 명 품질, 질 | 担保 dānbǎo 동 보증하다, 담보하다, 책임지다 | 保证 bǎozhèng 동 보증하다, 담보하다 | 符合 fúhé 동 부합하다, 맞다 | 载明 zàimíng 동 명료하게 기록하다 | 项 xiàng 명 항목 | 同意 tóngyì 동 동의하다, 찬성하다 | 按质论价 ànzhìlùnjià 동 품질에 따라 가격을 결정하다 | 包换 bāohuàn 동 (일정한 조건 아래) 구매 상품의 교환을 보증하다 | 退货 tuìhuò 동 반품하다 | 导致 dǎozhì 동 (어떤 사태를) 야기하다, 초래하다, 가져오다 | 受损 shòusǔn 동 손실을 입다, 손해를 보다 | 承担 chéngdān 동 맡다, 담당하다 | 赔偿 péicháng 동 배상하다, 보상하다

---

06 5. 불가항력

어느 한 쪽이 불가항력적 사유로 계약을 이행할 수 없을 경우 불가항력적 사건이 종결된 이후 상대측에 알려서 상대측이 입을 수 있는 손실을 줄이도록 해야 한다.

五、不可抗力

任何一方由于不可抗力原因不能履行合同时,应在不可抗力事件结束后向对方通报,以减轻可能给对方造成的损失。

➡

不可抗力 bùkěkànglì 명 불가항력 | 履行 lǚxíng 동 이행하다, 실행하다, 실천하다 | 通报 tōngbào 동 통보하다, 알리다 | 减轻 jiǎnqīng 동 줄다, 감소하다, 낮아지다 | 造成 zàochéng 동 (좋지 않은 결과를) 초래하다, 야기하다 | 损失 sǔnshī 명 손실, 손해

07 6. 위약에 대한 책임

1) 본 계약의 당사자들은 신용을 지키고 상호 이익을 추구하여 약속한 시간과 품질, 수량에 따라 본 계약의 조항 하의 거래를 이행한다. 만일 갑이 규정된 기간에 해당 거래 명세서에서 정한 납품 수량을 채우지 못하였고 기한을 15일 이상 초과하였을 경우, 을은 이에 대해 갑에게 해당 거래에서 미달된 화물 총가치의 3%의 위약금을 요구할 권리가 있다. 또한 해당 명세서의 남은 물품을 취소할 권리가 있다.

만약 을이 규정된 기간에 물품 대금을 지불하지 않았을 경우 미지급 부분에 대해 갑은 3%의 체납금을 받을 권리가 있다.

➡ _____
_____
_____
_____
_____

六、违约责任

1、本合同当事人双方应本着诚信、互利互惠、按时、按质、按量共同完成本合同项下交易，若甲方未在规定时间完成本批次清单规定的进货数量，超期15天以上的，乙方有权要求甲方就其本批次清单未完成部分货物总值支付3%的违约金，并有权取消该批清单余下的供货量。

若乙方未在规定时间支付款项的，就其未支付部分，甲方有权收取3%的滞纳金。

违约 wéiyuē 동 약속을 어기다, 위약하다, 계약을 위반하다 | 当事人 dāngshìrén 명 관계자, 당사자 | 诚信 chéngxìn 형 성실하다, 신용을 지키다 | 互利互惠 hùlìhùhuì 상호 이익과 혜택을 주다 | 超期 chāoqī 동 규정 기한을 초과하다 | 总值 zǒngzhí 명 총가치 | 支付 zhīfù 동 지불하다, 내다 | 取消 qǔxiāo 동 취소하다 | 余下 yúxià 동 남기다, 남다 | 收取 shōuqǔ 동 받다, 수납하다

08 2) 본 계약의 당사자 중 어느 한 쪽이 법률을 위반하거나 신의성실 원칙을 위배하거나 계약 위반 또는 양측이 본 계약으로 체결한 기타 약정을 위반하여 상대측에게 실질적인 경제적 손실을 입힌 경우 위약한 쪽은 그에 상응하는 배상을 해야 할 의무가 있다.

➡ _____
_____
_____

2、本合同当事人任何一方因违反法律法规、违背诚实信用原则、违反合同或违反双方就本合同达成的其它约定造成对方实质上的经济损失，违约方应承担相应的赔偿责任。

违反 wéifǎn 동 위반하다, 어기다 | 违背 wéibèi 동 위반하다, 위배하다 | 实质上 shízhìshàng 실질적으로 | 承担 chéngdān 동 맡다, 담당하다, 책임지다 | 赔偿 péicháng 동 배상하다, 보상하다

09 7. 계약서의 변경과 해지

아래와 같은 상황이 발생할 경우 협상을 통해 본 계약을 변경하거나 해지할 수 있다. 그러나 변경된 계약서는 양측의 서명을 거친 후에 효력이 발생한다.

1) 본 계약의 지속적 이행이 갑 또는 을에게 법률을 위반하게 하는 경우

七、合同的变更和解除

发生下列情况之一时，经协商一致，可变更或解除本合同，但变更后的合同需经双方签字后生效：

1、继续履行本合同将导致甲方或乙方违反法律法规时。

➡ _____
_____
_____
_____

变更 biàngēng 동 변경하다, 바꾸다 | 解除 jiěchú 동 없애다, 제거하다 | 下列 xiàliè 형 아래에 열거한 | 协商 xiéshāng 동 협상하다, 협의하다 | 一致 yízhì 형 일치하다 | 签字 qiānzì 동 서명하다, 사인하다 | 生效 shēngxiào 동 효력이 발생하다 | 履行 lǚxíng 동 이행하다, 실행하다

10 2) 갑이 생산하는 모든 품종과 규격의 상품이 을의 실질적 경영에 도움이 되지 못하여 계약을 이행할 필요가 없어진 경우

3) 상황이 변하여 당사자 간의 서면 동의가 이루어진 경우

2、甲方生产的各种品种规格的产品均无法满足乙方的实际生产经营，合同已无履行必要。

3、因情况发生变化，当事人双方经过协商书面同意。

➡ _____
_____
_____
_____

均 jūn 부 모두, 다 | 书面 shūmiàn 명 서면, 지면

11 8. 법률 적용과 분쟁 해결

1) 본 계약서와 각 항목에 대해 모든 거래 명세서의 체결, 이행, 변경 및 해지는 ○○법률을 적용한다.
2) 만일 본 계약 및 각 조항에 대해 모든 거래 명세를 이행하는 도중 분쟁이 발생하면 먼저 당사자 양측이 협상하여 해결한다. 협의를 이루지 못하면 한 쪽이 ○○시 관할 법원에 고소할 수 있다.

> 八、法律适用和争议解决
> 1、本合同及其项下各批次清单的订立、履行、变更和解除适用○○法律。
> 2、如本合同及其项下各批次清单在履行过程中发生争议，首先由当事人双方协商解决。协商不成，任何一方有权向○○市有管辖权的法院起诉。

➡

适用 shìyòng 통 적용하다 | **订立** dìnglì 통 체결하다, 맺다 | **争议** zhēngyì 통 쟁의하다, 논쟁하다 | **解决** jiějué 통 해결하다, 풀다 | **不成** bùchéng 통 이루지 못하다 | **管辖权** guǎnxiáquán 관할권 | **起诉** qǐsù 통 고소하다, 기소하다

---

12 9. 계약의 효력

1) 본 계약서는 양측이 서명 날인한 후에 효력이 발생한다.
2) 계약 기간에 갑과 을은 기타 후속 조항의 추가 및 계약을 할 수 없다. 양측은 어떠한 이유로도 상대방에게 다른 비용을 요구해서는 안 되며 을은 갑에게 규정된 금액을 지불하고 기타 비용을 더해서는 안 된다.

> 九、合同生效
> 1、本合同经双方签字盖章后生效。
> 2、合同期内，甲乙双方不得有其它后续附加条款及后续合同。双方不得以任何理由向对方索要其它费用，乙方需足额付款与甲方，不得添加其它费用。

➡

生效 shēngxiào 통 효력이 발생하다 | **后续** hòuxù 형 후속의 | **附加** fùjiā 형 부가의, 별도의 | **索要** suǒyào 통 요구하다, 달라고 하다 | **足额** zú'é 통 규정이나 규격의 액수에 이르다 | **添加** tiānjiā 통 보태다, 첨가하다

3 STEP 비즈니스 한중 통번역 실전 트레이닝

모범 답안 233~234p | 315~321

다양한 난이도의 문장들을 통번역해 보며 실력을 한 단계 높여 보도록 합시다.

01 판매자와 구매자는 호혜평등에 입각하여 협의를 통해 아래의 조항을 성실히 준수할 것에 동의한다.

제1조 구매하는 화물의 명칭, 규격, 포장 및 화인

명칭 : _____ 규격 : _____

포장 : _____ (사용한 포장 기준이 국가 및 책임 기관의 기준에 맞는지를 최대한 명시하고 자체적으로 정한 포장 기준은 구체적이고 실행가능해야 한다.)

_____
_____
_____
_____
_____
_____

02 제2조 수량, 단가, 총액

수량 : _____(납품 수량의 오차, 합리적인 과부족 허용과 운송 중 자연적 증가 (및 감소) 규정 및 계산 방법 : 판매자는 3% 이내로 많이 적재하거나 적게 적재할 수 있다.)

단가 : _____ 총액 : _____ (정확한 화폐 종류를 쓰고 대문자로 기입하시오.)

위의 가격은 FOB로 계산하고 구매자 수수료 ㅇㅇ%를 포함한다.

제3조 적재 기한

제4조 적재 항구

제5조 도착 항구

_____
_____
_____
_____
_____
_____

03 제6조 　보험

판매자는 송장 금액의 110%에 상당한 보험에 가입한다.

제7조 　지불 조건

구매자는 쌍방이 협의를 거친 은행에 판매자를 수익자로 하고, 취소 불능이며, 양도 및 분할이 가능하고, 분할 선적과 환적이 가능한 신용장을 개설한다. 이 신용장은 선적 증빙 서류를 근거로 하여 중국 은행에서 수령하는 즉시 대금을 지불한다. 신용장은 반드시 ㅇㅇ일 전에 개설해야 한다. 신용장의 유효 기간은 선적 후 15일로 ㅇㅇ국가에서 만료된다.

04 제8조 　증빙 서류

판매자는 은행에 이미 선적한 화물 명세서, 영수증, 포장 및 무게 명세서를 제출한다. 만일 본 계약이 CIF조건이라면 양도 가능한 보험증 및 보험 증빙 서류를 제공해야 한다.

제9조 　선적 조건

선적은 판매자가 안배하며 분할 적재와 환적을 허가한다. 화물을 선적한 후 판매자는 이메일로 계약 번호, 품명, 수량, 선박, 선적 일자를 '구매자'에게 통지해야 한다.

05 제10조 품질 및 수량, 무게에 대한 이의와 배상 청구

화물이 목적 항구에 도착한 이후에 구매자가 화물의 품질, 수량, 무게가 계약의 규정과 상이한 것을 발견했을 경우 보험 회사 또는 해운 회사의 책임을 제외한 사항에 대해 구매자는 쌍방이 협의한 검사 기관이 발급한 검사 증명에 의거하여 판매자에게 이의를 제기할 수 있다. 품질에 대한 이의는 화물이 목적 항구에 도착한 날로부터 30일 이내에 제기해야 하며 수량이나 무게에 대한 이의는 화물이 목적 항구에 도착한 날로부터 15일 이내에 제기해야 한다. 판매자는 이의를 접수한 후 30일 이내에 구매자에게 답변을 해야 한다.

06 제11조 불가항력

불가항력적 사고로 인해 판매자가 본 계약서가 정한 기한 내에 상품을 인도할 수 없거나 납품을 할 수 없는 경우, 판매자는 책임을 지지 않는다. 그러나 판매자는 반드시 즉시 구매자에게 알려야 한다. 만일 구매자가 요구할 경우에는 판매자는 '등기 우편'으로 구매자에게 유관 기관이 발급한 '사고 증빙 문서'를 제공해야 한다.

07 제12조 중재

본 계약과 관련된 사항을 이행하면서 발생하는 모든 분쟁은 양측이 우호적인 방식으로 협상하여 해결해야 한다. 만일 협의를 이루지 못할 경우 피고측 나라의 국가 중재 기관의 중재 절차에 따라 중재해야 한다. 중재의 결정은 최종적인 것으로 양측에게 동등한 구속력을 갖는다. 중재 비용은 중재 기관의 별도의 판결이 없으면 패소한 측이 부담한다.

제13조 기타

본 계약의 원본은 모두 2부로 작성하고 중국어, 한국어, 영어로 기록하며 세 언어 모두 동등한 효력을 갖는다. 서명한 후 정식으로 효력이 발생하며 양측이 각각 1부씩 보관하여 증거로 삼는다.

모범 답안

01 卖方与买方在平等互利的基础上，经双方协商一致，同意履行下列条款，并严格信守。

第一条 购买货物的名称、规格、包装及唛头

　　名称：_____　规格：_____

　　包装：_____（应尽可能注明所采用的包装标准是否国家或主管部门标准，自行约定包装标准应具体可行。）

02 第二条 数量、单价、总值

　　数量：_____（交货数量的正负尾差、合理磅差和在途自然增（减）量规定及计算方法：卖方有权在3%以内多装或少装。）

　　单价：_____　总值：_____（明确币种及大写）

　　上述价格内包括给买方佣金○○%按FOB计算。

第三条 装运期限

第四条 装运口岸

第五条 目的口岸

第六条　保险
　　　　由卖方按发票金额的110%投保。

第七条　付款条件
　　　　买方应通过买卖双方同意的银行，开立以卖方为受益人的、不可撤销的、可转让可分割的、允许分批装运和转船的信用证。该信用证凭装运单据在中国银行见即付。该信用证必须在○○天前开出。信用证有效期为装船后15天在○○国到期。

第八条　单据
　　　　卖方要向银行提供已装船的货物清单、发票、装箱单、重量单。如果本合同按CIF条件，应再提供可转让的保险单或保险凭证。

第九条　装运条件
　　　　载运船只由卖方安排，允许分批装运并允许转船。卖方于货物装船后，应将合同号码、品名、数量、船只、装船日期以电子邮件的方式通知买方。

第十条　品质与数量/重量的异议和索赔
　　　　货物到目的口岸后，买方如发现货物品质/数量/重量与合同规定不符，除属于保险公司或船运公司的责任外，买方可以凭双方同意的检验机构出具的检验证明，向卖方提出异议。品质异议须于货物到目的口岸之日起30天内提出，数量/重量异议须于货物到目的口岸之日起15天内提出。卖方应在收到异议后30天内答复买方。

第十一条　不可抗力
　　　　由于不可抗力事故，使卖方不能在本合同规定期限内交货或不能交货，卖方不负责任。但卖方必须立即通知买方。如买方提出要求，卖方应以"挂号函"向买方提供由有关机构出具的"事故证明文件"。

第十二条　仲裁
　　　　凡因执行本合同有关事项所发生的一切争执，应由双方通过友好的方式协商解决。如果不能达成协议，那么则应在被告的国家，根据被告国家仲裁机构的仲裁程序规则进行仲裁。仲裁决定是终局的，对双方具有同等的约束力。仲裁费用除仲裁机构另有决定外，均由败诉一方承担。

第十二条　其他
　　　　本合同正本共2份，采用中文、韩文、英文书写，三种文字具有同等效力，签字后正式生效，双方各执一份为凭。

 **관련 어휘 및 표현 총정리**

주제와 관련된 주요 중국어 표현을 한눈에 훑어보며 한중 통번역 실력을 보강해 봅시다.

签订	qiāndìng	통 (조약을) 조인하다, 체결하다
合同(=契约)	hétong(=qìyuē)	명 계약서
雇佣合同	gùyōnghétong	고용 계약서
供应合同	gōngyìnghétong	공급 계약서
意向书	yìxiàngshū	명 의향서
采购计划	cǎigòujìhuà	매수 계획, 구매 계획
定价原则	dìngjiàyuánzé	정가 원칙
结算方式	jiésuànfāngshì	결제 방법
滞纳金	zhìnàjīn	명 체납금
违约金	wéiyuējīn	명 위약금
品质担保	pǐnzhìdānbǎo	품질 보증
不可抗力	bùkěkànglì	명 불가항력
违约责任	wéiyuēzérèn	위약 책임
合同的变更和解除	hétongdebiàngēnghéjiěchú	계약의 변경과 해지
法律适用和争议解决	fǎlǜshìyònghézhēngyìjiějué	법률의 적용과 분쟁의 해결
合同生效	hétóngshēngxiào	명 계약이 효력을 발생하다
仲裁	zhòngcái	통 중재하다, 조정하다
技术转让	jìshùzhuǎnràng	명 기술 이전
投资总额	tóuzīzǒngé	투자 총액
注册资本	zhùcèzīběn	등기 자본
利润分配和偿还乙方投资	lìrùnfēnpèihéchánghuányǐfāngtóuzī	이윤 배분과 을 측 투자금 상환
附加条款	fùjiātiáokuǎn	부가 조항
法定代表人	fǎdìngdàibiǎorén	명 법정 대표자
公章	gōngzhāng	명 공인, 관인

비즈니스 중국어 통번역
한·중·편

PART 3

비즈니스 중국어 통번역 시험
ITT 예상문제 100

ITT 예상문제 100
ITT 예상문제 100 모범 답안

ITT 예상문제 100

※ 다음 한국어를 중국어로 바꾸세요.
모범 답안 263p

아래에 제시된 어휘를 참고하여 한중 통번역을 해봅시다.

01 저는 20년 전 유니버설 컴퓨터 회사를 설립했습니다. 저희는 서울에 있는 작은 사무실에서 시작했습니다.
___
___
___

成立 chénglì 동 (조직·기구 등을) 창립하다, 설립하다 | 计算机 jìsuànjī 명 컴퓨터 | 办公室 bàngōngshì 명 사무실, 오피스

02 제프 베조스는 1994년에 아마존 회사를 설립했습니다. 그는 미국을 횡단하는 장거리 여행을 하면서 온라인 서점을 구상했습니다.
___
___
___

亚马逊 yàmǎxùn 명 아마존(Amazon) | 横跨 héngkuà 동 뛰어넘다, 횡단하다 | 构想 gòuxiǎng 동 구상하다 | 网络书店 wǎngluòshūdiàn 인터넷 서점

03 1997년 아마존은 1,570만 달러의 수익을 냈습니다. 회사가 상장된 후 베조스는 상품 목록에 CD와 영화를 추가했습니다.
___
___
___

美金 měijīn 미국 달러 | 利润 lìrùn 명 이윤 | 上市 shàngshì 동 출시되다, 상장되다 | 增加 zēngjiā 동 증가하다, 더하다

04 일자리를 찾는 많은 사람들은 신문이나 인터넷상에서 회사나 직책 소개란에 게재된 일자리 광고를 읽습니다. 이 광고들은 일자리 채용 정보입니다.

___

___

报纸 bàozhǐ 명 신문 | 职位 zhíwèi 명 직위 | 简介 jiǎnjiè 명 안내서, 간단한 소개서 | 阅读 yuèdú 동 열독하다, 보다 | 刊登 kāndēng 동 게재하다, 싣다 | 工作岗位 gōngzuògǎngwèi 근무처, 일자리 | 招聘 zhāopìn 동 모집하다, 채용하다

05 필수적으로 구두 및 서면상의 의사소통에 능숙해야 하며 일반적 수준의 컴퓨터 소프트웨어 활용 능력을 갖추어야 합니다.

___

___

必须 bìxū 부 반드시 ~해야 한다 | 善于 shànyú 동 ~를 잘하다, ~에 능숙하다 | 沟通 gōutōng 동 소통하다, 교류하다 | 计算机软件 jìsuànjīruǎnjiàn 컴퓨터 소프트웨어 | 应用 yìngyòng 동 응용하다, 사용하다

06 구직할 때 가장 중요한 요소는 무엇일까요? 저는 먼저 이력서를 얼마나 잘 쓰느냐에 따라 얻게 되는 기회가 다르다고 생각합니다.

___

___

求职 qiúzhí 동 구직하다, 직업을 찾다 | 要素 yàosù 명 요소 | 认为 rènwéi 동 여기다, 생각하다 | 简历 jiǎnlì 명 이력서

07 레드 블록 백화점은 연례 재고 조사로 인해 12월 15일 월요일에 휴업할 예정입니다.

___

___

年度 niándù 명 연도 | 库存 kùcún 명 재고 | 暂停营业 zàntíngyíngyè 잠시 휴업하다

08 저희는 구정 연휴 기간 동안 휴업할 계획입니다. 한국의 모든 지점들은 2월 6일부터 8일까지 휴무입니다.

___

___

春节 chūnjié 명 설, 구정 | 放假期间 fàngjiàqījiān 휴가 기간 | 分店 fēndiàn 명 분점, 지점 | 休息 xiūxi 동 휴식하다, 쉬다

09 신입 회계사 여러분, 저희 컨설팅 회사에 오신 것을 환영합니다! 여러분이 저희 팀에 합류하게 된 것을 매우 기쁘게 생각하며 앞으로 여러분과 오랫동안 상호 보완적인 업무 관계를 맺게 되길 바랍니다.

_____
_____
_____

会计师 kuàijìshī 명 회계사 | 咨询 zīxún 동 자문하다, 상담하다 | 加入 jiārù 동 가입하다, 참가하다 | 期待 qīdài 동 기대하다, 바라다 | 保持 bǎochí 동 유지하다, 지키다 | 互助 hùzhù 동 서로 돕다

10 개막식에 초대해 주셔서 매우 감사드립니다. 영화제 10주년 기념 저녁 만찬에 초대받아 영광입니다.

_____
_____
_____

邀请 yāoqǐng 동 초청하다, 초대하다 | 开幕式 kāimùshì 명 개막식 | 荣幸 róngxìng 형 매우 영광스럽다 | 受邀 shòuyāo 동 초청을 받다 | 电影节 diànyǐngjié 명 영화제 | 周年 zhōunián 명 주년 | 晚宴 wǎnyàn 명 저녁 연회

11 귀하께서 편하신 시간과 장소를 저희 비서에게 알려 주십시오. 그렇지 않으면 그날 2시 이후나 화요일 오후 2시쯤 귀하께서 직접 제 사무실에 오셔도 좋습니다.

_____
_____
_____

方便 fāngbiàn 형 편리하다 | 留言 liúyán 동 말을 남기다, 쪽지를 남기다 | 秘书 mìshū 명 비서 | 亲自 qīnzì 부 직접, 친히 | 办公室 bàngōngshì 명 사무실

12 저희 회사는 30주년 기념일을 축하하기 위해 2016년 3월 2일 저녁 8시에 롯데 백화점 크리스털 볼룸에서 만찬을 갖습니다.

_____
_____
_____

庆祝 qìngzhù 동 경축하다 | 纪念日 jìniànrì 명 기념일 | 水晶 shuǐjīng 명 수정, 크리스털 | 举行 jǔxíng 동 거행하다

13 호텔 객실 배정 문의 사항에 관해 말씀드리면 제가 찾을 수 있었던 곳은 귀하의 사무실에서 조금 떨어진 2성급 호텔입니다.

___

___

___

安排 ānpái 동 안배하다, 준비하다 | 客房 kèfáng 명 객실 | 疑问 yíwèn 명 의문, 의혹 | 距离 jùlí 명 거리, 간격 동 ~로부터 떨어지다 | 阁下 géxià 명 귀하 | 星级 xīngjí 명 호텔 등급

14 귀하께 부탁을 드리고자 이렇게 글을 씁니다. 귀하의 재무 회계 관련 서적을 빌릴 수 있을까요?

___

___

___

请求 qǐngqiú 동 요청하다, 부탁하다 | 借阅 jièyuè 동 (도서를) 빌려 보다 | 财务会计 cáiwùkuàijì 재무 회계 | 书籍 shūjí 명 서적, 책

15 우선 요 몇 년간 저희의 업무가 순조롭게 진행될 수 있도록 도와주신 것을 감사드립니다. 만일 귀하나 존과 같이 제 편이 되어준 분들이 계시지 않았다면 일이 얼마나 어려워졌을지 상상할 수도 없습니다.

___

___

___

顺利 shùnlì 형 순조롭다, 일이 잘 되어가다 | 给予帮助 jǐyǔbāngzhù 도움을 주다 | 站在身边 zhànzàishēnbiān 곁에 서 있다, 편이 되다 | 艰难 jiānnán 형 곤란하다, 어렵다

16 이 도표에서 볼 수 있듯이, 이 회사의 미국 내 매출액은 회계연도 1분기에 1억 달러를 기록했고, 2분기에는 1억 5천 달러까지 급증하였습니다.

___

___

___

图表 túbiǎo 명 도표 | 年度 niándù 명 연도 | 季度 jìdù 명 분기 | 亿 yì 수 억 | 激增 jīzēng 동 급격히 증가하다

17 차트를 자세히 살펴보시면, 저희는 지난 3년간 직원 교육에 꽤 많은 비용을 사용했고, 직원의 수가 점차 늘어가고 있으며, 광고 예산 비용도 증가하고 있음을 알 수 있습니다.

___

观察 guānchá 〔동〕 관찰하다, 살피다 | 过去 guòqù 〔명〕 과거 | 职员培训 zhíyuánpéixùn 직원 교육 | 投入 tóurù 〔동〕 (자금 등을) 투입하다, 투자하다 | 逐步 zhúbù 〔부〕 점차 | 预算 yùsuàn 〔명〕 예산

18 기업 생산량은 2월 마이너스 7.3%에서 3월 4.9%로 급상승했습니다. 한국 6개 주요 기업의 세계 시장 점유율은 2010년에 다소 감소했으나 2015년과 2016년엔 1999년 수준으로 회복했습니다.

___

负 fù 〔형〕 마이너스의 | 急剧 jíjù 〔부〕 급격하게, 급속히 | 上升 shàngshēng 〔동〕 상승하다, 위로 올라가다 | 占有率 zhànyǒulǜ 〔명〕 점유율 | 稍许 shāoxǔ 〔부〕 조금, 약간 | 减少 jiǎnshǎo 〔동〕 감소하다, 줄다 | 恢复 huīfù 〔동〕 회복하다, 회복되다

19 통계 자료에 의하면 지난 3년간 유기농 식품의 소비량이 대폭 상승한 것을 알 수 있습니다. 이것은 건강이 점점 더 많은 소비자들에게 최우선 고려 사항이 되었다는 것을 나타냅니다.

___

有机 yǒujī 〔형〕 유기물의 | 消费量 xiāofèiliàng 〔명〕 소비량 | 大幅度 dàfúdù 〔형〕 대폭적인 | 表明 biǎomíng 〔동〕 분명하게 보이다 | 健康 jiànkāng 〔동〕 건강하다 〔명〕 건강 | 成为 chéngwéi 〔동〕 ~이 되다 | 优先 yōuxiān 〔동〕 우선하다

20 바쁘신 와중에 시간을 내 주셔서 감사합니다. 통계 자료는 실제 임금이 매년 15%씩 인상되고 있음을 보여줍니다. 그렇다면 저희는 어떻게 매출을 높일 수 있을까요?

___

百忙之中 bǎimángzhīzhōng 바쁜 가운데서도 | 抽出时间 chōuchūshíjiān 시간을 내다 | 统计资料 tǒngjìzīliào 통계 자료 | 上调 shàngtiáo 〔동〕 (가격 등을) 상향 조정하다 | 提高 tígāo 〔동〕 향상시키다, 높이다

21 그래프에서 볼 수 있듯이 소비자 가격은 2016년 2월 이후 꾸준히 하락했습니다. 가격은 2월에 3.3%로 최고치를 기록했으며, 그 이후엔 내려가기 시작했습니다.

持续 chíxù [동] 지속하다 | 下滑 xiàhuá [동] 아래로 미끄러지다, 하락하다 | 最高值 zuìgāozhí 최고치 | 下降 xiàjiàng [동] 떨어지다, 낮아지다

22 제 말의 요지는 바로 인력이 저희의 자산 중 하나라는 것입니다. 미래에 무슨 일이 생길지 그 누구도 확실히 알지 못합니다.

要旨 yàozhǐ [명] 요지 | 资产 zīchǎn [명] 자산 | 确切 quèqiè [형] 확실하다 | 发生 fāshēng [동] 발생하다

23 간단히 말해서 형편없는 고객 서비스는 매출 부진으로 이어집니다. 한 마디로 말하자면 고객이 없으면 우리의 존재 의미도 없습니다.

简单 jiǎndān [형] 간단하다 | 糟糕 zāogāo [형] 못 쓰게 되다, 엉망이 되다 | 销售低迷 xiāoshòudīmí 판매 부진 | 一言以蔽之 yìyányǐbìzhī [성] 한 마디로 말해서

24 우리 회사가 직면한 가장 큰 문제는 바로 고객과의 관계를 기업의 핵심적 위치에 두지 않을 뿐만 아니라 고객을 성가신 존재로 여긴다는 것입니다.

面临 miànlín [동] (문제·상황에) 직면하다, 앞에 놓여 있다 | 不仅……而且…… bùjǐn……érqiě…… ~뿐만 아니라 또한 ~하다 | 顾客 gùkè [명] 고객, 손님 | 核心 héxīn [명] 핵심 | 看作 kànzuò [동] ~으로 보다, ~으로 간주하다 | 令人厌烦 lìngrényànfán 사람을 귀찮게 하다, 짜증나게 하다

25 귀하의 12월 2일자 이메일에서 말씀하신 당사의 종합 상품 카탈로그를 PDF형식으로 첨부하여 드립니다.

___

邮件 yóujiàn 명 우편물 | 综合 zōnghé 동 종합하다 | 以……形式 yǐ……xíngshì ~의 형식으로 | 附上 fùshàng 동 함께 동봉하여 보내다

26 저희 쪽에서 귀하의 최종 제안을 수락하기로 결정했음을 알려 드립니다. 이에 따라 어제 일자로 계약서를 보내드렸으며, 보안을 위해서 보통 우편으로 발송했습니다.

___

接受 jiēshòu 동 받아들이다, 수락하다 | 方案 fāng'àn 명 방안 | 发送 fāsòng 동 보내다, 발송하다 | 确保 quèbǎo 동 확보하다, 확실히 보장하다 | 普通邮件 pǔtōngyóujiàn 보통 우편

27 귀하의 2월 8일자 요청에 감사드립니다. 귀하께서 요청하신 타자기 카탈로그를 동봉해 드리게 되어 영광입니다.

___

请求 qǐngqiú 명 요구, 요청 | 打字机 dǎzìjī 명 타자기 | 随函寄附 suíhánjìfù 편지와 함께 보내다

28 여러분의 피부 문제를 해결하지 못하는 일반 의약품에 수천 달러를 쓰고 계시나요? 만약 깨끗하고 어려 보이는 빛나는 피부를 갖길 원하신다면, Derma House를 찾아 주시기 바랍니다.

___

皮肤 pífū 명 피부 | 医药品 yīyàopǐn 명 의약품 | 花费 huāfèi 동 (돈·시간을) 쓰다, 소비하다 | 拥有 yōngyǒu 동 소유하다, 가지다 | 闪亮 shǎnliàng 동 반짝이다, 밝아지다 | 肌肤 jīfū 명 근육과 피부

29 57개 국가에서 320개가 넘는 호텔과 리조트를 소유하고 있는 쉐라톤 호텔 앤 리조트는 전 세계 호텔 앤 리조트 브랜드 중에서 최대 규모를 자랑하는 리조트 호텔입니다.

___

___

___

度假村 dùjiàcūn 명 휴양지, 리조트 | 喜来登 xǐláidēng 쉐라톤(Sheraton) | 品牌 pǐnpái 명 브랜드, 상표 | 规模 guīmó 명 규모, 형태 | 著称 zhùchēng 동 유명하다, 이름나다

30 직장에서 한 주간 스트레스를 받은 후, 휴식과 재충전을 위해 온천 호텔에 들르는 것은 언제나 좋은 생각입니다. 지난 3년간 저는 온천 치료를 통해 피로를 극복하고 있습니다.

___

___

___

职场 zhíchǎng 명 직장 | 压力 yālì 명 스트레스, 압력 | 充电 chōngdiàn 동 체력과 정력을 재충전하다 | 温泉 wēnquán 명 온천 | 治疗 zhìliáo 동 치료하다 | 战胜疲劳 zhànshèngpíláo 피로를 이겨내다

31 저희는 한국 시장에 전문적으로 수입 세차 용품을 공급하는 대형 유통업체입니다. 저희는 귀사의 광고를 보고 이곳에 귀사의 제품을 유통하는 것을 고려하고 있습니다.

___

___

___

供应 gōngyìng 동 공급하다 | 进口 jìnkǒu 동 수입하다 | 洗车 xǐchē 동 세차하다 | 流通 liútōng 동 유통하다 | 考虑 kǎolǜ 동 고려하다, 계획이다

32 마케팅엔 두 가지 특징이 있습니다. 첫째로, 마케팅은 제품이나 서비스를 팔기 위한 전략 및 일련의 기술이라고 여겨집니다.

___

___

___

营销 yíngxiāo 동 판촉하다, 마케팅하다 | 被认为 bèirènwéi ~라고 여겨지다 | 出售 chūshòu 동 팔다, 판매하다 | 战略 zhànlüè 명 전략 | 一系列 yíxìliè 형 일련의

33 이것은 우선 고객의 필요를 이해하는 것을 기반으로 현재의 방식보다 더 탁월한 해결 방법을 찾고 개발하는 것입니다.

_____
_____
_____

基于 jīyú 〖개〗 ~에 근거하다, ~때문에 | 了解 liǎojiě 〖동〗 자세하게 알다, 이해하다 | 开发 kāifā 〖동〗 개발하다 | 解决方案 jiějuéfāng'àn 해결 방법

34 마케팅의 가장 기본적인 생각은 '내가 생산한 제품을 파는 것보다 내가 팔 수 있는 제품을 생산하는 게 낫다'인데, 이것은 제품이 생산되면 자연스럽게 팔리는 것이 아니라 특별한 판매 전략이 필요하다는 것을 의미합니다.

_____
_____
_____

观念 guānniàn 〖명〗 생각, 관념 | 与其……不如…… yǔqí……bùrú…… ~보다 ~이 낫다 | 意味着 yìwèizhe 〖동〗 의미하다, 뜻하다 | 特定 tèdìng 〖형〗 특정한

35 모두들 새로운 광고 전략이 긍정적인 반응을 불러올 것이라 예상했습니다. 하지만 실제로 이것은 이전의 방식과 마찬가지로 별다른 효과가 없는 것으로 드러났습니다.

_____
_____
_____

预计 yùjì 〖동〗 예측하다, 추산하다 | 积极反应 jījífǎnyìng 긍정적 반응 | 证明 zhèngmíng 〖동〗 증명하다 | 效果 xiàoguǒ 〖명〗 효과

36 지난 2년간 저희 회사의 판매가는 한국 원가의 급격한 상승과 인건비의 인상으로 인해, 이사회를 통해 판매가를 10% 올릴 수밖에 없었으며 이 새 가격은 7월 1일부터 적용됩니다.

_____
_____
_____

售价 shòujià 〖명〗 판매가 | 成本价 chéngběnjià 〖명〗 원가 | 急剧 jíjù 〖부〗 급격하게, 급속히 | 人工费 réngōngfèi 인건비 | 上涨 shàngzhǎng 〖동〗 (수위·물가 등이) 오르다 | 董事会 dǒngshìhuì 〖명〗 이사회 | 实行 shíxíng 〖동〗 실행하다

37 현 시장의 다른 회사들과 비교해서 상당히 비싼 가격을 귀사가 제안하신 것에 대해 당사는 놀라움과 실망감을 느끼지 않을 수 없습니다.

_____
_____

相较 xiāngjiào 图 비교하다 | 现存 xiàncún 图 현존하다, 현재 있다 | 震惊 zhènjīng 图 깜짝 놀라게 하다 | 失望 shīwàng 图 실망하다, 희망을 잃다

38 모두 아시다시피 지난 2년간 모든 산업 분야의 인건비가 급격히 오름으로 인하여 당사는 상품 가격 체계를 조정할 수밖에 없습니다.

_____
_____

众所周知 zhòngsuǒzhōuzhī 图 모든 사람이 다 알고 있다 | 领域 lǐngyù 图 분야, 영역 | 急速 jísù 图 빠르게, 급속히 | 调整 tiáozhěng 图 조정하다, 조절하다 | 体系 tǐxì 图 체계

39 저희 측 가격에 추가 할인을 요청하신 귀사의 9월 20일자 (가격) 조정안을 잘 받아 보았습니다.

_____
_____

获悉 huòxī 图 알게 되다, 정보를 얻다 | 提出 tíchū 图 제출하다, 제기하다 | 额外 éwài 图 별도의, 그 밖의 | 建议 jiànyì 图 제안하다, 건의하다 图 제안, 제의

40 불행히도 저희는 가격 인상 제안을 받아들일 수가 없습니다.

_____
_____

不幸 búxìng 图 불행하다 | 价格上调 jiàgéshàngtiáo 가격 인상

41 귀하께 기한을 넘긴 미지불 금액 결제에 대한 요청을 이미 2번이나 드렸지만 여전히 어떠한 결제 소식도 받아 보지 못했습니다.

_____
_____
_____

提请 tíqǐng 동 요청하다 | 逾期 yúqī 동 기한을 넘기다 | 提醒 tíxǐng 동 깨우치다, 상기시키다, 경고하다 | 仍然 réngrán 부 변함없이, 여전히

42 상기 대금 결산이 지연된 점에 대해 진심으로 사과드립니다. 저희 회사 컴퓨터 시스템에 문제가 생겨서 데이터에 접근할 수가 없어 현재 대금 지불을 할 수가 없습니다.

_____
_____
_____

结算 jiésuàn 동 결산하다 | 延误 yánwù 동 (일을) 지체하다 | 表示歉意 biǎoshìqiànyì 사과를 표하다 | 由于 yóuyú 개 ~때문에 | 存取 cúnqǔ 동 컴퓨터로 정보를 입력하거나 전송하다

43 귀사에서 제대로 확인하지 않아서 상기 대금을 빠뜨린 것이 분명합니다.

_____
_____
_____

明显 míngxiǎn 형 뚜렷하다, 분명하다 | 并未 bìngwèi 부 결코 ~적이 없다 | 好好 hǎohǎo 부 푹, 마음껏, 잘 | 忽视 hūshì 동 소홀히 하다, 등한히 하다

44 저는 이번 여행 경비로 지불한 2,000 달러를 귀 항공사가 환불해 주실 것을 강력히 요청합니다.

_____
_____
_____

航空公司 hángkōnggōngsī 명 항공사 | 退还 tuìhuán 동 돌려주다, 반환하다 | 美金 měijīn 미국 달러

45 저희 측 기록에 있는 미지불 대금 8,950 달러를 즉시 처리해 주셔서 매우 감사드립니다.

_____
_____

即时 jíshí 甼 곧, 즉시 | 处理 chǔlǐ 동 처리하다, 해결하다 | 记录在案 jìlùzàiàn 문서에 기록하다 | 未支付 wèizhīfù 미지급하다 | 款项 kuǎnxiàng 명 비용, 경비

46 귀하의 9월 25일자 주문에 매우 감사드립니다. 요청하신 대로 철저히 물품을 발송해 드렸습니다. 물품이 무사히 배송되고 만족하셨으면 합니다.

_____
_____

订购 dìnggòu 동 예약하여 구입하다, 주문하다 | 严格 yángé 형 엄격하다, 엄하다 | 到达 dàodá 동 도달하다, 도착하다

47 문의 사항이 있으시면 언제든지 알려 주십시오. 바로 회신 드리겠습니다. 하시는 일이 순조로우시길 바랍니다. 안녕히 계십시오.

_____
_____

疑问 yíwèn 명 의문, 의혹 | 告知 gàozhī 동 알리다, 고지하다 | 及时 jíshí 부 즉시, 곧바로 | 一帆风顺 yìfānfēngshùn 성 일이 순조롭게 진행되다

48 귀하께서 2월 2일자에 주문하신 물품을 요청하신 기한 내에 발송하지 못한 점에 대해 매우 죄송하게 생각합니다.

_____
_____

发送 fāsòng 동 보내다, 발송하다 | 感到遗憾 gǎndàoyíhàn 유감스럽게 생각하다

49 소포는 오늘이나 늦어도 내일 오전에는 배송될 것입니다. 저희의 배송 지연에 대해 진심으로 사과를 드립니다.
___
___
___

包裹 bāoguǒ 몡 소포 | 最晚 zuìwǎn 늦어도 | 送达 sòngdá 동 배달하다, 송달하다 | 配送延迟 pèisòngyánchí 배송 지연 | 真诚 zhēnchéng 형 진실하다, 성실하다

50 주문하신 333번 컨테이너가 아직 도착하지 못했다는 사실을 알려 드리게 되어 매우 유감입니다. 해당 컨테이너는 2달 전 즉 1월 1일에 발송되어 2월 1일까지 배송이 완료되어야 합니다.
___
___
___

遗憾 yíhàn 동 유감이다, 섭섭하다 | 集装箱 jízhuāngxiāng 몡 컨테이너 | 运输 yùnshū 동 운수하다, 운송하다

51 저희 회사의 전자 제품 부서 내의 결정으로 인해 어쩔 수 없이 주문을 취소하게 되었습니다. 정말 죄송합니다.
___
___
___

决定 juédìng 동 결정하다 | 不得不 bùdébù 부 어쩔 수 없이, 반드시 | 取消 qǔxiāo 동 취소하다

52 제가 9월 3일 귀하의 가게에서 응용 소프트웨어를 구매했는데, 현재 이를 사용하는 데 있어 문제가 좀 있습니다.
___
___
___

购买 gòumǎi 동 사다, 구매하다 | 应用软件 yìngyòngruǎnjiàn 몡 응용 소프트웨어

53 회신 감사합니다. 항구 집하장 직원들이 파손 사실을 인정했고 관련자들이 책임을 지겠다고 했습니다. 이 일이 원만하게 해결되길 바랍니다.

___

回复 huífù 동 회신하다, 답장하다 | 港口 gǎngkǒu 명 항구, 항만 | 货运站 huòyùnzhàn 명 집하장 | 承认 chéngrèn 동 승인하다, 인정하다 | 破损 pòsǔn 동 파손되다, 손상되다 | 承诺 chéngnuò 동 승낙하다, 대답하다 | 负有责任 fùyǒuzérèn 책임을 지다 | 圆满 yuánmǎn 형 원만하다, 훌륭하다

54 귀사께 더 일찍 회신 드리지 못한 것에 대한 저희의 진심 어린 사과를 받아 주시길 바랍니다. 저희는 많은 시간을 할애하여 귀사의 공장 자동화 시스템의 문제 원인을 조사하였습니다.

___

没能 méinéng ~할 수 없었다, ~지 못했다 | 希望 xīwàng 동 희망하다, 바라다 | 接受 jiēshòu 동 받아들이다, 수락하다 | 自动化系统 zìdònghuàxìtǒng 자동화 시스템 | 进行调查 jìnxíngdiàochá 조사를 하다

55 이 서신을 통해 알려드립니다. 한국에서 건너오던 차량 등록 번호 ○○○○번 트럭의 차량 앞부분과 범퍼가 파손되었고 객실 쪽이 문을 여는 데 문제가 있습니다.

___

通过 tōngguò 동 통과하다, 지나가다 개 ~을 통해 | 车辆 chēliàng 명 차량 | 卡车 kǎchē 명 트럭 | 保险杠 bǎoxiǎngàng 명 범퍼 | 遭到 zāodào 동 당하다, 겪다 | 客座 kèzuò 명 좌석, 객실

56 저희 항공편 KE017의 기내 서비스에 대한 불만 사항을 알려 주셔서 감사합니다.

___

航班 hángbān 명 항공편, 운항편 | 机内 jīnèi 기내

57 비행 중 불편을 드린 것에 대해 저희의 진심어린 사과를 받아 주시길 바랍니다.

_____
_____
_____

航行 hángxíng 동 운항하다, 비행하다 | 不便 búbiàn 형 불편하다 | 歉意 qiànyì 명 미안한 마음

58 고객의 요구를 충족시키는 것은 당사의 최우선 임무이니만큼 해당 직원이 귀하께 도움을 드리는 일에 보여 준 무관심을 저희는 용납할 수 없습니다.

_____
_____
_____

需求 xūqiú 명 수요, 필요 | 首要 shǒuyào 형 가장 중요하다 | 容忍 róngrěn 동 용인하다, 참고 견디다 | 该 gāi 대 이, 그, 저 | 无视 wúshì 동 무시하다, 홀시하다

59 세탁기 교체 요청을 지속적으로 했음에도 불구하고, 귀사는 당사 서신에 대한 회신에서 성의를 보이지 않았고 현재까지 그 어떤 조치도 취하지 않고 있습니다.

_____
_____
_____

尽管 jǐnguǎn 접 비록 ~라 하더라도 | 更换 gēnghuàn 동 바꾸다, 교체하다 | 洗衣机 xǐyījī 명 세탁기 | 诚意 chéngyì 명 성의 | 至今 zhìjīn 부 지금까지, 오늘까지 | 做出举措 zuòchūjǔcuò 조치를 취하다

60 품질 보장을 통한 고객 만족은 저희 항공사의 최고 목표이며 지금까지 이 목표를 달성해온 것을 자랑스럽게 생각하고 있습니다.

_____
_____
_____

保证 bǎozhèng 동 보증하다, 확실히 책임지다 | 目标 mùbiāo 명 목표 | 达成 dáchéng 동 달성하다, 도달하다 | 自豪 zìháo 형 스스로 자랑스럽게 생각하다

61 지난번 서울을 방문하는 기간 동안 귀하께서 따뜻하게 환대해 주셔서 이 자리에서 진심으로 감사드립니다.

热情款待 rèqíngkuǎndài 친절하게 환대하다 | 表达 biǎodá 동 나타내다, 표현하다 | 衷心 zhōngxīn 형 충심의, 마음에서 우러나온

62 가까운 시일 내에 서울에서 귀하께 신세 갚을 기회가 있길 바랍니다. 다시 한 번, 서울 여행 기간에 편안하고 즐겁게 지내도록 도움을 주신 데에 진심어린 감사의 뜻을 전합니다.

不久的将来 bùjiǔdejiānglái 머지않은 미래에 | 回报恩情 huíbàoēnqíng 은혜를 갚다, 신세를 갚다 | 旅行 lǚxíng 동 여행하다 | 舒适 shūshì 형 편하다, 쾌적하다

63 서울로 돌아온 후 처음으로 귀사를 방문하는 동안 저희에게 베풀어 주신 친절한 환대와 도움에 진심어린 감사를 표합니다.

帮助 bāngzhù 동 돕다 명 도움, 원조 | 衷心 zhōngxīn 형 충심의, 마음에서 우러나온

64 오늘밤 귀국하기 전에 저와 제 아내가 서울에서 즐거운 여행을 할 수 있도록 시간과 노력을 들여 많은 것을 준비해 주셔서 진심으로 감사드립니다.

太太 tàitai 명 처, 아내 | 享受 xiǎngshòu 동 누리다, 즐기다 | 愉快 yúkuài 형 기쁘다, 유쾌하다 | 付出 fùchū 동 지급하다, 지불하다

65 최근 아시아 크루즈 여행 기간 동안 아주 즐거운 시간을 보냈다는 것을 알려드리고 싶습니다.

_____
_____
_____

亚洲 Yàzhōu 명 아시아 | 邮轮 yóulún 명 크루즈 | 度过时间 dùguòshíjiān 시간을 보내다

66 귀사가 어려움을 겪어서 문을 닫을 것이라는 소식을 들었습니다. 이렇듯 가장 힘든 시기에 귀사 곁에 저희의 마음과 기도가 함께 하고 있음을 알아 주셨으면 합니다.

_____
_____
_____

惊悉 jīngxī 동 충격적인 소식을 알다 | 困难 kùnnan 명 어려움 | 时刻 shíkè 명 시간, 시각 | 祈祷 qídǎo 동 기도하다, 빌다

67 저희 회사에서 12년간 근무하는 동안, 그는 최상의 업무 능력을 보여 주었습니다. 그는 창의적이고 헌신적인 열정으로 가득해 있습니다.

_____
_____
_____

表现 biǎoxiàn 동 나타내다, 표현하다 | 创意 chuàngyì 명 독창적인 견해, 창조적인 의견 | 充满 chōngmǎn 동 가득 퍼지다, 충만하다 | 忘我 wàngwǒ 동 자신을 돌보지 않다, 헌신하다

68 저는 조금의 망설임도 없이 귀사에 그를 강력히 추천합니다. 그의 업무 능력은 모든 면에서 굉장히 뛰어납니다.

_____
_____
_____

毫不犹豫 háobùyóuyù 성 조금도 주저하지 않다 | 工作能力 gōngzuònénglì 업무 능력

69 저희는 귀사가 관심을 두고 있는 회사와 20년 전 설립 이후부터 지금까지 거래하고 있습니다.

保持 bǎochí [동] 유지하다, 지키다 | 合作 hézuò [동] 합작하다, 협력하다

70 오랜 고민 끝에 저는 조기 퇴직을 하기로 결정했습니다. 대한항공에서의 제 마지막 근무일은 2016년 3월 1일입니다. (= 제 퇴직은 3월 1일부터 유효합니다.)

经过 jīngguò [동] 경험하다, 거치다 | 深思熟虑 shēnsīshúlǜ [성] 심사숙고하다 | 下决心 xiàjuéxīn 결심하다 | 退休 tuìxiū [동] 퇴직하다 | 生效 shēngxiào [동] 효력이 발생하다

71 절약 생산, 재고 없는 생산, 그리고 지속 생산이라 불리는 적시 생산은 수요가 발생하기 전에는 그 어떤 상품도 구매하거나 생산하지 않는 것을 말합니다.

即时生产 Jíshíshēngchǎn 적시 생산 | 购买 gòumǎi [동] 사다, 구매하다 | 生产 shēngchǎn [동] 생산하다

72 육체 노동을 하거나 서비스 산업에 종사하는 사람들은 보통 조합원들의 합리적인 임금과 근무 조건을 보장받기 위해 노동조합을 결성합니다.

体力劳务 tǐlìláowù 육체 노동 | 工会 gōnghuì [명] 노동조합 | 确保 quèbǎo [동] 확보하다 | 合理 hélǐ [형] 합리적이다

73 혁신의 영향력이 얼마나 중요한지 이해하기 위해 우리는 고객 중심, 효율 중심, 기계 공학 기초, 그리고 기초 과학이라는 이 네 가지 핵심 유형을 알아야 합니다.

___

___

___

效率 xiàolǜ 몡 능률, 효율 | 机械工程 jīxiègōngchéng 기계 공학 | 核心 héxīn 몡 핵심 | 类型 lèixíng 몡 유형

74 어떻게 해야 성공적으로 발표할 수 있을까요? 사람들은 강연을 통해 무엇을 얻길 원할까요? 마지막으로 어떠한 요인이 강연을 더 뛰어나게 만들까요?

___

___

___

成功 chénggōng 동 성공하다 형 성공적이다 | 演讲 yǎnjiǎng 몡 강연 동 연설하다, 강연하다 | 精彩 jīngcǎi 형 뛰어나다, 훌륭하다

75 청중들은 당신이 입을 열기도 전에 당신의 의상과 걷는 모습만 보고도 이미 마음속으로 당신에 대한 판단을 내립니다.

___

___

___

听众 tīngzhòng 몡 청중 | 开口 kāikǒu 동 말을 하다, 입을 떼다 | 着装 zhuózhuāng 동 입다 몡 옷차림 | 做出判断 zuòchūpànduàn 판단을 내리다

76 생산성의 하락은 근로자들이 일자리를 잃게 만드는데 이것은 화폐 가치와 구매능력이 하락하기 때문에 일어나는 일입니다. 기업들은 더 경쟁하기 어려워지고 어떤 기업은 도산할 위험에 직면할 수밖에 없습니다.

___

___

___

下降 xiàjiàng 동 떨어지다, 낮아지다 | 使得 shǐde 동 ~로 하여금 ~하게 하다 | 货币 huòbì 몡 화폐 | 难以 nányǐ 부 ~하기 어렵다 | 竞争 jìngzhēng 동 경쟁하다 | 倒闭 dǎobì 동 도산하다

77 많은 기업들이 새로운 방식을 개발하고 새로운 기술을 습득하는 근로자들에게 보너스를 지급합니다.
___

许多 xǔduō 〔형〕 매우 많다, 허다하다 | **开发** kāifā 〔동〕 개발하다 | **掌握** zhǎngwò 〔동〕 숙달하다, 파악하다 | **授予** shòuyǔ 〔동〕 수여하다, 주다 | **奖金** jiǎngjīn 〔명〕 상여금, 보너스

78 영어 또는 기타 외국어를 유창하게 하는 능력은 중국의 전문직 종사자들에게 경력을 늘리는 핵심적인 필수 조건이 되었습니다.
___

熟练 shúliàn 〔형〕 능숙하다, 숙련되어 있다 | **必要条件** bìyàotiáojiàn 필수 조건

79 메이어 씨는 금요일에 콜린스 빌딩에서 Fluency Masters Academy를 개원하였습니다. 현재 영어, 일본어, 프랑스어 과정이 있습니다.
___

开设 kāishè 〔동〕 설립하다, 개업하다 | **课程** kèchéng 〔명〕 교육 과정

80 근로자들에게 합리적인 대우를 해야 한다는 것은 모두가 인정하는 사실입니다. 즉, 이윤 추구보다 사람을 중시한다는 생각는 모든 사람들이 보편적으로 동의하는 개념입니다.
___

待遇 dàiyù 〔명〕 대우, 대접 | **公认** gōngrèn 〔동〕 공인하다, 모두가 인정하다 | **利润** lìrùn 〔명〕 이윤 | **赞同** zàntóng 〔동〕 찬성하다, 동의하다

81 만약 당신이 하루에 1시간 일주일에 6일씩 걷고 있다면, 운동의 효율이 높아지도록 근력 운동을 추가할 수 있습니다.

_____
_____
_____

走路 zǒulù 동 걷다 | 效率 xiàolǜ 명 능률, 효율 | 肌肉运动 jīròuyùndòng 근력 운동

82 영어가 세계 각국과 소통하는 가장 좋은 수단이기 때문에 국제적으로 통용되는 언어라는 것은 우리 모두 알고 있습니다.

_____
_____
_____

手段 shǒuduàn 명 수단, 방법 | 通用 tōngyòng 동 보편적으로 사용하다, 통용하다

83 상하이시 가족계획 담당자들은 외동으로 자란 부부들에게 둘째 아이를 갖는 것을 장려하고 있습니다.

_____
_____
_____

家庭计划 jiātíngjìhuà 가족계획 | 鼓励 gǔlì 동 격려하다 | 独生子女 dúshēngzǐnǚ 외아들이나 외동딸 | 生育 shēngyù 동 출산하다 | 二胎 èrtāi 명 둘째 아이

84 저도 매우 유감스럽게 생각합니다만 현대의 대다수 부모들이 가정 환경이 아이의 건강한 유년 시절에 얼마나 중요한 역할을 하는지 간과하고 있습니다.

_____
_____
_____

忽视 hūshì 동 소홀히 하다, 등한히 하다 | 家庭环境 jiātínghuánjìng 가정 환경 | 童年 tóngnián 명 어린 시절, 유년 | 起作用 qǐzuòyòng 동 역할을 하다, 작용을 하다

85 매일 아침 균형 잡힌 식사를 하세요. 그리고 카페인은 되도록 적게 섭취하시기 바랍니다.

享用 xiǎngyòng 동 누리다, 향유하다 | 均衡 jūnhéng 형 고르다, 균형이 잡히다 | 摄入 shèrù 동 섭취하다 | 咖啡因 kāfēiyīn 명 카페인

86 소비자들이 정말로 자신이 지불한 금액만큼 가치가 있는 상품을 얻는지 저는 매우 의심스럽습니다.

怀疑 huáiyí 동 의심하다, 회의하다 | 支付 zhīfù 동 지불하다, 내다 | 同等 tóngděng 형 동등하다, 같다

87 승객 여러분, 저희 보스턴 행 유나이티드 항공 여객기 357에 탑승해 주셔서 감사합니다. 저희 비행기는 보스턴까지 비행 시간은 10시간이 소요될 예정이며 비행 고도는 35,000피트입니다.

乘客 chéngkè 명 승객 | 乘坐 chéngzuò 동 타다 | 飞往 fēiwǎng 동 비행기를 타고 ~로 가다 | 波士顿 Bōshìdùn 명 보스턴(Boston) | 英尺 yīngchǐ 양 피트(feet)

88 비행 중 날씨는 다소 흐리지만, 보스턴의 날씨는 맑아질 것으로 예상됩니다. 현재 현지 시각은 오전 11시입니다. 보스턴의 날씨는 맑으며 현재 기온은 화씨 77도, 섭씨 24도입니다.

有些 yǒuxiē 부 좀, 약간 | 阴沉 yīnchén 형 어둡다, 어두컴컴하다 | 晴朗 qínglǎng 형 쾌청하다 | 华氏 huáshì 명 화씨 | 摄氏 shèshì 명 섭씨

89 승객 여러분, 보스턴에 오신 것을 환영합니다. 비행 중 난기류로 인해 불편을 드려 대단히 죄송합니다. 짙은 안개 때문에 저희가 ○○공항에 착륙할 수밖에 없음을 양해해 주시길 바랍니다.

___

___

___

航行 hángxíng 동 운항하다, 비행하다 | 气流 qìliú 명 기류 | 颠簸 diānbǒ 동 흔들리다, 요동하다 | 大雾 dàwù 명 범위가 넓고 짙은 안개 | 降落 jiàngluò 동 내려오다, 착륙하다

90 승객 여러분께 안내 말씀 드립니다. 저희 비행기는 잠시 후 난기류를 통과할 예정입니다. 저희 승무원들이 곧 모든 음료를 수거하러 갈 예정입니다.

___

___

___

即将 jíjiāng 부 곧, 머지않아 | 乘务员 chéngwùyuán 명 승무원 | 回收 huíshōu 동 회수하다

91 지난번 귀국을 방문했을 때 귀사가 성대한 대접을 해주셔서 진심으로 감사드립니다. 본사에서 즐거운 분위기 속에서 가진 인상 깊은 점심 식사는 저희 두 회사의 긴밀한 관계를 다시금 느끼게 했습니다.

___

___

___

盛情款待 shèngqíngkuǎndài 극진하게 대접하다 | 愉悦 yúyuè 형 기쁘다, 즐겁다 | 气氛 qìfēn 명 분위기 | 深刻 shēnkè 형 (인상이) 깊다 | 体会 tǐhuì 동 체험하여 터득하다 | 紧密 jǐnmì 형 긴밀하다, 밀접하다

92 10월 1일 오찬 파티에 초대해 주셔서 감사드립니다. 최 선생과 저는 아주 즐거운 시간을 보냈습니다.

___

___

___

午宴 wǔyàn 오찬 파티

93 지난주 금요일에 점심 식사를 대접해 주셔서 감사합니다. 이번 기회에 귀하를 뵙고 모두와 즐거운 시간을 보낼 수 있게 되어 다시 한번 감사드립니다.

___

趁机会 chènjīhuì 기회를 이용하다

94 이 서신을 통해 귀측 연구소에서 강연할 기회를 주신 것에 대해 감사의 말씀을 전합니다. 또한 일이 이처럼 순조롭게 진행되어 매우 기쁩니다.

___

研究所 yánjiūsuǒ 몡 연구소 | 提供 tígōng 동 제공하다 | 演讲 yǎnjiǎng 몡 강연, 연설 | 进展 jìnzhǎn 동 진전하다, 진척하다 | 感到欣慰 gǎndàoxīnwèi 기쁘게 생각하다, 기쁘다

95 귀하가 10월 14일에 주문하신 PB0211 서신을 잘 받았습니다. 첨부 문서는 원화 70만 원 상당의 견적 송장 F91-103입니다.

___

信件 xìnjiàn 몡 우편물 | 附件 fùjiàn 몡 첨부 문서 | 等值 děngzhí 형 등가의, 같은 값의 | 韩币 hánbì 몡 원화, 한국 화폐 | 形式发票 xíngshìfāpiào 몡 견적 송장, 가송장

96 '원가 상승으로 인한 영향'을 해결하기 위해 최근 출시한 상품 가격을 1월 21일부로 11% 인상하라는 요구를 하신 데에 저희는 심히 실망감을 느낍니다.

___

解决 jiějué 동 해결하다, 없애다 | 影响 yǐngxiǎng 동 영향을 주다 몡 영향 | 上市 shàngshì 동 출시되다 | 提升 tíshēng 동 진급하다, 올리다 | 感到失望 gǎndàoshīwàng 실망하다

97 베리 오코넬 씨는 Communications Associates 회사에서 2년 이상 근무했으며, 근무 기간 중 전임 강사로서 기업 교육 업무를 담당했습니다.
___
___
___

专任讲师 zhuānrènjiǎngshī 전임 강사 | 教育 jiàoyù 명 교육

98 고객을 위해 더 나은 글로벌 부품 서비스를 제공하기 위해 저희는 끊임없이 노력할 것입니다. 당사는 현재 주요 판매 대리점에 적합한 전문가를 파견할 예정입니다.
___
___
___

零部件 língbùjiàn 명 부품 | 努力不懈 nǔlìbúxiè 꾸준히 노력하다 | 销售代理店 xiāoshòudàilǐdiàn 판매 대리점 | 派遣 pàiqiǎn 동 파견하다 | 匹配 pǐpèi 동 결혼하다. (부품 등을) 정합하다. 어울리다

99 국내에서 판매되는 BMW 차량 가격이 인상된 사실을 귀하께서도 알고 계실 거라 믿습니다.
___
___
___

确信 quèxìn 동 확신하다 | 认识 rènshi 동 알다. 인식하다 | 车辆 chēliàng 명 차량

100 작년 8월에 귀국 방문 기간 동안 귀사에서 베풀어 주신 환대에 감사드립니다. 저와 제 동료들은 체류 기간 동안 즐겁고 의미 있는 시간을 보냈습니다.
___
___
___

贵国 guìguó 귀국 | 逗留期间 dòuliúqījiān 체류 기간

ITT 예상문제 100 모범 답안

01 我在二十年前成立了全能计算机公司。我们从首尔的一个小办公室开始。

02 杰弗里·贝索斯在1994年成立了亚马逊公司。他在横跨美国的长途旅行中构想了网络书店。

03 1997年，亚马逊创造了1,570万美金的利润。公司上市后贝索斯在商品目录中增加了CD和电影。

04 很多找工作的人在报纸或网络上的公司或职位简介中阅读所刊登的工作广告。这些广告内容就是工作岗位的招聘信息。

05 您必须善于口头及书面进行沟通。并需要具备一般水平的计算机软件应用能力。

06 求职时最重要的要素是什么？我认为，首先按照简历写得好坏，给大家的机会就会不一样。

07 由于年度库存检查，红色模块百货公司将于12月15日周一暂停营业。

08 我们计划在春节放假期间关门。韩国所有分店从2月6日开始到8日休息。

09 新进的会计师们，欢迎您加入我们的经营咨询公司！我们对于各位的加入感到非常高兴，并且期待和各位保持长期的业务互助关系。

10 非常感谢您邀请我们参加开幕式。真的很荣幸受邀参加电影节十周年纪念晚宴。

11 请将您方便的时间和地点留言给我的秘书，或者，那天两点以后或者周二下午两点钟您可以亲自来我的办公室。

12 本公司为了庆祝三十周年纪念日，于2016年3月2日晚上8点在乐天酒店水晶厅举行晚宴。

13 关于安排酒店客房的疑问，我能找到的客房是距离阁下办公室较远的二星级酒店。

14 我写这封信是想向您提出一个请求。我是否可以借阅您的一些有关财务会计的书籍？

15 首先感谢在这几年为了使我们工作顺利进行所给予的帮助。如果没有您还有其他像约翰一样站在我身边的人，无法想像事情将会变得多么艰难。

16　从这张图表中可以看出，这家公司的美国国内会计年度一季度销售额达到一亿美金，二季度销售额激增到一亿五千美金。

17　如果仔细观察图表的话，我们过去三年间在职员培训方面投入了较多的费用，职员人数正逐步增加，并还可以看到广告预算也在增加。

18　企业生产量从二月的负7.3%急剧上升到了三月的4.9%。韩国六个主要企业全球市场占有率在2010年稍许减少后，在2015年和2016年恢复到了1999年的水平。

19　据统计资料显示，在过去三年间有机食品的消费量大幅上升。这表明对于越来越多的消费者来说，健康正成为了最优先考虑的事项之一。

20　感谢您在百忙之中抽出时间。统计资料显示实际工资每年上调15%。那么我们怎样可以提高销售额呢？

21　从图表中可以看到，消费者价格从2016年2月开始持续下滑。价格在二月达到3.3%的最高值，在此以后开始下降。

22　我的要旨就是人才是我们的资产之一。谁都不能确切知道未来会发生什么。

23　简单地说，糟糕的客户服务导致销售低迷。一言以蔽之，没有顾客也就没有我们存在的意义。

24　我公司面临的最大问题就是，我们不仅没有将顾客关系放在企业的核心地位，而且把顾客看作是令人厌烦的对象。

25　关于您12月2日邮件中提到的本公司综合商品目录，已经以pdf形式附上。

26　非常高兴地通知您，我方决定接受您的最终方案，因此，昨日已将合同发送给您，为确保安全我们是以普通邮件发送的。

27　感谢阁下于2月8日提出的请求。我们很荣幸地已将贵公司所要求的打字机产品目录随函寄附。

28　大家还在不能解决皮肤问题的普通医药品上花费数千美金吗？如果您想拥有既干净又年轻闪亮的肌肤，欢迎来到Derma House。

29　在57个国家拥有320多家酒店和度假村的喜来登度假酒店是全球酒店及度假村品牌中以最大规模而著称的度假酒店。

30   在职场累积了一周的压力后，为了休息和给身体充电，无论何时去温泉酒店休息是一个好主意。在过去三年多的时间里，我通过温泉治疗战胜了疲劳。

31   我们是在韩国市场上供应进口专业洗车用品的大型流通企业。我们看到了贵公司的广告，正考虑在这里进行贵公司产品的流通业务。

32   营销有两点。第一，营销被认为是为了出售组织产品或服务的战略和一系列技术。

33   这是基于首先了解顾客的需求，寻找并开发出比现存的方式更加出色的解决方案。

34   营销的最基本观念是，"与其销售我生产的产品，不如我生产我能卖出去的产品"，这意味着产品不是一生产就自然卖出去的，而是需要特定的销售策略。

35   大家都预计新的广告战略会带来积极反应，但实际上，这已被证明为与过去的方式一样并没有什么效果。

36   在过去两年里，本公司售价由于受到韩国成本价的急剧上升还有人工费上涨的影响，本公司经董事会不得不将售价提高10%，新价格将从7月1日开始实行。

37   本公司对于贵公司提出的相较于目前市场上现存的其他公司而言贵得多的价格，很难不感到巨大的震惊和失望。

38   众所周知，过去两年间在所有行业领域劳务费急速上调，因而本公司不得不调整产品价格体系。

39   我们已获悉贵公司于9月20日提出的在我方价格上要求额外折扣（价格）调整的建议。

40   不幸的是，我方不能接受价格上调建议。

41   我方已有两次向贵方提请逾期未支付货款的提醒，不过仍然没有收到任何付款信息。

42   对于上述货款结算的延误，表示衷心的歉意。本公司由于计算机系统出现问题而无法存取数据，因此现不能进行付款。

43   很明显贵公司并未好好确认，而忽视了上述货款。

44   我强烈要求贵航空公司退还本人此次所支付的旅行费用2,000美金。

45 非常感谢贵公司即时处理了我方记录在案的未支付款项8,950美金。

46 非常感谢阁下于9月25日的订购。我们已严格按照阁下的要求发送了物品。希望物品能安全到达,并能让您感到满意。

47 若有疑问,请随时告知我们,我们将会及时回复您。祝您一帆风顺,再会。

48 对于您二月二日订购的货物不能在您要求的期限内发送,感到十分遗憾。

49 包裹将会今天或者最晚明天上午送达,对于我们的配送延误,表示最真诚的歉意。

50 非常遗憾地告知您,您订购的333号集装箱仍然还没有到达。您的集装箱两个月之前即一月一日已发送,应该在二月一日前运输完毕。

51 由于本公司电子产品部门决定,我方不得不取消订购,深感遗憾。

52 我在9月3日从您的店里购买了应用软件,现在在使用过程中发现了一些问题。

53 感谢您的回复。港口货运站职工承认破损的事实且相关人员承诺对此负有责任,并希望能圆满地解决此次事件。

54 对于没能更早的回复贵公司,希望您能接受我们真心的歉意。我们花费了大量时间对贵公司的工厂自动化系统的问题原因进行了调查。

55 通过这封信想告知您,从韩国而来的车辆登录号○○○○号卡车车前部分和保险杠遭到损伤,以及打开客座门时存在的问题。

56 感谢您让我们知道您对KE017次航班机内服务感到不满。

57 对于在航行中给您带来的不便,希望您能接受我们真诚的歉意。

58 满足顾客需求一直是本公司的首要任务,我们无法容忍该职员对于为您提供帮助所表现出的无视。

59 尽管一直请求更换洗衣机,贵公司对于本公司信件的回复并没显出很大的诚意,并且至今仍然没有做出任何举措。

60 通过保证品质来满足顾客是我们航空公司最高的目标,我们一直为已达成此目标而感到自豪。

61 在上次访问首尔的期间,您给予我热情款待,在此表示衷心的谢意。

62 希望在不久的将来能有机会在首尔回报阁下的恩情。再次,对于您在我首尔旅行期间为我感到舒适愉快所给予的帮助,表示诚挚的谢意。

63 回到首尔以后有第一次机会,对在访问贵公司期间给予我们的热情款待和帮助,表示衷心的感谢。

64 今晚回国之前,为了我和我的太太在首尔能够享受愉快的旅行,对于您付出不少时间和精力来安排的一切,再次表示真诚的感谢。

65 我只是想让您知道,最近在亚洲邮轮旅行期间我度过了非常愉快的时间。

66 惊悉贵公司遇到困难将要倒闭。在这最困难的时刻,我们只想告知您我们将一直在贵公司的身边提供关心并祈祷。

67 在我们公司十二年的工作期间,他表现出了最好的工作能力。他有创意并充满忘我的工作热情。

68 我毫不犹豫向贵公司强烈推荐他。他的工作能力在很多方面都很强。

69 我们与贵公司感兴趣的公司从二十年前公司成立后到现在一直保持着合作。

70 经过很长的深思熟虑,我下定决心提前退休。在大韩航空公司我的最后工作日是2016年3月1日。(=我的退休从3月1日开始生效。)

71 即时生产又称作节约生产、无库存生产、还有连续生产,是指在发生需求之前不会购买或生产任何产品。

72 体力劳动和服务业职工一般都会建立工会组织,这是为了确保组织成员得到合理的工资和工作条件。

73 为了了解创新的影响力多么重要,我们要了解顾客中心,效率中心,机械工程基础,还有基础科学这四种核心类型。

74 如何进行成功的演讲？人们想从演讲中得到什么？最后，什么因素让演讲更加精彩？

75 听众们在你开口之前，只观察你的着装和走路的样子，就已经在心里做出了对你的判断。

76 生产力的下降使得工人们失去了工作，这是由货币的价值和购买力的下降引起的。企业发现更加难以去竞争，还有一些不得不面临倒闭。

77 许多企业给开发新方式和掌握新技术的员工授予奖金。

78 熟练掌握英语及其他外语的能力，对于中国专业职员来说是增加经验的核心必要条件。

79 梅尔先生于周五在科林斯大厦开设了Fluency Masters Academy学院。目前有英语，日语，还有法语课程。

80 应对员工们提供合理的待遇是已被公认的事实，即比起追求利润，以人为本的思想大家都普遍赞同的概念。

81 如果您每天一小时，一周六天走路运动的话，为了提高运动效率，可在其中加入肌肉运动。

82 因为英语是能与世界各国沟通的最好手段，是国际通用的语言，这点我们都知道。

83 上海市家庭计划负责人鼓励独生子女夫妇们生育二胎。

84 本人也感到非常遗憾，现代大多数父母都忽视了，家庭环境对于孩子健康的童年起着多么重要的作用。

85 每天享用营养均衡的早餐吧。并请尽量少摄入咖啡因。

86 我很怀疑，消费者们真的是获得与自己付出金钱同等价值的商品吗？

87 亲爱的乘客门，欢迎乘坐飞往波士顿的联合航空公司357次航班。本次航班前往波士顿的飞行时间为10个小时，飞行高度为35,000英尺。

88 虽然飞行中天气有些阴沉，但是预计波士顿的天气将转为晴天。现在当地时间为上午11点。波士顿天气晴朗，现在气温华氏77度，摄氏24度。

85 매일 아침 균형 잡힌 식사를 하세요. 그리고 카페인은 되도록 적게 섭취하시기 바랍니다.

___

享用 xiǎngyòng 동 누리다, 향유하다 | 均衡 jūnhéng 형 고르다, 균형이 잡히다 | 摄入 shèrù 동 섭취하다 | 咖啡因 kāfēiyīn 명 카페인

86 소비자들이 정말로 자신이 지불한 금액만큼 가치가 있는 상품을 얻는지 저는 매우 의심스럽습니다.

___

怀疑 huáiyí 동 의심하다, 회의하다 | 支付 zhīfù 동 지불하다, 내다 | 同等 tóngděng 형 동등하다, 같다

87 승객 여러분, 저희 보스턴 행 유나이티드 항공 여객기 357에 탑승해 주셔서 감사합니다. 저희 비행기는 보스턴까지 비행 시간은 10시간이 소요될 예정이며 비행 고도는 35,000피트입니다.

___

乘客 chéngkè 명 승객 | 乘坐 chéngzuò 동 타다 | 飞往 fēiwǎng 동 비행기를 타고 ~로 가다 | 波士顿 Bōshìdùn 명 보스턴(Boston) | 英尺 yīngchǐ 양 피트(feet)

88 비행 중 날씨는 다소 흐리지만, 보스턴의 날씨는 맑아질 것으로 예상됩니다. 현재 현지 시각은 오전 11시입니다. 보스턴의 날씨는 맑으며 현재 기온은 화씨 77도, 섭씨 24도입니다.

___

有些 yǒuxiē 부 좀, 약간 | 阴沉 yīnchén 형 어둡다, 어두컴컴하다 | 晴朗 qínglǎng 형 쾌청하다 | 华氏 huáshì 명 화씨 | 摄氏 shèshì 명 섭씨

89 승객 여러분, 보스턴에 오신 것을 환영합니다. 비행 중 난기류로 인해 불편을 드려 대단히 죄송합니다. 짙은 안개 때문에 저희가 ○○공항에 착륙할 수밖에 없음을 양해해 주시길 바랍니다.

___

___

___

航行 hángxíng 동 운항하다, 비행하다 | 气流 qìliú 명 기류 | 颠簸 diānbǒ 동 흔들리다, 요동하다 | 大雾 dàwù 명 범위가 넓고 짙은 안개 | 降落 jiàngluò 동 내려오다, 착륙하다

90 승객 여러분께 안내 말씀 드립니다. 저희 비행기는 잠시 후 난기류를 통과할 예정입니다. 저희 승무원들이 곧 모든 음료를 수거하러 갈 예정입니다.

___

___

___

即将 jíjiāng 부 곧, 머지않아 | 乘务员 chéngwùyuán 명 승무원 | 回收 huíshōu 동 회수하다

91 지난번 귀국을 방문했을 때 귀사가 성대한 대접을 해주셔서 진심으로 감사드립니다. 본사에서 즐거운 분위기 속에서 가진 인상 깊은 점심 식사는 저희 두 회사의 긴밀한 관계를 다시금 느끼게 했습니다.

___

___

___

盛情款待 shèngqíngkuǎndài 극진하게 대접하다 | 愉悦 yúyuè 형 기쁘다, 즐겁다 | 气氛 qìfēn 명 분위기 | 深刻 shēnkè 형 (인상이) 깊다 | 体会 tǐhuì 동 체험하여 터득하다 | 紧密 jǐnmì 형 긴밀하다, 밀접하다

92 10월 1일 오찬 파티에 초대해 주셔서 감사드립니다. 최 선생과 저는 아주 즐거운 시간을 보냈습니다.

___

___

___

午宴 wǔyàn 오찬 파티

93 지난주 금요일에 점심 식사를 대접해 주셔서 감사합니다. 이번 기회에 귀하를 뵙고 모두와 즐거운 시간을 보낼 수 있게 되어 다시 한번 감사드립니다.

_____
_____
_____

趁机会 chènjīhuì 기회를 이용하다

94 이 서신을 통해 귀측 연구소에서 강연할 기회를 주신 것에 대해 감사의 말씀을 전합니다. 또한 일이 이처럼 순조롭게 진행되어 매우 기쁩니다.

_____
_____
_____

研究所 yánjiūsuǒ 명 연구소 | 提供 tígōng 동 제공하다 | 演讲 yǎnjiǎng 명 강연, 연설 | 进展 jìnzhǎn 동 진전하다, 진척하다 | 感到欣慰 gǎndàoxīnwèi 기쁘게 생각하다, 기쁘다

95 귀하가 10월 14일에 주문하신 PB0211 서신을 잘 받았습니다. 첨부 문서는 원화 70만 원 상당의 견적 송장 F91-103입니다.

_____
_____
_____

信件 xìnjiàn 명 우편물 | 附件 fùjiàn 명 첨부 문서 | 等值 děngzhí 형 등가의, 같은 값의 | 韩币 hánbì 명 원화, 한국 화폐 | 形式发票 xíngshìfāpiào 명 견적 송장, 가송장

96 '원가 상승으로 인한 영향'을 해결하기 위해 최근 출시한 상품 가격을 1월 21일부로 11% 인상하라는 요구를 하신 데에 저희는 심히 실망감을 느낍니다.

_____
_____
_____

解决 jiějué 동 해결하다, 없애다 | 影响 yǐngxiǎng 동 영향을 주다 명 영향 | 上市 shàngshì 동 출시되다 | 提升 tíshēng 동 진급하다, 올리다 | 感到失望 gǎndàoshīwàng 실망하다

97 베리 오코넬 씨는 Communications Associates 회사에서 2년 이상 근무했으며, 근무 기간 중 전임 강사로서 기업 교육 업무를 담당했습니다.

_____
_____
_____

专任讲师 zhuānrènjiǎngshī 전임 강사 | 教育 jiàoyù 몡 교육

98 고객을 위해 더 나은 글로벌 부품 서비스를 제공하기 위해 저희는 끊임없이 노력할 것입니다. 당사는 현재 주요 판매 대리점에 적합한 전문가를 파견할 예정입니다.

_____
_____
_____

零部件 língbùjiàn 몡 부품 | 努力不懈 nǔlìbúxiè 꾸준히 노력하다 | 销售代理店 xiāoshòudàilǐdiàn 판매 대리점 | 派遣 pàiqiǎn 동 파견하다 | 匹配 pǐpèi 동 결혼하다, (부품 등을) 정합하다, 어울리다

99 국내에서 판매되는 BMW 차량 가격이 인상된 사실을 귀하께서도 알고 계실 거라 믿습니다.

_____
_____
_____

确信 quèxìn 동 확신하다 | 认识 rènshi 동 알다, 인식하다 | 车辆 chēliàng 몡 차량

100 작년 8월에 귀국 방문 기간 동안 귀사에서 베풀어 주신 환대에 감사드립니다. 저와 제 동료들은 체류 기간 동안 즐겁고 의미 있는 시간을 보냈습니다.

_____
_____
_____

贵国 guìguó 귀국 | 逗留期间 dòuliúqījiān 체류 기간

TEST 100 ITT 예상문제 100 모범 답안 🎧 322~421

01 我在二十年前成立了全能计算机公司。我们从首尔的一个小办公室开始。

02 杰弗里·贝索斯在1994年成立了亚马逊公司。他在横跨美国的长途旅行中构想了网络书店。

03 1997年，亚马逊创造了1,570万美金的利润。公司上市后贝索斯在商品目录中增加了CD和电影。

04 很多找工作的人在报纸或网络上的公司或职位简介中阅读所刊登的工作广告。这些广告内容就是工作岗位的招聘信息。

05 您必须善于口头及书面进行沟通。并需要具备一般水平的计算机软件应用能力。

06 求职时最重要的要素是什么？我认为，首先按照简历写得好坏，给大家的机会就会不一样。

07 由于年度库存检查，红色模块百货公司将于12月15日周一暂停营业。

08 我们计划在春节放假期间关门。韩国所有分店从2月6日开始到8日休息。

09 新进的会计师们，欢迎您加入我们的经营咨询公司！我们对于各位的加入感到非常高兴，并且期待和各位保持长期的业务互助关系。

10 非常感谢您邀请我们参加开幕式。真的很荣幸受邀参加电影节十周年纪念晚宴。

11 请将您方便的时间和地点留言给我的秘书，或者，那天两点以后或者周二下午两点钟您可以亲自来我的办公室。

12 本公司为了庆祝三十周年纪念日，于2016年3月2日晚上8点在乐天酒店水晶厅举行晚宴。

13 关于安排酒店客房的疑问，我能找到的客房是距离阁下办公室较远的二星级酒店。

14 我写这封信是想向您提出一个请求。我是否可以借阅您的一些有关财务会计的书籍？

15 首先感谢在这几年为了使我们工作顺利进行所给予的帮助。如果没有您还有其他像约翰一样站在我身边的人，无法想像事情将会变得多么艰难。

16 从这张图表中可以看出，这家公司的美国国内会计年度一季度销售额达到一亿美金，二季度销售额激增到一亿五千美金。

17 如果仔细观察图表的话，我们过去三年间在职员培训方面投入了较多的费用，职员人数正逐步增加，并还可以看到广告预算也在增加。

18 企业生产量从二月的负7.3%急剧上升到了三月的4.9%。韩国六个主要企业全球市场占有率在2010年稍许减少后，在2015年和2016年恢复到了1999年的水平。

19 据统计资料显示，在过去三年间有机食品的消费量大幅上升。这表明对于越来越多的消费者来说，健康正成为了最优先考虑的事项之一。

20 感谢您在百忙之中抽出时间。统计资料显示实际工资每年上调15%。那么我们怎样可以提高销售额呢？

21 从图表中可以看到，消费者价格从2016年2月开始持续下滑。价格在二月达到3.3%的最高值，在此以后开始下降。

22 我的要旨就是人才是我们的资产之一。谁都不能确切知道未来会发生什么。

23 简单地说，糟糕的客户服务导致销售低迷。一言以蔽之，没有顾客也就没有我们存在的意义。

24 我公司面临的最大问题就是，我们不仅没有将顾客关系放在企业的核心地位，而且把顾客看作是令人厌烦的对象。

25 关于您12月2日邮件中提到的本公司综合商品目录，已经以pdf形式附上。

26 非常高兴地通知您，我方决定接受您的最终方案，因此，昨日已将合同发送给您，为确保安全我们是以普通邮件发送的。

27 感谢阁下于2月8日提出的请求。我们很荣幸地已将贵公司所要求的打字机产品目录随函寄附。

28 大家还在不能解决皮肤问题的普通医药品上花费数千美金吗？如果您想拥有既干净又年轻闪亮的肌肤，欢迎来到Derma House。

29 在57个国家拥有320多家酒店和度假村的喜来登度假酒店是全球酒店及度假村品牌中以最大规模而著称的度假酒店。

30 在职场累积了一周的压力后,为了休息和给身体充电,无论何时去温泉酒店休息是一个好主意。在过去三年多的时间里,我通过温泉治疗战胜了疲劳。

31 我们是在韩国市场上供应进口专业洗车用品的大型流通企业。我们看到了贵公司的广告,正考虑在这里进行贵公司产品的流通业务。

32 营销有两点。第一,营销被认为是为了出售组织产品或服务的战略和一系列技术。

33 这是基于首先了解顾客的需求,寻找并开发出比现存的方式更加出色的解决方案。

34 营销的最基本观念是,"与其销售我生产的产品,不如我生产我能卖出去的产品",这意味着产品不是一生产就自然卖出去的,而是需要特定的销售策略。

35 大家都预计新的广告战略会带来积极反应,但实际上,这已被证明为与过去的方式一样并没有什么效果。

36 在过去两年里,本公司售价由于受到韩国成本价的急剧上升还有人工费上涨的影响,本公司经董事会不得不将售价提高10%,新价格将从7月1日开始实行。

37 本公司对于贵公司提出的相较于目前市场上现存的其他公司而言贵得多的价格,很难不感到巨大的震惊和失望。

38 众所周知,过去两年间在所有行业领域劳务费急速上调,因而本公司不得不调整产品价格体系。

39 我们已获悉贵公司于9月20日提出的在我方价格上要求额外折扣(价格)调整的建议。

40 不幸的是,我方不能接受价格上调建议。

41 我方已有两次向贵方提请逾期未支付货款的提醒,不过仍然没有收到任何付款信息。

42 对于上述货款结算的延误,表示衷心的歉意。本公司由于计算机系统出现问题而无法存取数据,因此现不能进行付款。

43 很明显贵公司并未好好确认,而忽视了上述货款。

44 我强烈要求贵航空公司退还本人此次所支付的旅行费用2,000美金。

45 非常感谢贵公司即时处理了我方记录在案的未支付款项8,950美金。

46 非常感谢阁下于9月25日的订购。我们已严格按照阁下的要求发送了物品。希望物品能安全到达，并能让您感到满意。

47 若有疑问，请随时告知我们，我们将会及时回复您。祝您一帆风顺，再会。

48 对于您二月二日订购的货物不能在您要求的期限内发送，感到十分遗憾。

49 包裹将会今天或者最晚明天上午送达，对于我们的配送延误，表示最真诚的歉意。

50 非常遗憾地告知您，您订购的333号集装箱仍然还没有到达。您的集装箱两个月之前即一月一日已发送，应该在二月一日前运输完毕。

51 由于本公司电子产品部门决定，我方不得不取消订购，深感遗憾。

52 我在9月3日从您的店里购买了应用软件，现在在使用过程中发现了一些问题。

53 感谢您的回复。港口货运站职工承认破损的事实且相关人员承诺对此负有责任，并希望能圆满地解决此次事件。

54 对于没能更早的回复贵公司，希望您能接受我们真心的歉意。我们花费了大量时间对贵公司的工厂自动化系统的问题原因进行了调查。

55 通过这封信想告知您，从韩国而来的车辆登录号〇〇〇〇号卡车车前部分和保险杠遭到损伤，以及打开客座门时存在的问题。

56 感谢您让我们知道您对KE017次航班机内服务感到不满。

57 对于在航行中给您带来的不便，希望您能接受我们真诚的歉意。

58 满足顾客需求一直是本公司的首要任务，我们无法容忍该职员对于为您提供帮助所表现出的无视。

59 尽管一直请求更换洗衣机，贵公司对于本公司信件的回复并没显出很大的诚意，并且至今仍然没有做出任何举措。

60 通过保证品质来满足顾客是我们航空公司最高的目标，我们一直为已达成此目标而感到自豪。

61 在上次访问首尔的期间，您给予我热情款待，在此表示衷心的谢意。

62 希望在不久的将来能有机会在首尔回报阁下的恩情。再次，对于您在我首尔旅行期间为我感到舒适愉快所给予的帮助，表示诚挚的谢意。

63 回到首尔以后有第一次机会，对在访问贵公司期间给予我们的热情款待和帮助，表示衷心的感谢。

64 今晚回国之前，为了我和我的太太在首尔能够享受愉快的旅行，对于您付出不少时间和精力来安排的一切，再次表示真诚的感谢。

65 我只是想让您知道，最近在亚洲邮轮旅行期间我度过了非常愉快的时间。

66 惊悉贵公司遇到困难将要倒闭。在这最困难的时刻，我们只想告知您我们将一直在贵公司的身边提供关心并祈祷。

67 在我们公司十二年的工作期间，他表现出了最好的工作能力。他有创意并充满忘我的工作热情。

68 我毫不犹豫向贵公司强烈推荐他。他的工作能力在很多方面都很强。

69 我们与贵公司感兴趣的公司从二十年前公司成立后到现在一直保持着合作。

70 经过很长的深思熟虑，我下定决心提前退休。在大韩航空公司我的最后工作日是2016年3月1日。（=我的退休从3月1日开始生效。）

71 即时生产又称作节约生产、无库存生产、还有连续生产，是指在发生需求之前不会购买或生产任何产品。

72 体力劳动和服务业职工一般都会建立工会组织，这是为了确保组织成员得到合理的工资和工作条件。

73 为了了解创新的影响力多么重要，我们要了解顾客中心，效率中心，机械工程基础，还有基础科学这四种核心类型。

74　如何进行成功的演讲？人们想从演讲中得到什么？最后，什么因素让演讲更加精彩？

75　听众们在你开口之前，只观察你的着装和走路的样子，就已经在心里做出了对你的判断。

76　生产力的下降使得工人们失去了工作，这是由货币的价值和购买力的下降引起的。企业发现更加难以去竞争，还有一些不得不面临倒闭。

77　许多企业给开发新方式和掌握新技术的员工授予奖金。

78　熟练掌握英语及其他外语的能力，对于中国专业职员来说是增加经验的核心必要条件。

79　梅尔先生于周五在科林斯大厦开设了Fluency Masters Academy学院。目前有英语，日语，还有法语课程。

80　应对员工们提供合理的待遇是已被公认的事实，即比起追求利润，以人为本的思想大家都普遍赞同的概念。

81　如果您每天一小时，一周六天走路运动的话，为了提高运动效率，可在其中加入肌肉运动。

82　因为英语是能与世界各国沟通的最好手段，是国际通用的语言，这点我们都知道。

83　上海市家庭计划负责人鼓励独生子女夫妇们生育二胎。

84　本人也感到非常遗憾，现代大多数父母都忽视了，家庭环境对于孩子健康的童年起着多么重要的作用。

85　每天享用营养均衡的早餐吧。并请尽量少摄入咖啡因。

86　我很怀疑，消费者们真的是获得与自己付出金钱同等价值的商品吗？

87　亲爱的乘客门，欢迎乘坐飞往波士顿的联合航空公司357次航班。本次航班前往波士顿的飞行时间为10个小时，飞行高度为35,000英尺。

88　虽然飞行中天气有些阴沉，但是预计波士顿的天气将转为晴天。现在当地时间为上午11点。波士顿天气晴朗，现在气温华氏77度，摄氏24度。

89 亲爱的乘客门,欢迎您来波士顿,在航行中因气流颠簸给您带来不便,表示衷心的歉意。由于大雾,我们只能降落在〇〇机场,敬请谅解。

90 女士们,先生们,请注意。本飞机即将通过气流。我们的乘务员很快将去回收所有的饮料。

91 上次访问贵国的时候贵公司给予我们盛情款待,表示诚挚的谢意。在总公司愉悦的气氛和令人印象深刻的午餐,再次让我们两家公司体会到我们之间的紧密关系。

92 非常感谢您邀请我们十月一日的午宴,崔先生和我度过了非常愉快的时间。

93 对于您上周五的午餐招待,表示感谢。趁此机会能见到您,并与大家度过愉快的时间,再次表示感谢。

94 通过这封信,想对您在贵研究所为我提供演讲机会,表示感谢。此外,对于事情能进展得如此顺利,感到欣慰。

95 我们已收到阁下10月14日订购的PB0211信件。附件是等值70万韩币的形式发票F91-103。

96 为了解决"按成本上调带来的影响",而提出了把新上市的产品价格从1月21日起提升11%的要求,对此我们感到极为失望。

97 巴里奥康奈尔先生为Communications Associates公司工作已有两年以上。在此期间康奈尔先生作为专任讲师,负责企业教育工作。

98 为了向客户们提供更好的全球零部件服务,我们将努力不懈,本公司现在正准备向主要销售代理店派遣相匹配的专家。

99 我们确信您已经认识到在国内销售的BMW车辆价格上涨的事实了。

100 非常感谢去年八月份在贵国访问期间贵社提供的热情招待。我和我的同事们在逗留期间度过了既愉快又有意义的时光。

비즈니스 중국어 통번역

한·중·편

부록

비즈니스 중국어 통번역
핵심 문장 & 어휘

비즈니스 주제별 핵심 문장
주요 경제·무역 용어
중국 직함·부서 명칭
주요 시사 약어
비즈니스 무역 서식

CHAPTER 01 방문 및 초대

001	저희 회사에 방문하신 것을 열렬히 환영합니다.	热烈欢迎您到我们公司来。
002	귀사에 방문할 기회가 있어 영광스럽게 생각합니다.	有机会来到贵公司，我感到非常荣幸。
003	제 소개를 좀 하겠습니다. 저는 이민호라고 하고 기획부 부장입니다.	请允许我做一下自我介绍，我叫李民浩，是策划部经理。
004	저희 회사를 대표하여 귀사와 연락을 하게 되어 매우 영광스럽습니다.	非常荣幸能够代表我们公司与您联系。
005	왕 사장님, 말씀 많이 들었습니다. 오늘 만나 뵙게 되어 아주 기쁩니다.	王总，久仰大名。今天能见到您，本人非常高兴。
006	저희는 이번에 한국에서 2주 동안 머무르면서 여러 회사 및 산업 단지를 방문할 계획입니다.	我们这次准备在韩国逗留两周，访问一些公司和产业园区。
007	오늘 저녁 김 사장님께서 중국 방문단을 모시고 저녁 만찬을 주재하실 겁니다.	今晚金社长将陪同中国访问团并主持晚宴。
008	오늘은 제가 또 선약이 있어서 여기서 여러분께 인사를 드립니다.	因为我还有个约会，就在这儿和各位告辞了。
009	저녁 연회에 초대를 받아서 매우 영광스럽습니다.	承蒙邀请出席晚宴，甚感荣幸。
010	방문 기간 동안 귀사의 극진한 환대에 감사드립니다.	感谢访问期间贵公司的热情款待。
011	만나 뵙게 되어 영광입니다. 이건 제 명함입니다. 많이 가르쳐 주십시오.	幸会，幸会！这是我的名片，请您多多指教。
012	이번에 저희가 중국에 온 목적은 귀사의 공장을 참관하고 싶기 때문입니다.	这次我们来中国的目的是想参观一下贵公司的几家工厂。
013	박람회 기간 동안 저희는 주최 측으로서 참가 기업과 주요 회사들이 만나서 대화할 수 있도록 환영회를 엽니다.	展会期间，我们作为东道主举行招待会，以便参展企业和重要的公司见面交谈。

CHAPTER 02 여행 및 관광

014	저희 대표단은 오후 1시 30분에 OZ333 항공편으로 인천 공항에 도착할 것입니다.	我们代表团将乘坐OZ333次航班，于下午1点30分到达仁川机场。
015	저희는 방문 일정을 마치고 이틀 정도 시간을 내서 제주도 여행을 하려고 합니다.	我们在访问日程结束后准备抽出两天时间去济州岛旅行。
016	한국의 전통 생활양식을 알고 싶으시면 한국 민속촌에 가는 것을 추천합니다.	如果想了解韩国的传统生活方式，我推荐去韩国民俗村。
017	인사동 거리의 골동품 가게들은 외국인 관광객에게 인기가 많습니다.	仁寺洞商业街的古董商店很受外国游客的欢迎。
018	서울의 야경을 보기 원하신다면 N서울타워를 강력히 추천합니다.	若您想看首尔夜景的话，强烈推荐南山塔。
019	남대문 시장은 입는 것부터 먹는 것까지 모든 것을 싸게 파는 것으로 유명합니다.	南大门市场是以从穿的到吃的都卖得很便宜而闻名。
020	하루 정도 한옥에서 묵으면서 한국 문화를 체험해 보는 것도 좋습니다.	在韩屋住一天体验一下韩国文化也不错。
021	호텔은 온라인으로 예약하면 편리하고 저렴합니다.	在网上预定酒店既便利又便宜。
022	예약하신 호텔은 시내에서 멀지 않아 편리하실 겁니다.	预约的酒店离市区不远，应该很方便。
023	호텔 객실에는 와이파이가 있으니 무료로 인터넷을 이용하실 수 있습니다.	酒店房间有无线网络，可以免费上网。
024	현재 경복궁 견학은 하루 세 번 중국어 가이드와 동행할 수 있습니다. 또 중국어 해설기를 빌릴 수도 있습니다.	现在参观景福宫可以跟着中文导游一起，一天有三次，也可以租借中文解说器。
025	한국에 갈 때 한국 단기 여행 비자를 발급받아야 합니다.	前往韩国需要办理韩国短期旅行签证。
026	만일 중국에서 계속 한국 핸드폰을 사용하고 싶으면 출국하기 전에 로밍 서비스를 신청해야 합니다.	如果希望在中国继续使用韩国手机的话，需要在出国前开通漫游业务。

CHAPTER 03 축하 및 감사 표현

027	결국 성공하셨군요. 축하드립니다.	您终于成功了，向您表示祝贺。
028	개업을 삼가 축하드립니다. 수익이 날로 증대하시길 바랍니다.	恭祝开业大吉，财源广进。
029	사무실 이전을 축하드립니다. 앞으로 사업이 번창하시길 바랍니다.	祝贺办公室搬迁，预祝生意兴隆。
030	인사부장으로 승진하신 것을 축하드리며, 더 큰 성과를 이루시기 바랍니다.	祝贺您升迁为人事部经理，希望您做出更大的成就。
031	영전을 축하드리며, 앞으로도 늘 행운이 함께하길 바랍니다.	祝贺荣升之喜，希望以后幸运一直陪伴您。
032	건강하게 오래 사십시오. 만수무강하시고 복을 누리시길 기원합니다.	祝您健康长寿。祝您福如东海，寿比南山。
033	이 자리에서 저희 회사를 대표해서 귀하께 진심으로 감사드립니다.	在这里请允许我代表我公司向您表示衷心的感谢。
034	저에 대한 관심과 지도에 감사드립니다.	感谢您对我的关爱和指导。
035	저희는 귀하께 열렬한 축하를 드립니다. 또한 이러한 친구가 있다는 것이 매우 자랑스럽습니다.	我们向您表示热烈祝贺，并为有您这样的朋友而深感自豪。
036	제게 주신 은혜를 언제나 마음 깊이 새기겠습니다. 이 기회를 빌려 진심으로 감사의 마음을 전합니다.	您对我的恩情我将永远铭记于心，借此机会向您表示衷心的感谢。
037	귀하께서 사장으로 승진하셨다는 소식을 듣고 매우 기뻤습니다.	得知您晋升为总经理，十分欣喜。
038	귀국에서 체류하는 기간에 귀하께서는 업무적으로 큰 도움을 주셨을 뿐만 아니라 생활면에서도 관심과 돌봄을 주셨습니다.	我在贵国期间，您除了在业务上给予很大的帮助以外，在生活上还给予关怀和照顾。
039	귀하께서 홀로 회사를 창립하셨다는 기쁜 소식을 듣고 당신의 오랜 고객이자 친구로서 진심어린 축하를 드립니다.	喜闻您单独开办了自己的公司，作为您的老顾客、老朋友，向您表示热烈的祝贺。

CHAPTER 04 사과 및 위로 표현

040 이번 일로 인해 여러분께 불편을 드려 대단히 죄송합니다. — 为这件事给大家带来了不便，深表歉意。

041 본의 아니게 여러분께 불편을 드려 죄송합니다. — 对不起，无意中给大家带来了不便。

042 그간 저의 경솔함으로 인해 다시 한번 진심으로 여러분께 사과드립니다. — 为这期间我的轻率行为，再次真心向大家道歉。

043 귀하의 메일에 바로 답장을 드리지 못해 정말 죄송합니다. — 未能及时回复您的邮件，真是不好意思。

044 어떤 말로 위로를 드려야 할지 모르겠습니다. — 不知道该说些什么来安慰你。

045 사고 소식을 듣고 많이 걱정했습니다. 몸조리 잘하셔서 하루빨리 쾌유하시길 바랍니다. — 听到你出事故的消息我非常担心，好好照顾身体，祝早日康复。

046 잠깐의 시련일 뿐이니 의기소침하지 마세요. — 这只是暂时的磨练，不要意志消沉。

047 마음을 편하게 갖고 좋은 쪽으로 생각하세요. 다 잘 될 거예요. — 要抱有平常心往好的方面想，一切都会好的。

048 부친상 소식을 듣고 마음이 너무나 아팠습니다. 깊은 애도를 표합니다. — 听闻令尊去世的消息我非常心痛，深表哀悼。

049 부친께서 오랫동안 저희에게 베풀어 주신 은혜를 가슴에 새겨 두겠습니다. — 令尊多年来给予我们的恩惠，我们将谨记在心中。

050 유감스럽게도 외부 출장을 가서 참가할 수 없습니다. 양해해 주시면 감사하겠습니다. — 遗憾的是由于去外地出差，不能应邀参加，如予以谅解，我将不胜欣慰。

051 선적 착오에 대해 저희의 진심어린 사과의 뜻을 받아 주시면 좋겠습니다. — 对于装运的差错，谨请接受我们真诚的歉意。

CHAPTER 05 회사 소개

052	제가 간단하게 저희 회사 상황을 소개하겠습니다.	由我来简单地介绍一下我们公司的情况。
053	귀사에 저희 회사의 신제품을 소개하게 되어 영광스럽게 생각합니다.	能为贵公司介绍我们公司的新产品，我感到非常荣幸。
054	저희 회사 신제품이 타사와 차별화되는 점은 친환경적 디자인에 있습니다.	我们公司的新产品与其他公司产品的差别在于环保设计。
055	저희 회사는 인테리어 업계 스타트업 기업으로서 틈새시장을 공략하려고 합니다.	我们公司作为装修业的初创公司，准备进军利基市场。
056	저희 회사는 혁신적인 디자인으로 해외 시장에서 일치된 호평을 받고 있습니다.	我们公司以创新的设计在海外市场获得一致的好评。
057	저희 회사는 올해 대한민국 브랜드 파워 대상을 수상하였습니다.	我们公司今年获得了韩国品牌力量大奖。
058	저희 회사는 사업을 확장하여 중국 시장에 진출하려고 합니다.	我们公司要扩展业务，准备进入中国市场。
059	저희 회사는 1982년에 설립되었고 베이징에 본사를 두고 있습니다.	我们公司成立于1982年，总公司设在北京。
060	저희 회사는 중국 기업을 유치하고자 새로운 투자환경을 조성할 계획입니다.	为了吸引中国企业，我们公司准备组建新的投资环境。
061	당사는 무디스 평가 결과 Aa3 등급으로 안정적으로 성장하고 있습니다.	我们公司的穆迪评级为Aa3，发展稳定。
062	화웨이는 세계적으로 앞선 정보 통신 기술(ICT) 솔루션 공급업체이며 ICT 분야에 주력하고 있습니다.	华为是全球领先的信息与通信技术（ICT）解决方案供应商，专注于ICT领域。
063	본사의 업무는 전자, 금융, 기계, 화학 등의 수많은 영역을 다루고 있습니다.	本公司业务涉及电子、金融、机械、化学等众多领域。
064	저희 회사의 주력 상품은 반도체 핵심 부품입니다.	我们公司的主打产品是半导体核心零件。

CHAPTER 06 구인 구직 및 인사 관리

065 저는 컴퓨터 분야에서 10년 이상의 업무 경력을 갖고 있습니다.
我在计算机领域有十年以上的工作经验。

066 저는 뉴욕 지사에서 2년간 근무하면서 귀중한 경험을 많이 쌓았습니다.
我在纽约分公司工作了两年,并积累了很多宝贵的经验。

067 저는 IT회사에서 인턴사원으로 1년째 근무하고 있습니다.
我在IT公司当实习生有一年了。

068 저희 회사는 새로운 인사 평가 제도를 도입할 계획입니다.
我们公司将引进新的人事评价制度。

069 저희 회사는 소프트웨어 개발 분야에 능력 있고 열정적인 인재를 모집하고 있습니다.
我们公司正在招聘在软件开发领域有能力和有热情的人才。

070 저희 회사는 인성과 지성을 겸비한 직원을 필요로 합니다.
我们公司需要人品和知识兼备的员工。

071 최근 청년 실업률이 높아지면서 삼포세대가 나타났습니다.
最近随着青年失业率的升高,出现了三抛世代。

072 내년에 최저 임금이 5% 인상될 전망입니다.
明年最低工资将上调5%。

073 임금 체제는 연봉제, 월급제, 성과급제로 구분되는데, 우리 회사는 연봉제를 적용하고 있습니다.
工资体制分为年薪制、月薪制、绩效工资制,我们公司是年薪制。

074 재직 요건은 대학 졸업 이상 학력으로 회계학이나 재무 관리를 전공하고, 제조업 분야 회계 업무 경력이 3년 이상이어야 합니다.
任职要求为大学本科以上学历,会计学或财务管理专业,三年以上制造行业会计的工作经验。

075 업적 고과는 주기적으로 직원의 업무 태도를 검토하고 평가하는 관리 시스템입니다.
业绩考核是一种周期性检讨与评估员工工作表现的管理系统。

CHAPTER 07 이력서 및 자기소개서

076	저는 베이징 대학교 공상관리 학과를 졸업하고, 온라인 마케팅 전공으로 석사 학위를 취득하였습니다.	本人毕业于北京大学工商管理系，获得网络销售专业硕士学位。
077	저는 베이징 대학교 외국어 학과를 졸업했습니다. 주전공은 영어이고 한국어를 부전공하였습니다.	本人毕业于北京大学外文系，主修英语，辅修韩语。
078	영어 고급 회화 및 독해 능력을 갖추고 있고, 일본어는 일반 회화가 가능합니다.	具有英语高级会话及阅读能力，且可以用日语进行一般会话。
079	업무 성과가 우수하여 우수직원상을 수상하였습니다.	因工作成绩出色而荣获了优秀职工奖。
080	베이징 의류회사 판매부에서 파트타임으로 2년간 근무하였고, 현재는 상하이 의류회사 구매부로 옮겨서 일하고 있습니다.	在北京服装公司销售部兼职两年，现在跳遭到了上海服装公司的采购部。
081	상하이자동차 시스템 관리부 팀장을 역임하였으며, 현재는 중국은행 컴퓨터 관리팀 팀장을 맡고 있습니다.	曾在上海汽车公司系统管理部担任主管，现在在中国银行计算机管理组担任主管。
082	저는 명랑하고 활달한 성격으로, 힘든 일을 잘 참고 견디며, 의지가 강한 사람입니다.	我是一个开朗活泼、吃苦耐劳、意志力强的人。
083	저는 뛰어난 마케팅 전문가가 되고 싶습니다.	我希望自己能成为一名出色的营销专家。
084	저는 제 자신이 종합적인 소양을 잘 갖추고 있으며 인성과 품행이 바르고 의사소통 능력이 뛰어나다고 생각합니다.	我自认为我的综合素质良好，品性道德上佳，沟通能力较强。
085	저는 영어를 유창하게 구사할 수 있고 조직력이 뛰어난 편입니다.	我能够说一口流利的英语，而且具有较强的组织能力。
086	저는 상사가 지시하는 다양한 업무를 훌륭하게 해낼 수 있다고 자부합니다.	我自信能够很好地完成上级交给我的各项工作。
087	저는 인터넷에서 귀사의 채용 공고를 보고 외국 무역 담당자에 지원하고자 합니다.	我从网上看到贵公司的招聘信息，欲申请外贸业务员一职。

CHAPTER 08 쪽지 및 공지 작성

088	개인적인 사정으로 오늘 오후에 있는 스터디 활동에 참가할 수 없게 되었습니다. 양해해 주시길 바랍니다.	因个人原因，我不能参加今天下午的学习活动了。请谅解。
089	어제 병원에서 진찰을 받으니 의사 말에는 독감이라 2일간 집에서 쉬어야 한다고 합니다.	我昨天去医院看病，医生诊断是重感冒，需要在家休息两天。
090	이에 알려드리며, 허락해 주시기를 바랍니다. 의사 진단서를 첨부합니다.	特此向您告知，并希望得到您的批准。附上医生诊断证明。
091	이 근처에 볼일이 있어서 왔다가 들렀는데 부재중이셔서 메모 남깁니다.	我在附近办事顺便过来，您不在，所以给您留言了。
092	9월 29일부터 10월 5일까지 추석 연휴 기간이어서, 저희 회사는 잠시 영업을 중지하고 7일간 쉽니다.	自9月29日至10月5日即中秋节期间，我们公司将暂停营业，休假七天。
093	저는 7월 30일 오후 3시경 태평양 백화점 5층 남자 화장실에서 검은색 서류 가방을 분실하였습니다.	本人7月30日下午3点钟左右，在太平洋百货商场的5楼男士洗手间内，遗失了一个黑色文件包。
094	습득하신 분은 501호로 갖다 주시거나 전화 주시면 찾으러 가겠습니다. 대단히 감사합니다.	拾到者，请交到501号或打电话通知本人前去认领，不胜感谢。
095	저는 학교 정문에서 지갑 하나를 주웠습니다. 분실하신 분은 와서 찾아가십시오.	我在学校大门拾到一个钱包，请失主前来认领。
096	본 점포는 7월 20일에 아래의 장소로 이전합니다.	本店将于7月20日迁移至下列地点。
097	수도관 시공으로 인해 12월 5일 13시부터 17시까지 수도 공급이 중단됩니다.	因供水管道施工，2017年12月5日13点至17点本楼停水。
098	어머니께서 갑자기 심장병이 발병하시어 위독한 상황입니다. 병원에서 어머니를 간호해야 하기 때문에 3일간 휴가를 신청하오니 승인해 주시기 바랍니다.	我母亲突发心脏病，情况危急。我需要在医院护理母亲，暂请事假三天，请予以批准。
099	관리 사무소 직원이 지갑 하나를 주웠으니 관리 사무소에 오셔서 수령해 가시기 바랍니다.	物业公司员工拾到钱包一个，请您前来物业公司认领。

CHAPTER 09 블로깅

100	블로깅이란 사이버 공간에 자기의 블로그를 개설하여 자신의 생각이나 상태를 올리는 것을 말합니다.	所谓写博客是指在网络空间开设自己的博客，上传自己的想法和状况。
101	오늘은 제가 써 본 화장품 중에서 인생템만을 모아서 포스팅해 보려고 합니다.	今天我准备发个我所用过化妆品当中的人生必备款综合帖。
102	영화 포스팅 이벤트를 알려드립니다. 영화 감상평을 포스팅하면 경품을 받을 수 있습니다.	告诉大家一个电影发帖活动。发影评的话可以获得奖品。
103	이 포스팅이 유익하셨다면 댓글을 달아주세요.	如果这个帖子对您有帮助，请写评论。
104	요즘 많은 사람들이 물건을 사기 전에 블로그를 통해서 구매평을 확인합니다.	最近很多人在买东西之前会先通过博客查看购买评论。
105	블로그에 포스팅한 글이 명예 훼손으로 게시 중단되었습니다.	在博客上上传的文章，因为损害名誉被屏蔽了。
106	블로그에 사진이나 이미지, 음악을 올릴 때는 저작권에 주의해야 합니다.	在博客上上传照片、图片和音乐的时候要注意版权问题。
107	서포터즈의 주요 임무는 블로그 포스팅, UCC 제작 등 온라인 활동입니다.	支持者们的主要任务是在博客发帖、制作UCC等在线活动。
108	파워 블로거가 되려면 방문자 수와 이웃 관리는 필수이며, 댓글 수와 클릭 수도 평균치 이상이어야 합니다.	想要成为超级博主，访问人数和邻居管理是必须的，还有评论数和点击数也必须在平均以上。
109	웨이보는 한두 문장의 짧은 메시지를 이용하여 여러 사람과 소통하는 블로그입니다.	微博是利用简短一两句内容和人沟通的博客。
110	블로그의 탄생은 우리를 인터넷 세상에서 처음으로 지식의 축적과 문화 지향성을 갖게 하였습니다.	博客的出现，使我们在互联网世界第一次有了知识积累和文化指向。
111	수시로 블로그를 업데이트하는 것은 독자들이 새로운 컨텐츠를 좋아하기 때문이기도 하고 검색 엔진의 선호도를 높일 수 있기 때문이기도 합니다.	时常更新博客不仅是因为读者喜欢新鲜的内容，还因为可以增加搜索引擎的偏好度。

CHAPTER 10 출장 및 산업 현장 시찰

112	저는 5월 20일에 열흘간 유럽 출장을 갈 예정입니다.	我5月20号要去欧洲出差十天。
113	제가 출장 중일 때 모든 전화를 비서실로 돌려주시기 바랍니다.	在我出差期间，请把所有电话转到秘书室。
114	해외 출장 기간 동안 로밍이 되니 만약 급한 용무가 있으시면 전화 주십시오.	海外出差期间我会开通漫游，如果有急事请打电话。
115	이번 출장에는 중국의 주요 자동차 공장 시찰 일정이 포함되어 있습니다.	这次出差包含去考察中国主要汽车工厂的日程。
116	다음 주에 중국 6개 도시로 출장을 가서 구체적인 업무에 대해 협의할 예정입니다.	下周我要去中国六个城市出差洽谈具体的业务。
117	우리는 총칭시 상무국을 방문하여 각종 산업 분야에서의 협력 방안에 대해 협의했습니다.	我们访问了重庆市商务局，对各种产业领域的合作方案进行了洽谈。
118	이번에 초청한 방문단에게 산업단지 시찰 일정을 안배할 예정입니다.	我们准备这次邀请的访问团安排视察产业园区的日程。
119	이번에 새로 옮긴 회사는 자주 출장을 가야 합니다.	这次新换的公司经常要出差。
120	해외 출장 보고서를 다음 주까지 제출해야 합니다.	下周之前要提交海外出差报告书。
121	한중 FTA 지방도시간의 협력을 강화하기 위해 산업 현장을 시찰할 예정입니다.	为了加强韩中FTA地方城市间的合作，我们准备视察产业现场。
122	해외 비즈니스 시찰은 서로 다른 지역의 문화. 접대. 항공. 숙박. 비자 등 관련된 일이 많습니다.	出国的商务考察，涉及事项众多，包含不同区域的文化、接待、航空、住宿、签证。
123	출장 중에는 회사와 연락을 유지해야 합니다. 매일 최소 한 번은 부서 책임자에게 보고해야 합니다.	出差途中，应该与公司保持联系，每天至少应向部门主管报一次工作。

CHAPTER 11 비즈니스 회의 및 접대

124	안내 말씀 드립니다. 회의가 곧 시작되니 휴대폰을 꺼 주시거나 무음 모드로 바꿔 주십시오.	请大家注意，会议即将开始，请各位将手机调至关机或静音状态。
125	이번 회의에서는 신제품 마케팅 전략에 관해 논의하고자 합니다.	这次会议我们要讨论关于新产品的营销战略。
126	회의는 1시간 정도 소요될 예정이며, 중간에 5분의 휴식 시간이 있습니다.	会议大概需要一个小时，中间有5分钟的休息时间。
127	의견 일치가 되지 않았기 때문에 투표를 하겠습니다.	由于意见不一致，所以我们要进行投票。
128	제시하신 방안에 대해서는 현실적인 문제가 있기 때문에 이의를 제기합니다.	关于您提出的方案有现实的问题存在，所以提出异议。
129	시간이 괜찮으시다면 회의를 다음 주 화요일 오후 2시로 변경했으면 합니다.	如果时间可以的话，我希望会议时间变更到下周二下午两点。
130	회의를 마친 후 저희 직원의 안내에 따라 저녁 식사 장소로 이동해 주시기 바랍니다.	会议结束后，请在我们职员的指引下前往晚餐地点。
131	이번 회의를 성공적으로 마칠 수 있어서 기쁘게 생각합니다.	很高兴这次会议能够圆满结束。
132	이번 기회를 빌려, 10년간의 고생으로 얻은 성과를 위해 모두 함께 건배합시다.	借此机会，大家一起为10年辛苦换来的成果，举杯吧。
133	성대한 만찬에 초대해 주셔서 감사합니다.	感谢邀请我参加盛大的晚宴。
134	손님을 접대할 때 일반적으로 주인이 출입문을 마주 보는 자리에 앉고 두 번째 주인은 그 맞은편에 앉습니다. 가장 중요한 손님은 주인의 오른쪽에 앉습니다.	宴请客人，一般主陪在面对房门的位置，副陪在主陪的对面，最重要客人在主陪的右手。
135	삼가 한국 무역 협회를 대표하여 저희의 환영회에 오신 여러분들을 진심으로 환영합니다!	我谨代表韩国贸易协会，对各位朋友光临我们的招待会，表示热烈欢迎！

CHAPTER 12 시장 조사 및 기획

136 통계에 따르면 실물 경제가 점차 회복되고 있음을 알 수 있습니다.
据统计可知，实体经济已渐渐恢复。

137 경제 연구소의 분석에 따르면 실질 소득이 매년 3%의 속도로 증가하고 있음을 알 수 있습니다.
根据经济研究所的分析可知，实际收入正在以每年3%的速度增长。

138 예정대로 진행될 경우 올해의 목표를 순조롭게 달성할 수 있을 것입니다.
在按预期进行的情况下，今年的目标会顺利完成。

139 신기술 덕분에 생산 원가를 20% 절감했습니다.
多亏了新技术，生产成本节省了20%。

140 시장 조사에 따르면 저희 회사의 시장 점유율이 점차 줄어들 것으로 보입니다.
根据市场调查可以看出，我们公司的市场占有率会逐渐减少。

141 신용 등급 조사에 따르면 그 회사는 재정적으로 탄탄하다는 것을 알 수 있습니다.
根据信用等级的调查可以看出，那家公司的财力雄厚。

142 저희 회사의 새로운 마케팅 전략은 판매 수입에 긍정적인 영향을 미쳤습니다.
我们公司新的营销战略给销售收入带来了乐观的影响。

143 앞서 지적한 바와 같이, 세계화로 인해 소비자 가격이 계속해서 낮아지고 있습니다.
如上所述，因为全球化进程，消费者价格正在持续降低。

144 경기 불황은 자동차 업계 전반에 걸친 매출 침체로 이어졌습니다.
经济不景气导致了整个汽车业的销售停滞。

145 저는 지금 이때가 새로운 사업을 시작하기에 최적의 기회라고 생각합니다.
我认为现在正是开始新事业的最好时机。

146 중국 내륙의 고객에 대해 복잡한 환경조건을 연구하면서도 반드시 이에 상응하는 대책을 강구해야 합니다.
对中国内陆地区的客户，必须一边研究复杂的环境条件，一边采取相应的对策。

147 시장 예측은 먼저 수요에 대해 예측해야 합니다. 예를 들면 시장에 이 상품에 대한 수요가 있는지, 수요 정도가 기업에게 기대하는 이익을 가져다 줄 수 있는지 등입니다.
市场预测，首先要对需求进行预测，比如市场是否存在对这种产品的需求，需求程度是否可以给企业带来所期望的利益等。

CHAPTER 13 제품 소개 및 마케팅

148	이번에 저희 회사는 기업 홍보를 위해서 3분짜리 홍보 영상 하나를 제작하려고 합니다.	这次我们公司为了企业宣传，准备制作一个三分钟的宣传视频。
149	최근에는 바이럴 마케팅이 효과가 좋다고 들었습니다.	听说最近病毒营销的效果很好。
150	대학생 홍보 대사는 세계 대학생 축제에 참가해서 각자의 역량을 발휘할 예정입니다.	大学生宣传大使会参加世界大学生大会，发挥出自己的力量。
151	저희는 블로거에게 제품을 보내주고 체험 후 리뷰를 작성하도록 할 것입니다.	我们会把产品发给博客博主，让他们体验后来写评论。
152	인터넷은 직접적인 마케팅 매개체로 활용 가능성이 무궁무진합니다.	互联网作为直接的营销媒介，活用的可能性无穷无尽。
153	이번에 출시되는 신제품 홍보를 위해 프로모션을 계획하고 있습니다.	为了宣传这次面市的新产品，正在准备促销活动。
154	최근 중국에서는 왕홍을 이용한 마케팅이 주목 받고 있습니다.	最近在中国利用网红营销方式正在引人注目。
155	저희 회사는 이번에 중국 시장 마케팅을 강화하기 위해 왕홍 마케팅을 하기로 했습니다.	我们公司这次为了强化中国市场的营销，决定进行网红营销。
156	지난달에 진행된 판촉 행사가 성공을 이룬 덕분에 매출액이 50% 증가하였습니다.	上个月进行的促销活动的成功，使销售额增加了50%。
157	저희는 제품의 품질과 서비스 향상을 위해 고객의 의견에 귀 기울여왔습니다.	我们为了提高产品的品质和服务，一直认真倾听顾客的意见。
158	간접 광고는 영화와 텔레비전과 게임에서 판매자의 상품 및 서비스를 의도적으로 삽입하여 무의식중에 영향을 받게 하는 홍보 효과를 가리킵니다.	植入式广告是指在影视剧情、游戏中刻意插入商家的产品或服务，以达到潜移默化的宣传效果。
159	저희 가게에 오셔서 물건을 구매하시는 모든 고객들에게 100위안을 쓰시면 10위안을 할인해 드리고, 또 20%의 할인 혜택을 받으실 수 있습니다.	所有光临本店购买商品的顾客满100元可减10元，并且还可以享受八折优惠。

CHAPTER 14 협상 및 거래

160	박 부장님, 그간 별고 없으셨습니까? 어제 저희가 보내드린 오퍼는 괜찮으신가요?	朴经理，别来无恙？对我们昨天的发盘还满意吗？
161	귀사에서 가격을 양보해 주셔서 정말 감사합니다. 거래 조건은 대부분 다 만족합니다.	非常感谢贵公司在价格上让步。大部分的交易条件我们都很满意。
162	첫 번째 물품은 원래 8월 하순에 선적하기로 했는데, 8월 중순으로 앞당겨 주셨으면 합니다.	第一批货物原定8月下旬装船，希望能提前到8月中旬。
163	저희의 오퍼 가격은 FOB 옌타이 가격인데, 이 부분에 대해서는 잘 알고 계시죠?	我们的报价是烟台离岸价，这点贵公司很清楚吧？
164	이 부장님, 이번에 저희가 귀사에서 수입하는 가구를 최대한 빠르게 언제쯤 납품 받을 수 있을까요?	李经理，这次从贵公司进口的家具最快什么时候可以交货。
165	최대한 빨리 9월 말 전에 선적이 가능합니다. 납품 시기에 대해 특별한 요구 사항이 있으신가요?	最快我们可以9月底之前装船，贵公司对交货期有什么特别要求吗？
166	이렇게 좋은 기회를 놓치신다면 귀사 입장에서는 정말 안타까운 일이 아닐 수 없습니다.	如果错过了这么好的机会，从贵公司立场来看真的是很惋惜的事。
167	인천항은 큰 항구라 선박과 화물이 많아서 평택항에 비해서 선적하는 데 시간이 더 필요합니다.	由于仁川港是大码头，船多货多，相对于平泽港，装船所需的周期要长一些。
168	귀사의 협조에 감사드립니다. 저희는 선적항은 평택항으로 하고, 도착항은 웨이하이항으로 하겠습니다.	非常感谢贵公司配合。我们就将装运港定为平泽港，目的港定为威海港。
169	심사숙고한 끝에 귀사의 요청을 수락하기로 결정했습니다.	经过深思熟虑后，我们决定接受贵公司的要求。
170	만일 지불 기한을 한 달 연장해 주시고 저희에게 3% 우대한 가격으로 주신다면 저희는 귀하의 조건을 받아들일 수 있습니다.	如果付款的期限延长一个月，加上给我们3%的优惠价格，我们公司可以接受贵方的条件。
171	양측의 노력으로 드디어 거래가 성사되었습니다. 이것이 저희에게 좋은 출발점이 되기를 바랍니다.	由于双方的共同努力，我们终于达成了交易，希望这是我们双方之间的良好开端。

CHAPTER 15 제품 문의 및 업무상 요청

172	저희는 귀사가 이번에 출시한 신제품에 대해 관심이 많습니다.	我们对贵公司这次上市的新产品非常感兴趣。
173	귀사의 요청과 관련하여 담당자와 상의한 후 내일 다시 연락드리겠습니다.	关于贵公司的要求，我们会和负责人商量后，明天再给您联系。
174	귀사에서 말씀하신 추가 샘플 요청은 다음 주까지 10개를 더 보내드리겠습니다.	关于贵公司提出的追加样品的要求，我们下周之前会再发送十个。
175	요청하신 대로 최신 카탈로그와 거래 조건을 포함한 가격표를 첨부해 드리겠습니다.	根据您的要求，我们会附上最新的产品样本和包含交易条件的价目表。
176	우연한 기회에 회사 홈페이지를 통해서 귀사에 대해 알게 되었습니다.	在一个偶然的机会，通过企业网站了解到了贵公司。
177	저희 회사의 제품 카달로그를 보내드릴 수 있게 되어 기쁘게 생각합니다.	我们非常高兴能给您提供我们公司的产品目录。
178	더 문의하실 사항이 있으시면 언제든지 저희에게 연락 주십시오. 성심껏 답변해 드리겠습니다.	如果还有其他疑问事项，请随时跟我们联系，我们会诚心诚意地给您答复。
179	저희 회사의 현재 수출 가능한 의류 목록을 첨부해 드립니다.	现随函附上我们公司目前可供出口的服装目录一份。
180	최근 주문량이 많은 관계로 본 확정 오퍼 조건을 장기간 유지할 수 없는 점 양해바랍니다.	因为这几天我们的订单很多，所以我方对此实盘不能保留太久，请谅解。
181	제품 단가는 20달러이며 최저 주문량은 100개입니다. 만약 200개 이상 구매하시면 5% 할인이 가능합니다.	该商品的单价为20美元，最低订购量是100个。如果您订购200个以上，可享受5%的折扣。
182	상품 카달로그에 있는 이 상품들이 귀사의 올해 봄철 의류 새 디자인인가요? 저는 이 스타일과 색깔이 아주 마음에 듭니다.	产品目录上的这些产品是贵公司今年春装的新设计吗？我非常喜欢这几款式样和颜色。
183	실례지만 귀사의 제품은 대량 생산입니까?	请问，贵公司的产品是批量生产吗？

CHAPTER 16 가격 문의 및 조정

184 대량으로 주문을 하면 최대 얼마까지 할인받을 수 있습니까? — 大量订购的话，最高可以优惠多少？

185 죄송하지만 가격에 대해서는 더 이상 협상의 여지가 없습니다. — 不好意思，关于价格已经没有协商的余地了。

186 이 가격이 최저 가격이며 더 이상의 할인은 어렵습니다. — 这个价格已经是最低价了，不能再给您打折。

187 1,000개 이상 구입을 하면 10% 더 할인해 드릴 수 있습니다. — 购买1,000个以上可以再打九折。

188 귀사 제품의 가격, 할인 및 수수료에 대한 자세한 내용을 보내주실 수 있나요? — 您能发给我们关于贵公司的产品价格、优惠和手续费的详细内容吗？

189 본사의 제공 가격은 공장 인도 조건의 예상 가격입니다. — 本公司提供的价格是工厂交货条件的估价。

190 최근 원자재 가격 상승으로 인해 제품 가격 인상이 불가피합니다. — 最近因为原材料价格上升，产品价格的上升是不可避免的。

191 아쉽게도 귀사의 오퍼는 너무 높아서 받아들이기가 어렵습니다. — 很可惜贵公司的报价太高，我们难以接受。

192 현금으로 지불하실 경우, 모든 제품을 5% 추가 할인해 드릴 수 있습니다. — 现金支付的话，所有产品可以追加5%的折扣。

193 귀사의 제품 품질이 우수하기는 하지만, 이 가격으로는 판로를 개척하기 힘듭니다. — 虽然贵公司所经营的产品质量不错，但以这样的价格，我们很难打开销路。

194 상품 카달로그에 열거된 가격은 도매가인가요? — 在产品目录上列出的价格是批发价吗？

195 귀하의 오퍼가 너무 높아서 저희가 가격을 흥정하기 어렵군요. 귀하께서 적극적으로 한 걸음 양보해 주셔서 차이를 줄여 주시면 좋겠습니다. — 贵方报价太高，使我们很难讨价还价，希望贵方采取主动让一步，弥合差距。

부록 287

CHAPTER 17 제품 주문 및 배송

196	지난 5월 3일 저희 회사의 의료 기기를 시험 주문해 주신 것에 매우 감사드립니다.	非常感谢您5月3日试购了我们公司的医疗器械。
197	귀하께서 주문하신 상품은 5월 15일까지 차질 없이 발송할 예정입니다.	您订购的商品会毫无差池地在5月15日之前发货。
198	약속한 날짜에 배송 받을 수 있도록 최선을 다해 주시길 부탁드립니다.	请尽最大努力能让我们在预定日期收到货。
199	만약 소비자들의 반응이 좋으면 저희는 대량으로 주문할 예정입니다.	如果消费者反应良好，我方将拟定大批量向贵方订货。
200	최근 주문이 쇄도하여 요청하신 상품이 품절되었습니다.	最近接连不断的订单导致您要求的商品缺货了。
201	주문하신 상품은 이미 선적 준비가 완료되었으며, 신용장을 수령하는 대로 발송될 예정입니다.	您订购的商品已经做好装货准备，一收到信用证就马上发货。
202	귀하께서 주문하신 상품은 다음 주 초에 배송될 예정입니다.	您订购的商品下周初会发货。
203	귀하께서 주문하신 상품은 이미 발송되었습니다. 송장 번호는 123456입니다.	您订购的商品已发货，快递单号是123456。
204	귀하께서 원하시는 모델은 이미 생산이 중단되었으며, 올 초부터 새로운 모델로 교체되었습니다.	您想要的型号已经中断生产，今年年初已经更换为新型号。
205	배송 지연에 사과드립니다. 사과의 뜻으로 할인 쿠폰을 함께 드립니다.	因为送货延误非常抱歉，我们会附上优惠券以表示歉意。
206	서신에서 언급하신 조건에 따라 저희 회사는 아래에 열거한 물품을 시험 주문하기로 했습니다. 다만 귀사는 반드시 이번 달 말까지 저희 회사에 보내 주셔야 합니다.	根据来函所提的条件，我公司决定试订下列货品，但你公司必须保证在本月底运到我公司。
207	저희 회사는 귀측의 상품 품질과 가격에 모두 만족합니다. 따라서 오퍼 가격과 현물 공급하는 조건에서 물건을 주문하고 싶습니다.	我们公司对贵方商品的品质和价格均感满意，并愿在报盘价格和供应现货的条件下订购货物。

CHAPTER 18 대금 결제 및 독촉

208	저희는 귀하의 주문서는 받았는데, 대금 결제가 아직 안 된 것 같습니다.	我们已收到您的订单，但订单似乎未付款。
209	결제가 완료되는 즉시 바로 상품을 준비하여 발송하겠습니다. 감사합니다!	当付款完成，我将立即备货并发货。谢谢！
210	저희는 약속대로 3일 내에 상품을 발송할 예정이며, 상품 발송 후 송장 번호를 알려드리겠습니다.	我们将在承诺的3天内发货，发货后我们将告知你快递单号。
211	귀하의 송장을 수령하는 대로 결제 금액을 보내드리겠습니다.	收到发货单后，我们会马上付款。
212	미지불 금액의 결제 기한을 1주일 연장해 드리겠습니다.	未支付余款的结账期限给您延长至一个星期。
213	죄송하지만 계약서에 따르면 귀하께 전액 환불해 드리는 것은 불가합니다.	非常抱歉，按照合同规定不能给您全额退款。
214	상품 금액은 수수료 없이 3개월 할부로 결제가 가능합니다.	商品金额可以无手续费分期付款三个月。
215	신용장 결제는 수입자 입장에서 수수료가 높고 번거롭습니다.	信用证结算从进口商立场来看，手续费又高又麻烦。
216	저희 회사에서 가장 많이 쓰는 결제 수단은 송금입니다.	我们公司最常用的结账手段是汇款。
217	수출 대금 전액을 선적 전에 송금해 주시기 바랍니다.	请在装货前将全额出口货款汇款。
218	계약의 중대성에 따라 정해진 때에 정산할 수 있도록 귀하께서는 조속히 물품 대금을 지급해 주시기 바랍니다.	为维护合同的严肃性，望贵方尽快付清货款，以便按时结账。
219	현재 국제 무역 업무에서 사용하는 결제 방법은 주로 세 가지인데, 송금환, 추심 그리고 신용장입니다.	目前，在国际贸易业务中，所使用的付款方式主要有三种，即汇付、托收以及信用证。

CHAPTER 19　제품 결함 및 서비스 문제

220	포장 불량으로 인해 발생하는 파손이나 분실은 모두 판매자가 책임져야 합니다.	由于货物包装不良而造成的货物残损、缺失，应由卖方负责。
221	포장이 제대로 되지 않아서 일부 물품이 심각하게 훼손되었습니다.	由于包装不良导致了一部分物品严重破损。
222	물품 하역 과정에서 잘못 취급하여 물품이 손상되었습니다.	在货物装卸过程中，由于操作不当造成了货物受损。
223	손상된 제품은 반품해 드리겠습니다.	受损产品我们将为您退货。
224	저희가 수령한 제품 중에 일부 불량품이 포함되어 있습니다.	我们领取的产品中包含一部分残次品。
225	앞으로도 계속해서 불량품이 발견된다면 저희로서는 다른 업체와 거래할 수밖에 없습니다.	以后如果继续发现残次品，我们只能与别的企业交易了。
226	지난주 귀하의 매장에서 구매한 외장 하드가 작동하지 않아서 사용상 문제가 있습니다.	上周在你们卖场购买的移动硬盘不能启动，在使用上有问题。
227	고객 센터에 접수된 불만 건수가 우려할 만한 수준입니다.	客服中心接到的投诉量已经到了令人担心的程度。
228	고객들로부터 수많은 불만이 접수되었습니다.	我们收到了很多顾客们的投诉。
229	저희 회사는 고객 서비스 품질을 향상시키는 것을 최우선 과제로 삼고 있습니다.	我们公司把提高顾客服务质量作为首要任务。
230	만일 화물이 파손되거나 중량이 미달되는 상황이 발생하면 누가 책임을 집니까?	如果发生货物受损或是重量短缺的情况，那么到底由谁承担责任？
231	검사를 해보니 유감스럽게도 대략 20%의 화물 포장이 훼손된 것을 발견했습니다.	经过检查，我们遗憾地发现大约20%货物的包装已破损。

CHAPTER 20 재테크 및 경제 트렌드

232 사회 초년생은 재테크를 어떻게 시작해야 합니까?
社会新手如何开始理财呢？

233 한국사회의 고령화가 가속화되면서 노후 준비를 위한 재테크가 시급해졌습니다.
随着韩国社会的老龄化不断加速，为晚年做准备的理财非常紧迫。

234 많은 은행에서 다양한 재테크 상품을 내놓았습니다.
很多银行都推出了各种各样的理财产品。

235 주식 투자는 리스크가 너무 큽니다.
股市投资的风险太大。

236 최근 경기 침체로 주식 투자에 대한 열기가 식었습니다.
最近因为经济不景气，股市投资的热潮也冷却下来了。

237 여러 재테크 방법 중에 부동산 투자의 수익성이 가장 높습니다.
在众多理财方式中，不动产投资的收益性最高。

238 최근에는 부동산 투자도 직접 투자가 아닌 펀드를 통한 간접 투자가 각광을 받고 있습니다.
最近不是直接投资不动产，而是通过基金进行的间接投资正备受瞩目。

239 4차 산업 혁명 시대가 오면서 미래의 유망 직종이 크게 변하고 있습니다.
随着第四次工业革命时代的到来，未来有前途的行业正在发生巨大的变化。

240 세계 경제 포럼에서는 4차 산업 혁명이 향후 세계가 직면할 화두가 되었습니다.
在世界经济论坛上，第四次工业革命成为以后全世界都要面临的话题。

241 중국의 경제 성장률에 세계가 주목하고 있습니다.
中国的经济增长率在全世界都举世瞩目。

242 암호 기법을 기반으로 한 설계가 비트코인을 진짜 소유자에 의해서만 전달되거나 지불될 수 있도록 하였습니다.
基于密码学的设计可以使比特币只能被真实的拥有者转移或支付。

243 주식과 펀드에 비해서 은행 재테크 상품은 문턱이 높고 유동성이 떨어진다는 특징이 있습니다.
与股票和基金相比，银行理财产品具有门槛高和流动性略差的特点。

CHAPTER 21 계약서 작성

244 갑과 을은 양측의 협상을 거쳐 관련 규정에 근거하여 아래와 같은 계약을 체결한다.

甲方和已方，经双方协商一致，根据相关规定，达成如下框架合同。

245 구매 계획 : 을은 모든 거래에서 거래 명세서의 형식으로 갑과 구체적인 물품 규격, 수량, 품질 요구, 검수 기준과 방법, 납품 기한, 납품 장소, 운송 방식 등의 조항을 약정한다.

采购计划：乙方就每一批次以交易清单的形式与甲方约定具体的品种规格、数量、质量要求、验收标准和方法、交货期限、交货地点、运输方式等条款。

246 정가 원칙 : 갑이 을에게 판매하는 상품의 가격은 시장 가격을 기준으로 한다.

定价原则：甲方向乙方销售产品的定价以市场价格为基本原则。

247 결제 방법 : 갑의 물품 대금에 대해 을은 반드시 당일에 전액 결산해야 하고 어떠한 이유로도 미뤄서는 안 된다.

结算方式：甲方货款乙方必须当天给予全部结清，不得以任何理由推托。

248 품질 보장 : 만일 상품에 결함이 있어 을에게 손해를 입힌 경우, 갑은 반드시 이로 인해 야기된 일체의 배상을 해야 한다.

品质担保：如因产品存在品质缺陷导致乙方受损的，甲方应承担由此引起的一切赔偿责任。

249 불가항력 : 어느 한 쪽이 불가항력적 사유로 계약을 이행할 수 없을 경우 불가항력적 사건이 종결된 이후 상대측에 알려야 한다.

不可抗力：任何一方由于不可抗力原因不能履行合同时，应在不可抗力事件结束后向对方通报。

250 위약에 대한 책임 : 만일 갑이 규정된 기간에 해당 거래 명세서에서 정한 납품 수량을 채우지 못하였고 기한을 15일 이상 초과하였을 경우, 을은 갑에게 이에 대해 해당 거래에서 미달된 화물 총가치의 3%의 위약금을 요구할 권리가 있다. 또한 해당 명세서의 남은 물품을 취소할 권리가 있다.

违约责任：若甲方未在规定时间完成批次清单规定的进货数量，超期15天以上的，乙方有权要求甲方就其本批次清单未完成部分货物总值支付3%的违约金，并有权取消该批清单余下的供货量。

251 계약서의 변경과 해지 : 아래와 같은 상황이 발생할 경우 협상을 통해 본 계약을 변경하거나 해지할 수 있다.

合同的变更和解除：发生下列情况之一时，经协商一致，可变更或解除本合同。

252 법률 적용과 분쟁 해결 : 본 계약서와 각 항목에 대해 모든 거래 명세서의 체결, 이행, 변경 및 해지는 ○○법률을 적용한다.

法律适用和争议解决：本合同及其项下各批次清单的订立、履行、变更和解除适用○○法律。

253 계약 효력 발생 : 본 계약서는 양측이 서명 날인한 후에 효력이 발생한다.

合同生效：本合同经双方签字盖章后生效。

TERM 01 주요 경제·무역 용어

ㄱ

가격 인상	提价	tíjià
가격 인하	降价	jiàngjià
가격 제시, 오퍼	报价 / 报盘	bàojià / bàopán
가격 조정	调价	tiáojià
가격 조회	询价	xúnjià
가격표	价格单	jiàgédān
가격 협상	讨价还价	tǎojiàhuánjià
가계약서	草约 / 临时契约	cǎoyuē / línshíqìyuē
가공 무역	来料加工	láiliàojiāgōng
가교은행	过渡银行	guòdùyínháng
가용 외환 보유고	可动用外汇储备	kědòngyòngwàihuìchǔbèi
가중치	加权值	jiāquánzhí
가처분 소득	可支配收入	kězhīpèishōurù
감원	裁员	cáiyuán
개런티	出场费	chūchǎngfèi
개별 계약	单项合同	dānxiànghétóng
개설 은행	开证银行	kāizhèngyínháng
개인 계정	个人账户	gèrénzhànghù
거래세	周转税	zhōuzhuǎnshuì
거시적 경제 모델	宏观经济模式	hóngguānjīngjìmóshì
검사 증명서	检验证明书	jiǎnyànzhèngmíngshū
견본, 카달로그	样本	yàngběn
견본, 샘플	样品	yàngpǐn
경기 부양	刺激景气	cìjījǐngqì
경기 침체	景气衰退	jǐngqìshuāituì
경기 호전	景气回升 / 经济情况好转	jǐngqìhuíshēng / jīngjìqíngkuànghǎozhuǎn
경매	拍卖	pāimài
경상 수지	经常收支	jīngchángshōuzhī
경영진	管理团队	guǎnlǐtuánduì
경제 바로미터	经济晴雨表	jīngjìqíngyǔbiǎo

경제 대공황, 경제 침체	经济大萧条	jīngjìdàxiāotiáo
계약 철회, 계약 파기	撤销合同	chèxiāohétong
계약	合同/契约	hétong / qìyuē
계열사	子公司	zǐgōngsī
계좌	账户	zhànghù
고객, 바이어	顾客 / 客户	gùkè / kèhù
고금리	高利率 / 高息	gāolìlǜ / gāoxī
고도 성장	高速增长	gāosùzēngzhǎng
고정 환율	固定汇率	gùdìnghuìlǜ
공공적립금	公积金	gōngjījīn
공급 과잉	供过于求	gōngguòyúqiú
공급 부족	供不应求	gōngbùyìngqiú
공동 해손	共同海损	gòngtónghǎisǔn
공동 구매	团购	tuángòu
공동 출자자	合股人	hégǔrén
공시 가격, 정찰 가격	牌价 / 标价	páijià / biāojià
공인 회계사	注册会计师	zhùcèkuàijìshī
공정 거래	公平交易	gōngpíngjiāoyì
공정 거래법	公平交易法	gōngpíngjiāoyìfǎ
공정 금리	法定利率	fǎdìnglìlǜ
과세 제품	应税产品	yìngshuìchǎnpǐn
과소비	过度消费 / 消费过热	guòdùxiāofèi / xiāofèiguòrè
관세	关税	guānshuì
관세 장벽	关税壁垒	guānshuìbìlěi
구상 무역, 보상 무역	补偿贸易	bǔchángmàoyì
국민 총생산	国民生产总值	guómínshēngchǎnzǒngzhí
국채	国债	guózhài
규격	规格	guīgé
규제 완화	放宽管制	fàngkuānguǎnzhì
근무 연한	工龄	gōnglíng
근속 수당	工龄补贴	gōnglíngbǔtiē
금리	利率	lìlǜ
금리 인하	降息(降低利息)	jiàngxī(jiàngdīlìxī)

금융 선물 거래	金融期货交易	jīnróngqīhuòjiāoyì
금전 출납부	流水簿 / 流水账	liúshuǐbù / liúshuǐzhàng
금지품	违禁品	wéijìnpǐn
기금, 펀드	基金	jījīn
기술 이전	技术转让	jìshùzhuǎnràng
기업 인수 합병(M/A)	企业并购	qǐyèbìnggòu
기준 금리	标准利率	biāozhǔnlìlǜ
기한부신용장	远期信用证	yuǎnqīxìnyòngzhèng
길드	同业公会	tóngyègōnghuì

ㄴ

낙찰	中标 / 得标	zhòngbiāo / débiāo
납기	交货期限	jiāohuòqīxiàn
납부	缴纳	jiǎonà
납품, 인도	交货	jiāohuò
네고 뱅크, 매입 은행	议付银行	yìfùyínháng
노동 인구	劳动人口	láodòngrénkǒu
노하우	专有技术 / 技术秘诀	zhuānyǒujìshù / jìshùmìjué

ㄷ

다단계 판매	传销	chuánxiāo
다자간 무역	多边贸易	duōbiānmàoyì
단가	单价	dānjià
단골손님	常客 / 老客	chángkè / lǎokè
단독 해손	单独海损	dāndúhǎisǔn
담당자, 책임자	经办人 / 负责人	jīngbànrén / fùzérén
담보 대출	抵押贷款	dǐyādàikuǎn
담보물	抵押品 / 押头 / 担保物	dǐyāpǐn / yātou / dānbǎowù
당기 순이익	本期纯利	běnqīchúnlì
당좌 계정	活期账户	huóqīzhànghù
당좌 예금	活期存款	huóqīcúnkuǎn
대금 상환, 물품 인도후 결제	交货付款	jiāohuòfùkuǎn
대리점	代理店 / 代销店	dàilǐdiàn / dàixiāodiàn
대차 대조표	资产负债表 / 借贷对照表	zīchǎnfùzhàibiǎo / jièdàiduìzhàobiǎo

대출 이자	借贷利息 / 贷款利息	jièdàilìxī / dàikuǎnlìxī
덤핑	倾销	qīngxiāo
도매	批发	pīfā
독점	垄断 / 独占	lǒngduàn / dúzhàn
돈세탁	洗钱	xǐqián
등록 상표	注册商标	zhùcèshāngbiāo
디플레이션	通货紧缩	tōnghuòjǐnsuō

ㄹ

라벨	标签(儿)	biāoqiān(r)
라이선스 계약	专利许可使用合同	zhuānlìxǔkěshǐyònghétong
레저 산업	休闲产业	xiūxiánchǎnyè
리베이트	回扣	huíkòu
리셉션	招待会	zhāodàihuì
리스 산업	租赁产业	zūlìnchǎnyè
리스크	风险	fēngxiǎn
리콜제	召回制度	zhàohuízhìdù

ㅁ

마이너스 성장	负增长	fùzēngzhǎng
마케팅	市场营销 / 推销	shìchǎngyíngxiāo / tuīxiāo
매출 총이익	毛利	máolì
매출액	营业额	yíngyè'é
명세서	清单 / 明细表	qīngdān / míngxìbiǎo
명예퇴직	荣誉退职 / 提前退休	róngyùtuìzhí / tíqiántuìxiū
모델 넘버	型号	xínghào
모조품	假货 / 仿造品	jiǎhuò / fǎngzàopǐn
물류	物流	wùliú
미불금, 외상매입금	应付账款	yīngfùzhàngkuǎn
미수금	应收账款	yīngshōuzhàngkuǎn
밀수	走私	zǒusī

ㅂ

반덤핑 관세	反倾销关税	fǎnqīngxiāoguānshuì
반송 운임	回程运费	huíchéngyùnfèi

반제품	半成品	bànchéngpǐn
배상	赔偿	péicháng
배상을 요구하다, 클레임	索赔	suǒpéi
벌금 조항	罚款条款	fákuǎntiáokuǎn
벌크선	散装船 / 散装货轮	sǎnzhuāngchuán / sǎnzhuānghuòlún
벤처 기업	风险企业	fēngxiǎnqǐyè
변동 환율	浮动汇率	fúdònghuìlǜ
보너스	奖金	jiǎngjīn
보세 구역	保税区	bǎoshuìqū
보증인	保证人 / 担保人	bǎozhèngrén / dānbǎorén
보험	保险	bǎoxiǎn
보험 증권	保险证券	bǎoxiǎnzhèngquàn
보험 증서	保险单 / 保单	bǎoxiǎndān / bǎodān
본선 인도 가격	船上交货价 / 离岸价	chuánshàngjiāohuòjià / líànjià
부가 가치	附加价值	fùjiājiàzhí
부가 가치세	增值税	zēngzhíshuì
부도	拒付 / 倒闭	jùfù / dǎobì
부동산	房地产	fángdìchǎn
부두	码头	mǎtou
부실 채권	不良贷款 / 不良债券	bùliángdàikuǎn / bùliángzhàiquàn
부채	负债	fùzhài
부채 상환	偿还债务	chánghuánzhàiwù
분할 납부	分批付款	fēnpīfùkuǎn
분할 선적	分期装货 / 分批装船	fēnqīzhuānghuò / fēnpīzhuāngchuán
불가항력	不可抗力	bùkěkànglì
불황, 불경기	不景气 / 低迷 / 衰退 / 萧条	bùjǐngqì / dīmí / shuāituì / xiāotiáo
브랜드	品牌	pǐnpái
비상금	私房钱 / 贴己	sīfangqián / tiējǐ
비수기	淡季	dànjì

ㅅ

사본	副本	fùběn
사이즈	尺寸	chǐcun
사재기	抢购 / 囤积	qiǎnggòu / túnjī

산업 재해	工伤 / 职业灾害	gōngshāng / zhíyèzāihài
상속세	遗产税 / 继承税	yíchǎnshuì / jìchéngshuì
상장 회사, 주식회사	上市公司	shàngshìgōngsī
상한가	上限价 / 涨停板价	shàngxiànjià / zhǎngtíngbǎnjià
생산 원가	生产成本	shēngchǎnchéngběn
서류	单据	dānjù
선급금	预付账款	yùfùzhàngkuǎn
선물	期货	qīhuò
선적	装船	zhuāngchuán
선측 인도, 본선으로부터의 인도	船边交货	chuánbiānjiāohuò
선하 증권	提单 / 提货单	tídān / tíhuòdān
성수기	旺季	wàngjì
세관	海关	hǎiguān
세수	税收	shuìshōu
소득세	所得税	suǒdéshuì
소매	零售	língshòu
손실	亏损	kuīsǔn
손익 계산서	损益表 / 盈亏清账	sǔnyìbiǎo / yíngkuīqīngzhàng
손익 분기점	损益平衡点 / 盈亏临界点	sǔnyìpínghéngdiǎn / yíngkuīlínjièdiǎn
송장, 인보이스	运单 / 送货单 / 发票	yùndān / sònghuòdān / fāpiào
송장 가격	发单价格	fādānjiàgé
수수료	回扣 / 佣金	huíkòu / yòngjīn
수요	需求	xūqiú
수입 관세	进口税	jìnkǒushuì
수입	进口 / 输入	jìnkǒu / shūrù
수출 신고서	出口报单	chūkǒubàodān
수출입	进出口	jìnchūkǒu
수출	出口 / 输出	chūkǒu / shūchū
수취인, 수하인	收货人	shōuhuòrén
순손실	净损	jìngsǔn
순수입	净收入	jìngshōurù
순중량	净重	jìngzhòng
시가 총액	市价总额	shìjiàzǒng'é

시세	行情 / 市场价 / 市价	hángqíng / shìchǎngjià / shìjià
시장	市场	shìchǎng
시티은행	花旗银行	Huāqíyínháng
신용 어음	信用汇票	xìnyònghuìpiào
신용장	信用证	xìnyòngzhèng
신용 카드	信用卡	xìnyòngkǎ
신입 사원	新职员	xīnzhíyuán
실명제	实名制	shímíngzhì
실업 인구	失业人口	shīyèrénkǒu
실적	业绩	yèjì

ㅇ

암시장	黑市	hēishì
애프터서비스	售后服务	shòuhòufúwù
양도	转让	zhuǎnràng
양도 가능 신용장	可转让的信用证	kězhuǎnràng de xìnyòngzhèng
양도 불능 신용장	不可转让的信用证	bùkězhuǎnràng de xìnyòngzhèng
엥겔 계수	恩格尔系数	ēngé'ěrxìshù
여신	信贷	xìndài
연간 성장률	年增长率	niánzēngzhǎnglǜ
연간 이익	年利润	niánlìrùn
연금	年金	niánjīn
연봉제	年薪制	niánxīnzhì
연체금, 체납금	滞纳金	zhìnàjīn
예금	存款	cúnkuǎn
온라인	联机 / 在线 / 线上	liánjī / zàixiàn / xiànshàng
옵션	选择权	xuǎnzéquán
완제품	成品	chéngpǐn
외환 보유액	外汇储备额	wàihuìchǔbèi'é
외환	外汇	wàihuì
운송 업체	承运商	chéngyùnshāng
운임 포함 가격(C&F)	成本加运费	chéngběnjiāyùnfèi
운임, 보험료 포함 가격(CIF)	到岸价格	dào'ànjiàgé
운임	运费	yùnfèi

원가 절감	降低成本	jiàngdīchéngběn
원금	本金	běnjīn
원본	原件	yuánjiàn
원산지	原产地	yuánchǎndì
원산지 증명서	原产地证明书	yuánchǎndìzhèngmíngshū
원자재	原材料	yuáncáiliào
위탁 가공	委托加工 / 来料加工	wěituōjiāgōng / láiliàojiāgōng
위탁 판매 상품	委托代销商品	wěituōdàixiāoshāngpǐn
유급 휴가	带薪假期 / 带薪休假	dàixīnjiàqī / dàixīnxiūjià
유동 자금	流动资金	liúdòngzījīn
유망 산업	朝阳产业	zhāoyángchǎnyè
유효 기간	有效期	yǒuxiàoqī
이윤	利润	lìrùn
이익 배당	利润分配	lìrùnfēnpèi
이중 관세	双重关税	shuāngchóngguānshuì
인건비	人工费 / 劳务费	réngōngfèi / láowùfèi
인도, 납품	交货	jiāohuò
인세	版税	bǎnshuì
인수 어음	已承兑汇票 / 已承兑票据	yǐchéngduìhuìpiào / yǐchéngduìpiàojù
인수하다	收购 / 承兑	shōugòu / chéngduì
인트라넷	企业内部网	qǐyènèibùwǎng
인플레이션	通货膨胀	tōnghuòpéngzhàng
일람 출급, 일람불	见票即付	jiànpiàojífù
일람 출급 신용장	即期信用证	jíqīxìnyòngzhèng
임금 체불	欠薪	qiànxīn
임대 가격	租赁价格	zūlìnjiàgé
임대차 계약	租约	zūyuē
입찰하다	投标	tóubiāo

ㅈ

자금 조달	资金筹集	zījīnchóují
자금 회전	资金周转	zījīnzhōuzhuǎn
자산 가치	产值	chǎnzhí
잔고	余额 / 余款	yú'é / yúkuǎn

재고	库存 / 存货	kùcún / cúnhuò
재무제표	财务报表	cáiwùbàobiǎo
재테크	理财	lǐcái
저당	抵押	dǐyā
적재량	装载量	zhuāngzàiliàng
적하 목록	舱单	cāngdān
전손 담보	全损险	quánsǔnxiǎn
전손	全损	quánsǔn
전신환	电汇	diànhuì
전 위험 담보	一切险 / 综合险	yíqièxiǎn / zōnghéxiǎn
제2금융권	非银行金融机构	fēiyínhángjīnróngjīgòu
제휴	合作	hézuò
조회	询盘	xúnpán
주거래 은행	主办银行	zhǔbànyínháng
주문 제작	定制	dìngzhì
주문서	订货单	dìnghuòdān
주문하다, 발주하다	订货	dìnghuò
주식, 증권	股票	gǔpiào
증빙	凭证	píngzhèng
증여세	馈赠税 / 赠与税	kuìzèngshuì / zèngyǔshuì
지급 어음	应付票据	yīngfùpiàojù
지급하다	付款 / 支付	fùkuǎn / zhīfù
지식 재산권	知识产权	zhīshichǎnquán
직불 카드	现金卡	xiànjīnkǎ
징수하다	征收	zhēngshōu

ㅊ

착공	开工	kāigōng
채용	录用 / 录取	lùyòng / lùqǔ
청산 계정	赊账	shēzhàng
체납	滞纳	zhìnà
총중량	毛重	máozhòng
총파업	总罢工	zǒngbàgōng
최소 주문량	起定量	qǐdìngliàng

최저 임금	最低工资	zuìdīgōngzī
추징하다	追缴	zhuījiǎo
출입국	出入境	chūrùjìng
출하하다	发运 / 发货	fāyùn / fāhuò
출하인, 선적인	发货人	fāhuòrén
출하항, 선적항	装货口岸	zhuānghuòkǒu'àn
취소 불능	不可撤销	bùkěchèxiāo

ㅋ

카운터 오퍼	还盘	huánpán
컨베이어 시스템	输送机系统 / 流水作业	shūsòngjīxìtǒng / liúshuǐzuòyè
컨설팅	咨询	zīxún
컨테이너	集装箱	jízhuāngxiāng

ㅌ

통관	报关	bàoguān
통관 절차	海关手续	hǎiguānshǒuxù
통관	通关	tōngguān
통장	存折	cúnzhé
투자	投资	tóuzī
특허	专利	zhuānlì

ㅍ

판로	销路	xiāolù
펌 오퍼, 실제 가격	实价 / 实盘	shíjià / shípán
평가 절상	升值	shēngzhí
평가 절하	贬值	biǎnzhí
포장	包装	bāozhuāng
포장 명세서	装箱单	zhuāngxiāngdān
폭등하다	暴涨	bàozhǎng
폭락하다	暴跌 / 大跌	bàodiē / dàdiē
품질	质量	zhìliàng

ㅎ

화인	唛头	màtóu

하적항	到货港 / 目的口岸	dàohuògǎng / mùdìkǒu'àn
하주	货主	huòzhǔ
할인	折扣	zhékòu
합병하다	合并 / 兼并	hébìng / jiānbìng
합자 기업	合资企业	hézīqǐyè
항공 화물 운송장	空运单	kōngyùndān
항구	口岸	kǒu'àn
해고하다	解雇	jiěgù
해관 신고	海关申报	hǎiguānshēnbào
해상 보험	海上保险	hǎishàngbǎoxiǎn
현물	现货	xiànhuò
확인 신용장	保兑信用证	bǎoduìxìnyòngzhèng
환어음	汇票	huìpiào
환율	汇率	huìlǜ
환적	转船	zhuǎnchuán
환차익	汇兑收益	huìduìshōuyì
회계 연도	财政年度 / 会计年度	cáizhèngniándù / kuàijìniándù
화환어음	跟单汇票	gēndānhuìpiào

TERM 02 중국 직함·부서 명칭

기업체 직함

董事长 이사장
总经理 사장
副总经理 부사장
总裁 총재, 총수, CEO
财务总监 CFO, 최고 재무 관리자
技术总监 CTO, 수석 기술관
总监 본부장
常务理事 상무, 전무
董事 이사

独立董事 사외 이사
部门经理 부장, 매니저
处长 처장, 부장
厂长 공장장
股长 계장
组长 팀장
主管 팀장, 대리
员工(职工) 사원
工程师 엔지니어

정부기관 직함

部长 장관
副部长 차관
司长 국장
局长 국장, 서장
处长 처장

科长 과장
主任 주임(기관이나 조직에 따라 차이가 있음)
一等秘书(一秘) 1등 서기관
二等秘书(二秘) 2등 서기관

부서명

总公司 본사
分公司 지사
企划部(企业策划部) 기획부
人事部 인사부
人力资源部 인사 관리부
财务部 재무부
营业部 영업부
销售部 판매부

国际部 국제부
出口部 수출부
进口部 수입부
公共关系部 홍보부, PR부
广告部 광고부
采购部 구매부
市场部 마케팅부

TERM 03 주요 시사 약어

4H (Head, Heart, Hands, Health) 4H활동 4H俱乐部

AA시스템 (Automatic Approval System) 수입자동승인제 自行承认制, 自动化审批系统

AA회의 (Asian-African conference) 아시아아프리카회의, 반둥회의 亚非会议

AAA (American Arbitration Association) 미국중재협회 美国仲裁协会

AACM (Afro-Asian Common Market) 아시아, 아프리카 공동시장 亚非共同市场

ABC무기 (Atomic, Biological and Chemical Weapons) 원자, 생물, 화학무기 ABC武器(原子武器、细菌武器或生物武器和化学武器)

ABM (Anti-Ballistic Missile) 탄도탄 요격 미사일 反弹道导弹

ABU (Asian pacific Broadcasting Union) 아시아 태평양 방송연합 亚太广播联盟

ACC (Arab Cooperation Council) 아랍협력위원회 阿拉伯合作委员会

ACM (Arab Common Market) 아랍 공동시장 阿拉伯共同市场

ACU (Asian Clearing Union) 아시아 청산 동맹 亚洲清算联盟

AD (Assistant Director) 조연출자 副导演

AD (Automatic Depositor) 현금 자동 입금기 自动存款机

ADB (Asian Development Bank) 아시아 개발은행 亚洲开发银行

ADB (African Development Bank) 아프리카 개발은행 非洲开发银行

ADF (Asian Development Fund) 아시아 개발기금 亚洲发展基金

ADIZ (Air Defense Identification Zone) 방공식별지대 防空识别区

AE (Account Executive) 광고대행사와 광고주 사이의 연락 및 기획업무를 담당하는 대행사의 책임자 客户代表

AEW (Airborne Early Warning) 공중조기경계 空中预先警报

AFKN (American Forces Korea Network) 주한미군방송국 驻韩美军通信网

AFP (Agence France Presse) 프랑스 국영통신사 法国新闻社

AI (Artificial Intelligence) 인공지능 人工智能

AI (Amnesty International) 국제사면위원회 国际特赦组织

AID (Agency for International Development) 미국 국제개발국 国际开发总署

AIDMA (Attention, Interest, Desire, Memory, Action) 광고의 일반적인 원칙 AIDMA模式(注意、兴趣、欲望、记忆、行动)

AIDS (Acquired Immune Deficiency Syndrome) 후천성 면역결핍증 获得性免疫缺损综合征, 艾滋病

AIQ시스템 (Automatic Import Quota system) 자동수입쿼터제 自动获准进口配额制

ALC (Autoclaved Lightweight Concrete) 경량 기포 콘크리트 蒸压轻质加气混凝土

ALCM (Air Launched Cruising Missiles) 공중발사 순항미사일 空中发射的弹道导弹

ALM (Assets and Liabilities Management) 자산부채관리기법 资产负债管理

AM (Amplitude Modulation) 진폭변조 调幅

AMEX (American Stock Exchange) 미국 증권거래소 美国证券交易所

AMU (Asian Monetary Unit) 아시아 통화단위 亚洲货币单位

ANC (African National Congress) 아프리카 민족회의 非洲民族会议

ANCOM (Andean Common Market) 안데스 공동시장 安第斯共同市场

ANOC (Association of National Olympic Committee) 국가 올림픽 위원회 연합 国家奥林匹克委员会协会

ANZUS (Australia, New Zealand and the United States) 태평양 안전 보장 조약 澳新美安全条约

AP (Associated Press) 미국연합통신사 〈美〉联合通讯社

AP (Air Pollution index) 대기오염지수 空气污染指数

APEC (Asia-Pacific Economic Cooperation) 아시아태평양경제협력체 亚洲太平洋经济合作组织

APO (Asian Productivity Organization) 아시아 생산성기구 亚洲生产力组织

ARAMCO (Arabian American Oil Company) 아랍미국 석유회사 阿美石油公司

ARCRU (Arab Currency Related Unit) 아랍통화계산단위 阿拉伯联合货币单位

ARI (Acid Rain Index) 산성비 농도지수 酸雨指数

ARS (Automatic Response System) 전화 자동응답시스템 自动应答系统

ASAT (Anti-Satellite) 공격위성 反卫星武器

ASBM (Air to Surface Ballistic Missile) 공중발사 전략미사일 反舰弹道导弹

ASEAN (Association of Southeast Asian Nations) 동남아 국가연합 东南亚国家联盟

ASIC (Application Specific Integrated Circuit) 주문형 반도체 专用集成电路

ASPAC (Asian and Pacific Council) 아시아 태평양 협의회 亚洲与太平洋理事会

ATM (Automated Teller Machine) 현금 자동입출금기 自动取款机

ATS (Automatic Train Stop) 자동열차 정지장치 自动停车装置

AT&T (American Telephone and Telegraph corporation) 미국전화전신회사 美国电话电报公司

AWACS (Airborne Warning And Control System) 조기경보관제기 机载报警与控制系统

AV교육 (Audio-Visual education) 시청각교육 视听教育

BAS (Building Automation System) 빌딩 자동화 시스템 建筑物自动化系统

BASIC (Beginner's All-purpose Symbolic Instruction Code) 초보자용 기초 컴퓨터 용어 初学者通用符号指令代码

BBC (British Broadcasting Corporation) 영국방송회사 英国广播公司

BBS (Buddhist Broadcasting System) 불교방송국 佛教广播系统

BC (Bills for Collection) 대금수금어음 托收票据

BDR (Bearer Depositary Receipt) 무기명 예탁증서 无记名受托保管(证券)收据

BE (Bill of Exchange) 환어음 汇票

BIE (Bureau International des Exposition) 만국박람회 사무국 国际展览局

BIS (Bank for International Settlements) 국제결제은행 国际结算银行

B/L (Bill of Landing) 선하증권 提单

BOA (Bank Of America) 아메리카 은행 美国银行

BOD (Biochemical Oxygen Demand) 생물화학적 산소요구량 生物需氧量

BOE (Bank Of England) 잉글랜드 은행 英格兰银行

B/S (Balance Sheet) 대차대조표 资产负债表

BOJ (Bank Of Japan) 일본은행 日本银行

BP (Bills Payable) 지급어음 应付票据

BR (Bills Receivable) 추심환어음 应收未收票据

BTN (Brussels Tariff Nomenclature) 브뤼셀 관세품목분류표 布鲁塞尔关税商品分类

BWI (Business Warning Indicators) 경기예고지표 经济警告指标

C/A (Capital Account) 자본계정 资本项目

C/A (Current Account) 당좌계정 活期账户

CAAC (Civil Aviation Administration of China) 중국민영항공총국 中国民用航空总局

CACM (Central American Common Market) 중앙아메리카 공동시장 中美洲共同市场

CAD, CAM (Computer Aided Design, Computer Aided Manufacture) 컴퓨터 이용 설계/제조 计算机辅助设计、计算机辅助制造

CAFTA (Commission on Asian and Far Eastern Affairs) 아시아 극동문제위원회 亚洲及远东事务委员会

CAT (Credit Authorization Terminal) 크레디트 카드의 신용도를 문의하는 단말기 信贷授权终端

CA TV (Cable Television) 케이블 TV 有线电视

CAPM (Capital Asset Pricing Model) 자본자산 평가모델 资本资产定价模型

CARICOM (Caribbean Community) 카리브 공동체 加勒比共同体

CB (Convertible Bond) 전환사채 可调换公司债

CBE (Computer Based Education) 컴퓨터를 이용한 교육 计算机辅助教育

CBR (Chemical, Biological and Radiological warfare) 가스, 세균, 방사능을 사용한 전쟁 化学、生物和辐射战

CBS (Columbia Broadcasting System) 미국 컬럼비아 방송국 哥伦比亚广播公司

CBT (Chicago Board of Trade) 시카고 상품거래소 芝加哥商品交易所

CCC (Custom Cooperation Council) 관세협력이사회 关税合作理事会

CCD (Charge Coupled Device) 전하결합소자 电荷耦合掐

CCTV (Closed Circuit Television) 폐쇄회로 TV 闭路电视

CCUS (Chamber of Commerce of the United States) 미국 상공회의소 美国商会

CCU (Communication Control Unit) 통신제어장치 通信控制装置

CD (negotiable Certificate of Deposit) 양도성 예금증서 可转让定期存款证

CD (Cash Dispenser) 현금자동인출기 自动柜员机

CDE (Conference on Disarmament in Europe) 유럽 군축회의 欧洲裁军会议

CDI (Conventional Defense Initiative) 비핵방위구상 常规防御倡议

CD-I (Compact Disc Interactive) 대화형 콤팩트 디스크 光盘对话

CDP (Career Development Plan) 직능개발 프로그램 职业发展规划

CEA (Council of Economic Advisers) 미국 대통령 경제자문위원회 〈美〉经济顾问委员会

CENTO (Central Treaty Organization) 중앙조약기구 中央条约组织

CEO (Chief Executive Officer) 최고경영자 首席执行官

CF (Commercial Film) 광고용 영화 商业广告影片

C&F (Cost and Freight) 본선인도가격에 주문지까지 운임이 포함된 가격　成本加运费

CFC (Rok-US Combined Forces Command) 한미연합사령부　韩国/美国联合部队司令部

CFCs (Chlorofluorocarbons) 프로판가스　氯氟烃

CFO (Chief Financial Officer) 최고재무책임자　首席财务官

CFRC (Carbon Fiber Reinforced Concrete) 탄소섬유보강 콘크리트　碳纤维混凝土

CFTC (Commodity Futures Trading Commission) 미국 상품선물거래위원회　商品期货交易委员会

CI (Composite Index) 경기종합지수　复合指标

CI (Coporate Identiry) 기업이미지 홍보　公司标志

C.I (Cost and Insurance) 보험료 포함가격　成本加保险价

CIA (Central Intelligence Agency) 미국 중앙정보국　美国中央情报局

CIF (Cost, Insurance and Freight) 운임, 보험료 포함 가격　到岸价格

CIM (Computer Integrated Manufacturing) 컴퓨터에 의한 통합생산시스템　计算机集成制造

CIP (Corporate Identity Program) 기업이미지 통합 작업　企业形象综合计划程序

CIS (Commonwealth of Independent States) 독립국가연합　独立国家联合体

CITO (Charter of International Trade Organization) 국제무역기구 헌장　国际贸易组织宪章

CKD (Completely Knock Down) 완전현지조립　全散装件

CM (Commercial Message) 광고방송　商业咨文(广告)

CMA (Cash Management Account) 어음관리계좌　现金管理账户

CMEA (Council for Mutual Economic Assistance) 경제상호원조회의, 코메콘　经济互助委员会

CMS (Cash Management Service) 현금관리서비스　现金管理服务

CNA (Central News Agency) 대만 중앙통신사　中央社(台湾)

CNC (Computer Numerical Control) 컴퓨터 수치제어　计算机数字控制系统

CNG (Compressed Natural Gas) 압축천연가스　压缩天然气

CNN (Cable News Network) 미국 뉴스 전문 방송망　有线新闻网

COBOL (Common Business Oriented Language) 코볼, 컴퓨터 프로그램 언어의 하나　COBOL语言

COCOM (Coordinating Committee for Export Control) 대공산권 수출조정위원회　巴黎统筹委员会

COD (Chemical Oxygen Demand) 화학적 산소요구량　化学需氧量

COM (Coal Oil Mixture) 석탄, 석유, 물을 혼합해서 만든 합성연료　油煤浆

COMECON (Council for Mutual Economic Assistance) 공산권 경제상호원조회의　经济互助委员会

COMSAT (Communications Satellite Corporation) 콤새트 (미국 통신위성회사)　〈美〉通信卫星

COL (Cost Of Living) 생계비　生活费用

CORE (Congress Of Racial Equality) 미국 인종평등회의　〈美〉争取种族平等大会

CP (Commercial Paper) 신종기업어음　商业票据

CPA (Certified Public Accountant) 공인회계사　会计师

CPT (Consumer Price Index) 소비자물가지수　消费者物价指数

CPU (Central Processing Unit) 중앙연산처리장치　中央处理器

CPS (Consumer Price Survey) 소비자물가조사 消费者价格调查
CR (Consumer's Research) 소비자 조사 市场调查
CRB (Central Reserve Bank) 미국 중앙준비은행 中央储备银行
CRS (Computerized Reservation System) 컴퓨터 예약시스템 计算机预订系统
CRT (Cathode-Ray Tube) 음극선관 브라운관 阴极射线管
CS (Communication Satellite) 통신위성 通信卫星
CS (Consumer Satisfaction) 고객만족 消费者满意度
CSCE (Conference on Security and Cooperation in Europe) 유럽안보협력회의 欧洲安全和合作协会
CT (Cable Transfer) 전신송금 电汇
CT (Computed Tomography) 컴퓨터 단층촬영법 计算机断层扫描
CTS (Cold Type System) 컴퓨터 사식 조판방식 冷式系统
CTS (Central Terminal System) 중앙수송방식 中央终端系统
CVP분석 (Cost-Volume-Profit analysis) 손익분기점 분석 成本-产量-利润分析
CVS (Convenience Store) 편의점 便利店
CVT (Continuously Variable Transmission) 무단변속기 无级变速器
D/A (Documents against Acceptance) 인수인도 承兑交单
DAC (Development Assistance Committee) 개발원조위원회 开发援助委员会
DB (DataBase) 데이터베이스 数据库
DBS (Direct Broadcasting Satellite) 직접방송위성 直接广播卫星
DC (Debit Card) 즉시 결제카드 借记卡
DD (Demand Draft) 일람불 어음 即期汇票
DDD (Direct Distance Dialing) 장거리 자동전화 长途直拨
DDP (Distributed Data Processing) 분산형 데이터 처리 分布数据处理
DH (Designated Hitter) 지명타자 指定击球员
DHC (District Heating and Cooling) 지역냉난방 区域供冷供热
DI (Diffusion Index) 경기확산지수 扩散指数
DI (Discomfort Index) 불쾌지수 不安指数
DI (Disposable Income) 가처분소득 可支配收入
DINKS (Double Income No Kids) 아이가 없는 맞벌이 부부 丁克家庭
DLF (Development Loan Fund) 개발차관기금 开发贷款基金
DM (Direct Mail) 다이렉트 메일 直接邮件
DMZ (Demilitarized Zone) 비무장지대 非军事区
DNA (Deoxyribo Nucleic Acid) 디옥시리보핵산 脱氧核糖核酸
DO (Dissolved Oxygen) 용존산소량 溶解氧
DOHC (Double Overhand Camshaft) 1개의 실린더에 캠이 2개씩 붙어 있는 엔진형식 双架空凸轮轴
D/P (Documents against Payment) 지급 인도 조건 付款交单

DPP (Direct Products Profitability) 직접상품이익 直接产品利润

DPT (Diphtheria, Pertussis and Tenanus vaccine) 디프테리아, 백일해, 파상풍 백신 白百破疫苗

DR (Depositary Receipts) 주식예탁증서 证券托存收据

D-RAM (Dynamic Random Access Memory) 동적 램 动态随机存取存储器

EBRD (European Bank for Reconstruction and Development) 유럽 부흥개발은행 欧洲复兴开发银行

EBIC (European Bank of International Company) 유럽국제은행 欧洲国际银行

EC (European Communities) 유럽 공동체 欧洲各共同体

ECA (economic Commission for Africa) 아프리카 경제위원회 非洲经济委员会

ECE (Economic Commission for Europe) 유럽 경제위원회 欧洲经济委员会

ECAFE (Economic Commission for Asia and Far East) 유럽아시아 극동경제위원회 亚洲及远东经济委员会

ECLA (Economic Commission for Latin America) 라틴 아메리카 경제위원회 拉丁美洲经济委员会

ECO (Economic Cooperation Organization) 이슬람 경제협력기구 经济合作组织

ECSC (European Coal and Steel Community) 유럽 석탄철강공동체 欧洲煤钢联营

ECU (European Currency Unit) 유럽통화단위 欧洲货币单位

ECWA (Economic Commission for Western Asia) 서아시아 경제위원회 西亚经济委员会

EDC (European Defense Community) 유럽 방위공동체 欧洲防御共同体

EDCF (Economic Development Cooperation Fund) 대외경제협력기금 对外经济合作基金

EDF (European Development Fund) 유럽개발기금 欧洲开发基金会

EDI (Electronic Data Interchange) 전자정보거래 电子数据交换

EDPS (Electronic Data Processing System) 전자정보처리장치 电子数据处理系统

EEA (European Economic Area) 유럽경제지역 欧洲经济区

EEC (European Economic Community) 유럽경제공동체 欧洲经济共同体

EEZ (Exclusive Economic zone) 배타적 경제수역 专属经济区

EFF (Extended Fund Facility) 확대 신용 공여 제도 扩大融资

EFTA (European Free Trade Association) 유럽 자유무역연합 欧洲自由贸易联盟

EIB (European Investment Bank) 유럽투자은행 欧洲投资银行

EMA (European Monetary Agreement) 유럽통화협정 欧洲货币协定

EMI (Electro-Magnetic Interference) 전자파 장해 电磁干扰

EMS (European Monetary System) 유럽통화제도 欧洲货币体系

EMU (Economic and Monetary Union) 유럽 경제 및 화폐통합 经济和货币同盟

EPA (Environmental Protection Agency) 미국환경보호국 环境保护局

EPU (European Payment Union) 유럽지불동맹 欧洲清算同盟

ERM (Exchange Rate Mechanism) 유럽통화제도의 환관리 시스템 汇率机制

ESC (Economic and Social Council) 유엔 경제사회이사회 联合国的经济社会理事会

ESOP (Employee Stock-Ownership Plan) 종업원 지주제도 员工持股计划

EU (European Union) 유럽연합 欧盟

EURATOM (European Atomic Energy Community) 유럽원자력 공동체 欧洲原子能联营
EUREKA (European Research Coordination Action) 유레카 계획 尤里卡 (欧洲研究协调行动)
EUROSAT (European Satellite) 유럽통신위성 공사 欧洲卫星公司
EXPO (international exhibition; world exposition) 만국박람회 世界博览会
FA (Factory Automation) 공장자동화 工厂自动化
FAO (Food and Agriculture Organization of the United Nations) 국제연합식량농업기구 联合国粮食及农业组织
FA제 (Foreign exchange Allocation system) 외화자금자동할당제 外汇分配制度
FAQ (Fair Average Quality) 표준품 良好平均品质
FAS (Free Along-side Ship) 선측 인도가격 船边交货价
FBI (Federal Bureau of Investigation) 미연방 수사국 联邦调查局
FCA (Foreign Currency Authorization) 외화 승인 外币授权
FCBP (Foreign Currency Bills Payable) 외화지급어음 可付外币
FDA (Food and Drug Administration) 미국 식품의약품 안전청 食品与药物管理局
FIAT (Fabbrica Italiana Automobile di Torino) 피아트, 이탈리아 자동차 회사 菲亚特
FICS (Fast Industrializing Counties) 급성장공업국가군 快速工业化的国家
FIFO (First-In, First-Out) 선입선출 先进先出
FM (Frequency Modulation) 주파수 변조방식 调频
FMS (Foreign Military Sale) 미국 대외군사판매 对外军事销售
FOB (Free On Board) 본선인도가격 离岸价格
FOBS (Fractional Orbital Bombardment System) 궤도폭탄 部分轨道轰击系统
FOQ (Free On Quay) 부두인도가격 码头交货价
FOT (Free On Truck) 트럭인도가격 货车交货价
F.P (Fire Policy) 화재보험증권 火险单
FORTRAN (Formula Translation) 과학기술 계산용 프로그래밍 언어 公式翻译程序语言
FRB (Federal Reserve Bank) 미국 연방준비은행 联邦储备银行
FRN (Floating Rate Note) 변동 금리부 채권 浮动利率债券
FRP (Fiber Reinforced Plastics) 섬유강화 플라스틱 纤维增强塑料
FRS (Federal Reserve System) 미국 연방준비제도 美国联邦储备系统
FTC (Federal Trade Commission) 미국 연방통상위원회 联邦商务委员会
FX계획 (Fighter Experimental) 한국 차세대 전투기 구매 및 생산계획 FX计划
FY (Fiscal Year) 회계연도 会计年度
GAB (General Agreement to Borrow) 일반차입규정 借款安排
GATT (General Agreement on Tariffs and Trade) 관세 및 무역에 관한 일반협정 关税及贸易总协定
GCC (Gulf Cooperation Council) 걸프 협력 회의 海湾合作委员会
GCP (Good Clinical Practice) 의료품의 제조 및 품질관리에 관한 기준 临床试验规范
GD (Good Design) 우수 디자인 优良设计

GDP (Gross Domestic Product) 국내총생산 国内生产总值

GEMS (Global Environment Monitoring System) 지구환경 모니터링 시스템 全球环境监视系统

GIF (Global Infrastructure Fund) 세계공동투자기금 全球基础建设基金

GIS (Geographic Information System) 지리정보시스템 地理信息系统

GLCM (Ground Launched Cruise Missile) 지상발사 순항미사일 地面发射的巡航导弹

GMP (Good Manufacturing Practice) 의약품 제조와 품질관리에 관한 기준 药品生产质量管理规范

GMS (General Merchandise Store) 일용품을 판매하는 대형 점포 大型综合超市

GMS (Geostationary Meterological Satellite) 정지기상위성 静止气象卫星

GMT (Greenwich Mean Time) 그리니치 표준시 格林尼治标准时间

GN (Global Negotiation) 포괄적 교섭 全球(性)谈判

GND (Gross National Demand) 국민 총수요 国民总需求

GNE (Gross National Expenditures) 국민 총지출 国民总支出

GNI (Gross National Income) 국민 총소득 国民总收入

GNS (Gross National Supply) 국민 총공급 国民总供给

GNW (Gross National Welfare) 국민 총 복지 国民总福利

GOP (Grand Old Party) 미국 공화당의 별칭 美国共和党的别称

GRAS (Generally Recognized As Safe list) 미국 식품의약품 안전청에서 인정한 식품 목록 美国FDA评价食品添加剂安全性指标

GSI (Giant Scale Integration) 거대규모 집적회로 大功率计算机

GSP (Generalized System of Preferences) 일반 특혜관세제도 普遍优惠制

GT (Gross Tonnage) 총 톤수 总吨位

HA (Home Automations) 가정자동화 家庭自动化

HABITAT (UN Commission on Human Settlement) 유엔인간거주위원회 联合国人类住区委员会

HB (Home Banking) 홈뱅킹 家庭银行业务

HDI (Human Development Index) 인간성 개발지수 人类发展指数

HD TV (High Definition Television) 고선명 텔레비전 高清晰度电视

HDPE (High-Density Polyethylene) 고밀도 폴리에틸렌 高密度聚乙烯

HE (Human Engineering) 인간공학 人体工程学

HGH (Human Growth Hormone) 성장호르몬 HGH人类生长激素

Hi Fi (High Fidelity) 고 충실도, 하이파이 高保真

HIV (Human Immunodeficiency Virus) 후천성 면역결핍 바이러스 人类免疫缺陷病毒

HLT (Highly Leveraged Transaction) 과다차입금부거래 高杠杆交易

hPa (hector-pascal) 헥토 파스칼 百帕

HS제도 (Harmonized commodity description and coding System) 통일상품 분류체계 协调商品名称与编码制度

HST (Hyper-Sonic Transportation) 극초음속 여객기 特超音速飞机

HUGO (Human Genome Organization) 인간유전자 해석기구 人类基因体组织

HWR (Heavy Water Reactor) 중수로 重水反应堆

IAAF (International Amateur Athletic Federation) 국제아마추어 육상연맹 国际业余田径联合会

IACD (International Association of Clothing Designers) 국제의류디자인 협회 国际服装设计师协会

IAEA (International Atomic Energy Agency) 국제원자력기구 国际原子能机构

IARC (International Agency for Research on Cancer) 국제 암 연구기관 国际癌症研究署

IARU (International Amateur Radio Union) 국제아마추어 무선연맹 国际业余无线电联盟

IAS (International Accounting Standard) 국제회계기준 国际会计标准

IATA (International Air Transport Association) 국제항공운수협회 国际航空运输协会

IB (Incubation Business) 인큐베이션 사업 孵化企业

IBC (International Broadcasting Center) 국제방송센터 国际广播中心

IBF (International Boxing Federation) 국제복싱연맹 国际拳击联合会

IBI (International Broadcasting Institute) 국제방송협회 国际广播学会

IBM (International Business Machines corporation) 미국 IBM사 国际商用机器公司

IBRD (International Bank for Reconstruction and Development) 세계개발은행 世界银行

IBS (International Broadcasting System) 국제방송협회 国际广播系统

IC (Integrated Circuit) 집적회로 集成电路

ICAO (International Civil Aviation Organization) 국제민간항공기구 国际民间航空组织

ICBM (International Ballistic Missile) 대륙간탄도탄 洲际弹道导弹

ICC (International Chamber of Commerce) 국제상공회의소 国际商会

ICFTU (International Confederation of Free Trade Unions) 국제자유노동조합연맹 国际自由劳工联盟

ICJ (International Court of Justice) 국제사법재판소 〈联合国〉国际法院

ICPO (International Criminal Police Organization) 국제형사경찰기구 国际刑事警察组织

ICRC (International Committee of the Red Cross) 국제적십자위원회 红十字国际委员会

ID카드 (Identification Card) 신분증 身份证

IDA (International Development Association) 국제개발협회 国际开发协会

IDB (Inter-American Development Bank) 미주 개발은행 美洲开发银行

IDCA (International Development Cooperation) 미국 국제개발협력국 国际发展合作

IDD (International Direct Dialing) 국제다이얼 통화 国际直拨

IDO (International Disarmament Organization) 국제군축기구 国际裁军组织

IDPS (International Data Processing System) 종합데이터 처리 시스템 国际数据处理系统

IDR (International Depositary Receipt) 국제예탁증권 国际存券收据

IDU (International Democrat Union) 국제민주연합 国际民主联盟

IE (Industrial Engineering) 산업공학 工业工程

IEA (International Energy Agency) 국제에너지기구 国际能源署

IECOK (International Economic Consultative Organization for Korea) 대한국제경제협의체 对韩国际经济协议体

IFAD (International Fund for Agricultural Development) 국제농업개발기금 国际农业发展基金

IFC (International Finance Corporation) 국제금융공사 国际金融公司

IFJ (International Federation of Journalists) 국제언론인연맹 国际新闻工作者联合会

IIF (Institute of International Finance) 국제금융협회 国际金融研究所

IISI (International iron and Steel Institute) 국제철강협회 国际钢铁公会

I/L (Import Licence) 수입승인 进口执照

ILO (International Labour Organization) 국제노동기구 劳工组织

IMF (International Monetary Fund) 국제통화기금 国际货币基金组织

IMO (International Meterological Organization) 국제기상기구 国际气象组织

INMARSAT (International Marine Satellite Organization) 국제해사위성기구 国际海事卫星组织

INP (Index Number of Prices) 물가지수 物价指数

INS (Information Network System) 고도정보통신시스템 信息网络系统

INTELSAT (International Telecommunications Satellitic) 국제전기통신기구 国际通信卫星组织

I/O장치 (Input/Output) 입출력장치 输入/输出(I/O)设备

IOC (International Olympic Committee) 국제올림픽 조직위원회 国际奥林匹克委员会

IOCU (International Organization of Consumers Union) 국제소비자 기구 国际消费者联盟组织

IOM (International Organization for Migration) 국제이주기구 国际移民组织

IOU (I Owe You) 차용증서 借据

IPC (Intellectual Property Committee) 미국 지적재산권위원회 知识产权委员会

IPI (International Press Institute) 국제언론인협회 国际新闻学会

IPTC (International Press Telecommunications Committee) 국제신문통신위원회 国际新闻电讯委员会

IPU (International Parliamentary Union) 세계의원연맹 国际议会联盟

IQ (Import Quotas) 수입할당제 进口配额制

IQ (Intelligence Quotient) 지능지수 智商

IR (Investors Relations) 투자자 관계 投资者关系

IRA (Irish Republican Army) 아일랜드 공화국 군대 爱尔兰共和军

IRC (International Red Cross) 국제적십자사 国际红十字会

I/S (Income Statement) 손익계산서 损益表

ISA (International Sugar Agreement) 국제설탕협회 国际食糖协定

ISIC (International Standard Industrial Classification) 국제산업분류기준 国际标准分类

ISO (International Organization for Standardization) 국제표준화 기구 国际标准化组织

ITC (International Trade Charter) 국제무역헌장 国际贸易宪章

ITC (International Trade Commission) 미국 국제무역위원회 国际贸易委员会

ITU (International Telecommunications Union) 국제전기통신연합 国际电信同盟

IWA (International Wheat Agreement) 국제소맥협정 国际小麦协定

IWC (International Whaling Commission) 국제포경위원회 国际捕鲸委员会

IWS (International Wool Secretariat) 국제양모사무국 国际羊毛秘书处

JCC (Junior Chamber of Commerce) 청년회의소 青年商会

JCL (Job Control Language) 작업제어언어 作业控制语言

JCS (Joint Chiefs of Staff) 미국 합동참모본부 美国参谋长联席会议

JETRO (Japan External Trade Organization) 일본무역진흥회 日本贸易振兴会

JIS (Japanese Industrial Standards) 일본 공업규격 日本工业标准

KABC (Korea Audit Bureau of Circulation) 한국발행부수공사기구 韩国发行量稽核机构

KAERI (Korea Atomic Energy Research Institute) 한국원자력연구소 韩国原子能研究所

KAF (Korea Asia fund) 코리아 아시아펀드 韩国亚洲基金

KAIST (Korea Advanced Institute of Sceience & Technology) 한국과학기술원 韩国高等科技大学

KD (Knock Down) 부품수출 현지조립 판매방식 散装

KDI (Korean Development Institute) 한국개발연구원 韩国开发研究院

KIST (Korea Institute of Science & Technology) 한국과학기술연구원 韩国科学技术研究院

KKK (Ku Klux Klan) 미국 비밀테러단체 三K党

KOC (Korean Olympic Committee) 한국올림픽위원회 大韩民国奥林匹克委员会

KOTRA (Korea Trade Promotion Corporation) 대한무역진흥공사 大韩贸易振兴公社

KR (Kennedy Round) 케네디 라운드 (관세 일괄 인하 협정) 肯尼迪回合

KRC (Korean Red Cross) 한국적십자사 韩国红十字会

KS (Korean Standards) 한국공업표준규격 韩国工业标准

KT (kiloton) 킬로 톤, 핵무기의 폭발력을 표시하는 단위 千吨(指炸药的爆炸力)

KTA (Korean Traders Association) 한국무역협회 韩国贸易协会

KTC (Korean Trade Commission) 한국무역위원회 韩国贸易委员会

LA (Laboratory Automation) 실험의 자동화 实验室自动化

LAN (Local Area Network) 근거리 통신망 局域网

LASO (Latin American Solidarity Organization) 라틴아메리카 단결기구 拉丁美洲团结组织

LB막 (Langmuir-Blodgett film) 랭뮤어-블로드젯막 LB膜

LBO (Leveraged Buyout) 기업을 인수 합병할 때 자금조달 방법의 하나 杠杆收购

LBP (Laser Beam Printer) 레이저 광을 활용한 프린터 激光束印刷机

L/C (Letter of Credit) 신용장 信用证

LCD (Liquid Crystal Display) 액정 디스플레이 液晶显示

LDC (Least Development Countries) 최빈국 最不发达国家

LDDC (Least Developed among Developing Countries) 후발개발도상국 最不发达的发展中国家

LDPE (Low-Density Polyethylene) 저밀도 폴리에틸렌 低密度聚乙烯

LED (Light Emitting Diode) 발광다이오드 发光二极管

LF음료 (Low Fat drink) 저지방성 음료 低脂肪饮料

L/G (Letter of Guarantee) 신용보증서 信用保证书

LIBOR (London Inter-Bank Offered Rate) 런던 은행간 콜금리, 리보 금리 伦敦同业拆借利率

LIFFE (London International Financial Futures Exchange) 런던 금융선물거래소　伦敦国际金融期货交易所

LIFO (Last-In, First-Out) 후입선출법　后进先出法

LL식품 (Long Life food) 장기보존식품　LL食品

LME (London Metal Exchange) 런던 금속거래소　伦敦金属交易所

LNG (Liquefied Natural Gas) 액화천연가스　液化天然气

LPG (Liquefied Petroleum Gas) 액화석유가스　液化石油气

LSI (Large Scale Integration) 대규모 집적회로　大规模集成

LTD (Company Limited) 유한회사　有限公司

M&A (Merger and Acquisition) 기업인수합병　收购兼并

MAP (Military Assistance Program) 군사원조계획　军事支援计划

MARISAT (Maritime Satellite) 해상통신위성　海事卫星

MATV (Master Antenna Television) 공시청 설비　共用天线电视

MBA (Master of Business Administration) 경영학석사　工商管理硕士

MBS (Mutual Broadcasting System) 미국 방송회사　〈美国〉相互广播公司

MCO (Miscellaneous Charges Order) 교환증　杂项收费单

ME (Micro Electronics) 마이크로일렉트로닉스　微电子技术

METO (Middle East Treaty Organization) 중동조약기구　中东条约组织

MFA (Multi-Fiber textile Arrangement) 국제섬유협정　多边纤维协定

MFN (Most Favored Nation) 최혜국　最惠国

MFO (Multinational Force and Observers) 다국적 감시군　多国部队与观察员

MIGA (Multinational Investment Guarantee Agency) 국제투자보증기구　多边投资担保机构

MIRV (Multiple Independently Targetable Reentry Vehicle) 개별 유도식 다탄두 미사일　多目标重返大气层载具

MIS (Management Information System) 경영정보시스템　管理信息系统

MMA (Money Market Account) 금융시장 예금계좌　金融市场账目

MMU (Manned Maneuvering Unit) 유인 조종장치　人控机动装置

MNE (Multinational Enterprises) 다국적 기업　多国企业

MNLF (Moro National Liberation Front) 모로 민족해방전선　摩洛伊斯兰解放阵线

MODEM (Modulator and Demodulator) 변복조 장치, 모뎀　调制解调器

MPC (Main Press Center) 방송보도본부, 메인 프레스센터　主新闻中心

MPS (Marginal Propensity to Save) 한계소비성향　边际储蓄倾向

MRA (Moral Rearmament) 도덕 재무장 운동　道德重整运动

MRBM (Medium Rage Ballistic Missile) 준 중거리 탄도미사일　中程弹道导弹

MRV (Multiple Re-entry Vehicle) 다 핵탄두 미사일　多弹头重返大气层运载工具

MTN (Multilateral Trade Negotiation) 다각적 무역교섭　多边贸易谈判

MVP (Most Valuable Player) 최우수 선수　最优秀的运动员

NAFTA (North American Free Trade Agreement) 북미자유무역협정　北美洲自由贸易协定

NASA (National Aeronautics and Space Administration) 미국 항공우주국 美国国家航空航天局

NATO (North Atlantic Treaty Organization) 북대서양조약기구 北大西洋公约组织

NBC (National Broadcasting Company) 미국 내셔널 방송사 〈美〉全国广播公司

NC (Numerical Control) 수치 제어 数字控制

NCNA (New China News Agency) 중국 신화 통신사 新华通讯社

NHK (Nippon Hoso Kyokai) 일본방송협회 日本广播协会

NI (National Income) 국민소득 国民收入

NICS (Newly Industrializing Counties) 신흥 공업국 新兴工业化国家

NIDL (New International Division of Labour) 신 국제분업 新国际劳动分工

NIEO (New International Economic Order) 신흥 공업경제체제 新的国际经济秩序

NNP (Net National Product) 국민 순 생산액 国民生产净值

NNE (Net National Expenditure) 국민 순 지출 国民净支出

NNW (Net National Welfare) 순 국민복지 国民净福利指标

NOC (National Olympic Committee) 국가 올림픽 위원회 国家奥林匹克委员会

NOPEC (Non OPEC petroleum exporting countries) 비 오페크 석유수출국 非OPEC石油输出国组织

NRC (Nuclear Regulatory Commission) 원자력규제 위원회 〈美〉核管制委员会

NPT (Treaty on the Non-Proliferation of Nuclear Weapons) 핵확산금지조약 不扩散核武器条约

NSA (National Security Agency) 미국 국가 안전국 美国国家安全局

NSC (National television System Committee) 미국 방송위원회 国家电视系统委员会

NTC (Non Trade Concerns) 비교역적 관심 非贸易关注

OA (Office Automation) 사무자동화 事务工作自动化

OAEC (Organization for Asian Economic Cooperation) 아시아 경제협력기구 亚洲经济合作组织

OAPEC (Organization of Arab Petroleum Exporting Countries) 아랍 석유수출국기구 阿拉伯石油输出国组织

OAS (Organization of American States) 미주 기구 美洲国家组织

OAU (Organization of African Unity) 아프리카 통일기구 非洲统一组织

OCA (Olympic Council of Asia) 아시아 올림픽평의회 亚洲奥林匹克理事会

OCOG (Organizing Committee of Olympic Games) 올림픽 조직위원회 奥运会组委会

OCR (Optical Character Reader) 광학문자 판독장치 光符阅读机

OECD (Organization for Economic Cooperation and Development) 경제협력개발기구 经济合作与发展组织

OEM (Original Equipment Manufacturing) 주문자 상표 부착 생산 定点生产, 代工生产

OIEC (Organization for International Economic Cooperation) 국제경제협력기구 国际经济合作组织

OIT (Office of International Trade) 국제무역사무국 〈美国商务部〉国际贸易局

OJT (On the Job Training) 직장 내 훈련 在职训练

OMA (Orderly Marketing Agreement) 시장질서유지협정 有秩序销售协定

OMR (Optical Mark Reader) 광학마크 판독장치 光学标记阅读器

OOC (Olympic Organization Committee) 올림픽 조직위원회 奥林匹克组织委员会

OPEC (Organization of Petroleum Exporting Counties) 석유수출국기구　石油输出国组织

OPIC (Overseas Private Investment Corporation) 미국 해외민간투자공사　海外私人投资公司

OPTAD (Organization of Pacific Trade And Development) 태평양 무역개발기구　太平洋贸易与发展组织

OR (Operations Research) 오퍼레이션 리서치　运筹学

OSCE (Organization for Security and Cooperation in Europe) 유럽안전협력회의　欧洲安全和合作组织

OTC (Organization for Trade Cooperation) 국제무역협력기구　贸易合作组织

PAFTA (Pacific Free Trade Area) 태평양 자유무역지대　太平洋贸易自由区

PANA (Pan Asia Newspaper Alliance) 범아시아 통신연맹　泛亚新闻社

PATA (Pacific Area Travel Association) 태평양지역관광협회　太平洋地区旅游协会

PBEC (Pacific Basin Economic Council) 태평양경제평의회　太平洋盆地经济理事会

PCC (Pure Car Carrier) 자동차전용 수송선　汽车运输船

PCM (Pulse Code Modulation) 펄스 부호변조방식　脉冲编码调制

PCT (Patent Cooperation Treaty) 특허협력 조약　专利合作条约

PD (Producer) 프로듀서, 제작자　制片人

PEC (Pacific Economic Community) 태평양 경제공동체　太平洋经济共同体

P/E Ratio (Price Earnings Ratio) 주가 수익률　市盈率

PFC (Priority Foreign Countries) 우선협상대상국　重点国家

PFLP (Popular Front for the Liberation of Palestine) 팔레스타인 인민해방전선　解放巴勒斯坦人民阵线

PI (Price Index) 물가지수　物价指数

PKF (Peace Keeping Forces) 유엔 평화유지군　联合国维和部队

PKO (Peace Keeping Operation) 유엔평화유지활동　联合国维和行动

P/L (Profit and Loss statement) 손익계산서　营业损益表

PLA (Palestine Liberation Army) PLO 정규군　巴勒斯坦解放军

PLF (Palestine Liberation Front) 팔레스타인 해방전선　巴勒斯坦解放阵线

PLO (Palestine Liberation Organization) 팔레스타인 해방기구　巴勒斯坦解放组织

ppm (Parts Per Million) 함유물질의 비율을 나타내는 단위　分率

PNC (Palestine National Council) 팔레스타인 민족평의회　巴勒斯坦全国委员会

POP광고 (Point Of Purchase advertisement) 구매시점 광고　POP广告

POS (Point Of Sales) 판매시점 정보관리　销售点情报管理系统

POST (Pacific Ocean Security Treaty) 태평양 안전보장조약　太平洋安全保障条约

POW (Prisoner Of War) 전쟁포로　战俘

PPP (Polluter Pays Principle) 오염자부담원칙　污染者承担原则

PQS (Percentage Quota System) 비례할당제　不分比定额制

PR (Public Relations) 홍보활동　公共关系

PSDN (Public Switched Data Network) 공중정보통신망　公共交换式数据网络

PST (Pacific Standard Time) 태평양 표준시간　太平洋时间

PVA (Polyvinyl Alchohol) 합성수지 聚乙烯醇
QA (Quality Assurance) 품질보증 质量保证
RAM (Random-Access Memory) 임의기억장치 随机存取存储器
RADAR (Radio Detecting and Ranging) 전파탐지기 无线电探测
R&D (Research and Development) 연구개발 研究与开发
REM (Roentgen Equivalent Medical) 이온화 방사선량 단위 雷姆
R.I. (Reinsurance) 재보험 再保险
RIMPAC (Rim of the Pacific Exercise) 환태평양 훈련 环太平洋军事演习
RNA (Ribonucleic Acid) 리보핵산 核糖核酸
rpm (Revolutions Per Minute) 1분간의 회전 수 每分转数
ROM (Read Only Memory) 출력전용기억소자 只读存储器
RSC (Referee Stop Contest) 심판의 시합 중지 裁判停止比赛
SA (Store Automation) 무인화 점포 商店自动化
SADM (Special Atomic Demolition Munitions) 특수원자파괴탄 特种原子爆破弹药
SAINT (Satellite Inspector) 인공위성 추적용 비행체 卫星监视器
SALT (Strategic Arms Limitation Talks) 전략무기제한 협정 战略武器限制谈判
SAM (Surface to Air Missile) 지대공 미사일 地对空导弹
SCM (Security Consultative Meeting) 한미 안보협의회의 美韩安全协商会议
SDI계획 (Strategic Defense Initiative) 미국 우주전략방위계획 战略防御倡议
SDR (Special Drawing Rights) 특별인출권 特别提款权
SE (System Engineering) 시스템 공학 系统工程
SEACEN (South East Asian Central Banks) 동남아 중앙은행기구 东南亚中央银行组织
SEATO (South East Asia Treaty Organization) 동남아시아조약기구 东南亚公约组织
SF (Science Fiction) 공상과학 科幻
SFX (Special Effects) 특수시각효과 特技
SI (Socialist International) 사회주의 인터내셔널 社会主义国际
SIBOR (Singapore Inter-Bank Offered Rate) 싱가포르 은행간 금리 新加坡银行同业拆放利率
SITC (Standard International Trade Classification) 국제표준무역분류 标准国际贸易商品分类
SLBM (Submarine Launched Ballistic Missile) 잠수함 발사탄도 미사일 潜射弹道导弹
SLSI (Supper Large Scale Integration) 초대규모 집적회로 超大规模集成电路
SNF (Short-range Nuclear Forces) 단거리 핵전력 短程核力
SOC (Social Overhead Capital) 사회간접자본 社会间接资本
SOFA (Status Of Forces Agreement) 한미행정협정 驻韩美军地位协定
SONAR (Sound Navigation And Ranging) 수중 음향탐지기 声纳
SOS (Save Our Soul) 구난신호 紧急求救信号
SRBM (Short Range Ballistic Missile) 단거리 탄도미사일 近程弹道式导弹

SRT (Special Representative for Trade negotiations) 미국 통상교섭특별대표부 〈美国〉贸易谈判特别代表署
SSA (Social Security Act) 사회보장법 社会保障法
SSI (Small Scale Integration) 소규모 집적회로 小规模集成电路
SSM (Surface to Surface Missile) 지대지 미사일 地对空导弹
START (Strategic Arms Reduction Talks) 전략무기감축회담 削减战略核武器会谈
TAB (Tax Anticipation Bills) 납세국채 税收共付票据
TAC (Technical Assistance Committee) 기술원조위원회 技术援助委员会
TC (Traveler's Check) 여행자 수표 旅行支票
T.E. (Transnational Enterprise) 다국적 기업 跨国公司
TEE (Trans Europe Express) 유럽횡단 열차 欧洲特快车
TKO (Technical Knock Out) 주심의 승패 선언 技术击倒
TGV (Trans de Grande Vitesse) 프랑스 고속열차 法国高速铁路系统
TL (Total Loss) 전손 全部损失
TNC (Tansnational Corporations) 다국적 기업 跨国公司
TNT (Trinitrotoluence) 강력한 폭발력을 가진 화약 三硝基甲苯
TOB (Take-Over Bid) 주식공개매수제도 要约收购
TQC (Total Quality Control) 종합품질관리 全面质量管理
TRT (Trademark Registration Treaty) 상표등록조약 商标注册条约
TSCA (Toxic Substances Control Act) 독성물질 규제법 有毒物质控制法
TSM (Transportation System Management) 교통체계 종합관리 交通系统管理
TSS (Time Sharing System) 시분할 처리 시스템 分时操作系统
TT (Telegraphic Transfer) 전신송금 电汇
TVA (Tennessee Valley Authority) 테네시강 유역개발공사 田纳西河流域管理局
UCC (Universal Copyright Convention) 세계저작권협약 世界版权公约
UFO (Unidentified Flying Object) 미확인비행물체 不明飞行物
UHF (Ultra High Frequency) 극초단파 特高频
UIP (United International Pictures) 미국 다국적 영화배급사 联合国际影业
ULSI (Ultra Large Scale Integration) 극초대규모 집적회로 甚超大规模集成电路
UN (United Nations) 국제연합 联合国
UNCHE (United Nations Conference on the Human Environment) 유엔 인간환경의 联合国人类环境会议
UNCTAD (United Nations Conference on Trade and Development) 유엔 무역개발회의 联合国贸易和发展会议
UNDC (United Nations Disarmament Commission) 유엔 군축위원회 联合国裁军委员会
UNDP (United Nations Development Program) 유엔 개발계획 联合国开发计划署
UNDRO (Office of the United Nations Disaster Relief Organization) 유엔 재해기관 联合国救灾组织
UNEP (United Nations Environment Program) 유엔 환경계획 联合国环境规划署

UNESCO (United Nations Educational, Scientific and Cultural Organization) 유엔교육과학문화기구, 유네스코 联合国教科文组织

UNFPA (United Nations Population Fund) 유엔인구기금 联合国人口活动基金会

UNHCR (Office of the United Nations High Commissioner for Refugees) 유엔 난민기구 联合国难民事务高级专员公署

UNICEF (United Nations International Children's Emergency Fund) 유엔 아동기금 联合国国际儿童紧急救助基金会

UNIDO (United Nations Industrial Development Organization) 유엔공업개발기관 联合国工业发展组织

UNSC (United Nations Security Council) 유엔 안전보장이사회 联合国安全理事会

UNSF (United Nations Special Fund) 유엔 특별기금 联合国特别基金

UNTC (United Nations Trusteeship Council) 유엔 신탁통치이사회 联合国托管理事会

UNU (United Nations University) 유엔대학 联合国大学

UPI (United Press International) 미국 국제합동통신사 美国合众国际新闻社

UPU (Universal Postal Union) 만국우편연합 万国邮政联盟

USASI (United States of America Standards Institute) 미국표준협회 美国标准研究所

USIA (United Sates Information Agency) 미국해외공보처 美国新闻署

USIS (United States Information Service) 미국문화원 또는 미국공보원 美国新闻处

USS (United States Standards) 미국표준규격 美国标准

USTR (United States Trade Representative) 미국무역대표부 美国贸易代表署

VAN (Value Added Network) 부가가치 통신망 附加价值网络业务

VAT (Value Added Tax) 부가가치세 增值税

VCR (Video Cassette Recorder) 녹화재생기 录像机

VE (Value Engineering) 가치공학 价值工程法

VHF (Very High Frequency) 초단파 特高频率

VHS (Video Home System) 가정용 비디오 방식 家用视频系统

VHSIC (Very High Speed Integrated Circuit) 초고속 집적회로 超高速集成电路

VIP (Very Important Person) 중요인사 贵宾

VP (Vice-President) 부통령 副总统

VTOL (Vertical Take-Off and Landing Airplane) 수직이착륙기 垂直起落飞机

VTR (Video Tape Recorder) 자기녹화재생장치 录像机

WAC (World Aeronautical Chart) 세계 항공도 世界航空图

WAY (World Assembly of Youth) 세계청소년회의 世界青年大会

WBA (World Boxing Association) 세계권투협회 世界拳击协会

WBC (World Boxing Council) 세계권투평의회 世界拳击理事会

WCC (World Council of Churches) 세계교회협의회 世界基督教会联合会

WFC (World Food Council) 세계식량이사회 世界粮食理事会

WFTU (World Federation of Trade Unions) 세계노동조합연맹 世界劳工组织

WHO (World Health Organization) 세계보건기구 世界卫生组织

WIPO (World Intellectual Property Organization) 세계지적재산권기구 世界知识产权组织
WMO (World Meteorological Organization) 세계기상기구 世界气象组织
WPC (World Peace Council) 세계평화협의회 世界和平理事会
WPI (Wholesale Price Index) 도매물가지수 批发价格指数
WR (Warehouse Receipt) 창고증권 仓单
WTC (World Trade Center) 세계무역센터 世界贸易中心
WTO (Warszawa Treaty Organization) 바르샤바 조약기구 华沙条约组织
WTO (World Trade Organization) 세계무역기구 世界贸易组织
W/S (Working Sheet) 정산표 工作底稿
WTUC (World Trade Union Congress) 세계노동조합회의 世界工会会议
YMCA (Young Men's Christian Association) 기독교 청년회 基督教青年会
YNA (Yonhap News Agency) 한국연합통신 韩国联合通讯社
YWCA (Young Women's Christian Association) 기독교 여자청년회 基督教女青年会
ZBB (Zero Based Budgeting) 영기준 예산제도 零基预算
ZD운동 (Zero Eefected campaign) 무결점 운동 零缺陷运动

무역 서식   견적서 – 报价单

报　价　单

采购编号：　　　　　　　　　　　　　联系人：

报价单位名称（盖章）：　　　　　　　报价日期：

项目	申请单号	物资编码	物资名称及型号规格	单位	数量	单价（元）	金额（元）	品牌或生产厂家
1								
2								
3								
4								
5								
6								
7								
8								
9								
10								
合计								

上述报价是否含税：　　　　　　　　　税率：

报价有效期：　　　　　天

交货时间：

运输方式：

付款方式：

需要说明的其他事项（如有）：

报价人联系电话：　　　　　　　　　　报价人签字：

传　　真：

如您有任何疑问，请即联络。

订 货 单

供货单位：（甲方）　　　　电话：　　　　　　　传真：

订货单位：（乙方）　　　　电话：　　　　　　　联系人：

乙方向甲方订购的产品清单

商品详细名称及型号	单价	单位	数量	折扣	总金额	备注

本次订货合计金额：¥　　（大写：　　万　仟　佰　拾　元整）
乙方收货信息：
委托货运公司名称：　　　　收货人：　　　　　　联系电话：
收货地址：
其他备注：请仔细按此订单要求填写清楚每一项内容。

1. 付款日期

    (a) 现款_____以上货款乙方应自甲方办理销售之日起当天内汇到甲方帐户。

    (c) 账期_____以上货款乙方应自甲方办理销售之日起7天内回款到甲方账号。若乙方未付清货款，则上述货物的所有权归甲方所有。

2. 供货时间

    甲方需尽最大可能在当天内发货（自本订单签署日期起算）；若甲方无法在上述时间内供货，乙方同意：

    A. 撤消本订单；

    B. 按照甲方调整的供货时间供货。（在接到甲方关于调整供货时间通知后，乙方应在一个工作日向甲方书面答复接受与否，如无书面答复视为接受甲方调整的供货时间）。

3. 违约责任及解决的方式

    乙方付款若逾期，应向甲方付违约金。其计算方为：从甲方销售日期起，每日按逾期的万分之五或法律许可的最大利息率计息，直到货款结清之日止。乙方一旦发生逾期，自逾期之日起，甲方有权停止发货。甲、乙双方同意向供货方（甲方）所在人民法院提请上诉解决纠纷。

4. 本订单经乙方签字、盖章（公章或合同章）并传真至甲方有效。

供货单位（盖章）：　　　　　　　　订货单位（盖章）：

法定代表人（或授权委托人）签字：　法定代表人（或授权委托人）签字：

　　____年____月____日　　　　　　　____年____月____日

| 무역 서식 | 검사 증명서 – 检验证书 |

中华人民共和国上海进出口商品检验局

SHANGHAI IMPORT & EXPORT COMMODITY INSPECTION

BUREAU OF THE PEOPLE'S REPUBLIC OF CHINA

检 验 证 书
INSPECTION CERTIFICATE

地址：上海市中山东一路13 号

Address: 13. Zhongshan Road(E.1.), Shanghai　　　　　　　No.

电话Tel：63211285　　　　　　　日期 Date:

发货人 Consignor : _____

收货人 Consignee : _____

品名 Commodity : _____　　标记及号码 Marks & No. : _____

报检数量/重量 Quantity/Weight Declare : _____

检验结果 RESULTS OF INSPECTION :

We hereby certify that the goods are of the above-mentioned quantity and of sound quality.

主任检验员○○○

무역 서식   상업 송장 – 商业发票

商 业 发 票
COMMERCIAL INVOICE

注意：请用英文填写所有资料
Note: Please complete all the information in English

| 出口日期： | 空运提单号码： |
| DATE OF EXPORTATION | AIR WAYBILL NO. |

发货人 SHIPPER

公司名称 COMPANY NAME：

地址 ADDRESS：

姓名 ATTENTION：　　　电话 TEL NO.：

收货人 CONSIGNEE

公司名称 COMPANY NAME：

地址 ADDRESS：

姓名 ATTENTION：　　　电话 TEL NO.：

出口编号 EXPORT REFERENCES：

物品来源地 COUNTRY OF ORIGIN：

出口国 COUNTRY OF EXPORT：

物品目的地 COUNTRY OF DESTINATION：

进口商 IMPORTER (IF OTHER THAN CONSIGNEE)

公司名称 COMPANY NAME：

地址 ADDRESS：

姓名 ATTENTION：　　　电话 TEL NO.：

包装件数 NO. OF PKGS	货品详细描述 DESCRIPTION OF GOODS	货品数量 QUANTITY	单价 UNIT VALUE	总价 TOTAL VALUE
		合计总价 TOTAL INVOICE VALUE		

发货人签名
SHIPPER'S SIGNATURE

日期
DATE

海 运 提 单
BILL OF LADING

托运人 SHIPPER		提单号码 B/L NO. 运输公司 CARRIER
收货人 CONSIGNEE		
通知人 NOTIFY PARTY		
收货地 PLACE OF RECEIPT	船名 OCEAN VESSEL	
航次 VOYAGE NO.	装货港 PORT OF LOADING	ORIGINAL COMBINED TRANSPORT BILL OF LADING
卸货港 PORT OF DISCHARGE	交货地 PLACE OF DELIVERY	

唛头 MARKS & NOS. CONTAINER	货物包装及件数 NO. OF CONTAINERS OR PACKAGES	货物名称 DESCRIPTION OF GOODS	货物的毛重 GROSS WEIGHT (kg)	尺码 MEASUREMENT (m^3)

货物总包装件数大写 TOTAL NUMBER OF CONTAINERS OR PACKAGES (IN WORDS)					
运费条款 FREIGHT & CHARGES	计费吨数 REVENUE TONS	费率 RATE	每 PER	预付 PREPAID	到付 COLLECT
预付地点 PREPAID AT	到付地点 PAYABLE AT	提单的签发地点和签发日期 PLACE AND DATE OF ISSUE			
预付总额 TOTAL PREPAID	正本提单份数 NUMBER OF ORIGINAL B/Ls	承运人或其他代理人签字、盖章 SIGNED FOR OR ON BEHALF OF THE CARRIER			
已装船批注 LOADING ON BOARD THE VESSEL 装运日期 DATE					

装 箱 单
PACKING LIST

唛头：　　　　　　　　　　　　　　　　箱号：
Shipping mark　　　　　　　　　　　　Package No.

包装形式Packing Style＿＿＿＿＿＿＿，净重Net Weight＿＿＿＿＿＿＿kg,

毛重Gross Weight＿＿＿＿＿＿＿kg, 长度Length＿＿＿＿＿＿＿cm,

宽度Width＿＿＿＿＿＿＿cm, 高度Height＿＿＿＿＿＿＿cm, 体积Volume＿＿＿＿＿＿＿m³

序号 S. No	品名及规格 Description & Specification	KKS 编码 KKS Code	数量 Quantity	单位 Unit	备注 Remarks

制造商：
Manufacturer

制单：　　　　　　　　　　　　　　　　审核：
Compiled by　　　　　　　　　　　　　Reviewed by

무역 서식   선적 지시서 – 装货单

装 货 单
SHIPPING ORDER

S/O NO. _____

船名 S/S _____   目的港 For _____

托运人 Shipper _____

收货人 Consignee _____

通知 Notify _____

兹将下列完好状况之货物装船并签署收货单据。
Recived on board the under mentioned goods apparent in good order and condition and sign the accompanying receipt for the same

标记及号码 Marks & Numbers	件数 Quantity	货名 Description of Goods	毛/净重量（公斤） Weight In Kilograms		尺码 Measurement 立方公尺 CBM
			Net	Gross	
共计件数（大写）Total Number of Packages in Writing					

日期 Date _____   时间 Time _____

装入何舱 Stowed _____

实收 Received _____

理货员签名 Tallied By _____   经办员 Approved By _____

货 物 运 输 保 险 投 保 单
APPLICATION FORM FOR CARGO TRANSPORTATION INSURANCE

被保险人 Insured			
标记 Marks & Nos.	包装及数量 Quantity	保险货物项目 Description of Goods	保险金额 Amount Insured

装载运输工具 Per Conveyance	开航日期 Slg on or abt
发票或提单号 Invoice No.	赔款偿付地点 Claim Payable at

自From　　　　　经Via　　　　　至To

投保险别
Conditions

请如实告知下列情况（如'是'在[ ]内画'×'）If any, please mark '×'
1. 货物种类Goods：袋装Bag[ ] 散装Jumbo Bulk[ ] 冷藏Reefer[ ] 液体Liquid[ ] 活动物Liveanimal[ ] 机器/汽车Machine/Auto[ ] 危险品等级Dangerous Class[ ]
2. 集装箱种类Container：普通Ordinary[ ] 开顶Open[ ] 框架Frame[ ] 平板Flat[ ] 冷藏Refrigerator[ ]
3. 装运工具By Transit：海轮Ship[ ] 飞机Plane[ ] 驳船Barge[ ] 火车Train[ ] 汽车Truck[ ]
4. 船舶的资料Particular of Ship：船籍Registry[ ] 船龄Age[ ]

投保人声明：本投保单及所填各项内容均属事实，同意以本投保单作为保险人签发保险单的依据和保险合同的组成部分。投保人确认在填写投保单时，保险人已就货物运输条款及附加条款（包括责任免除部分）的内容向投保人作了明确的说明。

　　　　投保人签字（盖章）　　　　　　　　投保日期

备件：被保险人确认本保险合同条款和内容已经完全了解。
The Assured Confirms Herewith the Terms and Conditions of This Insurance Contract Fully Understood.

　　　　　　　　　　　　　　本公司自用（For Office Use Only）

费率　　　　　　　　　　　　　　　　保费
Rate　　　　　　　　　　　　　　　　Premium

经办人：　　　　　　　　　　　　　　核保人：
日期　　　　　　　　　　　　　　　　日期

무역 서식 운송 보험증 - 运输保险单

货 物 运 输 保 险 单
CARGO TRANSPORTATION INSURANCE POLICY

发票号码(Invoice No.)　　　　　　　保险单号码(Policy No.)

合同号(Contract No.)　　　　　　　　信用证号(L/C No.)

被保险人：

Insured

中国〇〇保险公司（以下简称本公司）根据_____（以下简称被保险人）的要求，有被保险人想本公司缴付约定的保险费，按照本保险单承保险别和背面所承载条款与下列体术条款承保下述　货物运输保险，特立本保险单 。

This Policy of Insurance witnesses that ○○Insurance Company of China (hereinafter called "the Company")at the request of_____. (hereinafter called the "Insured") an in consideration of the agreed premium being paid to the conditions of this Policy as per the clauses printed overleaf and other special clauses attached hereon.

标记 Marks & Nos.	包装及数量 Quantity	保险货物项目 Description of Goods	保险金额 Amount Insured

总保险金额　Total Amount Insured

保费　　　　　　　　启运日期　　　　　　　　　运输工具

Premium　　　　　　Date of Commencement　　Per Conveyance

自　　　　　　　　　经　　　　　　　　　　　　至

From　　　　　　　　Via　　　　　　　　　　　　To

承保险别

Conditions

所保货物，如遇风险，本公司凭第一正本保险单及其有关证件给付赔款。所保货物，如发生本保险单项下负责赔偿的损失或事故，应立即通知本公司下述代理人查勘。

Claim, if any, payable on surrender of the first original of the Policy together with other relevant documents. In the event of accident whereby loss or damage may result in a claim under this Policy, immediate application for survey must be given to the Company's Agent as mentioned hereunder

　　　　　　　　　　　　　　　　　　　　　　　　　　　　　中国〇〇保险公司

赔款偿付地点

Claim Payable at

出单日期

Issuing Date